U0422685

中南民族大学本科教材建设项目资助

文学与民俗十讲

WENXUE YU MINSU SHIJIANG

杨秀芝　贾　璐／著

華中科技大學出版社
http://press.hust.edu.cn
中国·武汉

图书在版编目（CIP）数据

文学与民俗十讲/杨秀芝，贾璐著．—武汉：华中科技大学出版社，2024.4
ISBN 978-7-5772-0737-7

Ⅰ．①文…　Ⅱ．①杨…　②贾…　Ⅲ．①俗文化-研究-中国　Ⅳ．①G122

中国国家版本馆 CIP 数据核字（2024）第 073842 号

文学与民俗十讲　　　　杨秀芝　贾　璐　著
Wenxue yu Minsu Shijiang

策划编辑：庹北麟　傅　文
责任编辑：吴柯静
封面设计：原色设计
责任监印：周治超
出版发行：华中科技大学出版社（中国·武汉）　电话：（027）81321913
　　　　　武汉市东湖新技术开发区华工科技园　邮编：430223
录　　排：华中科技大学出版社美编室
印　　刷：武汉科源印刷设计有限公司
开　　本：710mm×1000mm　1/16
印　　张：12.25
字　　数：200 千字
版　　次：2024 年 4 月第 1 版第 1 次印刷
定　　价：58.00 元

前言

文学与民俗

大海通过波涛显露自己的声色，生活世界是漫无涯际的大海，凭借民俗显露自己。民俗是生活世界的表征、现象，民俗的存在使这个世界丰富多彩。人一出生，就进入了民俗的规范：诞生礼为我们拉开人生第一道帷幕，我们从周围人群中习得自己的语言，从游戏中模仿成人生活，从称谓与交际礼节中逐渐了解人际关系；我们在特定的婚姻习俗中成家立业，又在特定的丧葬民俗中离开这个世界，可以说，从摇篮到坟墓，一个人的一生都有相应的民俗伴随。民俗塑造着我们，规范着我们，教化着我们，正如露丝·本尼迪克特所说："个体生活历史首先是适应由他的社区代代相传下来的生活模式和标准。从他出生之时起，他生于其中的风俗就在塑造着他的经验与行为。到他能说话时，他就成了自己文化的小小的创造物，而当他长大成人并能参与这种文化的活动时，其文化的习惯就是他的习惯，其文化的信仰就是他的信仰，其文化的不可能性亦就是他的不可能性。"①

民俗，即民间风俗，指一个国家或民族中由广大民众创造、享用和传承的生活文化。民俗起源于人类社会群体生活的需要，在特定的民族、时代和地域中不断形成、扩散和演变，为民众的日常生活服务。我国著名民俗学家钟敬文先生在其主编的《民俗学概论》中以作为社会基础的经济活动，到相应的社会关系，再到上层建筑的各种制度和意识形态为思考角度，大略将民俗分为物质民俗、社会民俗、精神民俗和语言民俗四类。具体而言，物质民俗主要包括生产民俗、商贸民

---

① ［美］露丝·本尼迪克特：《文化模式》，何锡章、黄欢译，华夏出版社1987年版，第2页。

俗、饮食民俗、服饰民俗、居住民俗、交通民俗等；社会民俗主要包括社会组织民俗（如血缘组织、地缘组织、业缘组织等）、社会制度民俗（如习惯法、人生仪礼等）、岁时节日民俗和民间娱乐习俗等；精神民俗主要包括民间信仰、民间巫术、民间哲学伦理观念以及民间艺术等；语言民俗则包括民俗语言和民间文学两大部分，后者亦可分为神话传说、民间故事、民间歌谣和民间说唱等形式。这些民俗一旦形成，便成为规范人们的行为、语言和心理的一种基本力量，同时也成为民众宣泄、调剂生活，以及习得、传承和积累文化创造成果的一种重要方式。

“民俗”一词，在我国出现得很早，如《礼记·缁衣》“故君民者，章好以示民俗”，《汉书·董仲舒传》“变民风，化民俗”。此外，与之相近之词如“习俗”“风俗”“民风”等，亦多被用于古籍中。而“民俗”作为学科术语，与英国学者汤姆斯（William Thoms）密切相关。1846年，他将“folk”（民众）和“lore”（知识、学问）二词合一为“folklore”，指涉民间风俗现象以及研究这门现象的学问。后来，该词渐渐被世界其他国家的学者们接受，成为国际通用学术名词。“民俗”作为专门术语在中国的使用则出现于近代“西学东渐”时期。1874年，英国学者德尼斯在《中国评论》发表论文，提出“民俗”的概念，1876年，他的著作《中国民俗学》在香港出版，此后“民俗”便作为学术术语传入我国。“民俗”作为学科性质的专用名词，在我国首次使用于1922年北京大学征集近世歌谣、创办《歌谣》周刊之时，此后，相关的学术概念争论不断，直至1927年中山大学成立“民俗学会”，创办《民俗》周刊，“民俗”一词才作为固定的学科名词被广泛使用。

“爆竹声中一岁除，春风送暖入屠苏。千门万户曈曈日，总把新桃换旧符。”文学与民俗有不解之缘，钟敬文说：“人们生活在民俗里，好像鱼儿生活在水里……文学要表现人，表现人的关系、人的事情和人的思想感情，就离不开与之密切相关的人们的生活方式，即民俗。”① 中国文学源远流长，《诗经》、《楚辞》、两汉文赋、唐诗宋词、元代杂剧、元明清小说，历代文学，各类文体，都离不开对民俗的书

① 钟敬文：《文学研究民俗学方法》，《民族艺术》1998年第2期，第30-31页。

写，从文学中可以了解不同时代、不同地区的风情民俗。“七月流火，九月授衣”，《诗经·豳风·七月》从年初至年末，按时序、节令的推进，传授物候知识，介绍农用工具，记录农事生产活动。《楚辞》中的《招魂》《大招》篇叙写招魂风俗，是考察楚地信仰风俗必不可少的研究材料。两汉乐府诗对接民间生活实况，从男女恋爱习俗、婚嫁礼俗至女子改嫁和“再醮”习俗均有广泛涉及，如《孔雀东南飞》讲述的就是父母之命，媒妁之言的婚姻礼俗所制造的爱情悲剧。魏晋南北朝时期，志怪小说中神仙鬼怪、精灵妖魅、方士道长竞相活跃，感应及变化之事奇发，画符念咒、隐身变形、驱鬼逐妖、呼风唤雨更是平常，此乃以民间世俗信仰为底色的怪异美学。唐诗数量众多，所涉民俗事象丰富，酒与唐诗缘分最深，不仅有“酒仙”李白、“斗酒学士”王绩、“醉尹”白居易等名人，更有皮日休《酒中十咏》《奉和添酒中六咏》以及陆龟蒙咏酒的一系列诗篇，囊括制酒工具、酿酒工艺、饮酒器皿以及饮酒之道，面面俱到。同时，大唐酒香也漫溢四方，“葡萄酒”“胡姬酒肆”入诗，酒之风俗链接起了风情西域与中原大唐的交往交流史。宋词千姿百态、风格多样，唱尽了大宋民间的百转千回与喧哗冷寂。仅以岁时节日为题，众词人佳作频现：欧阳修的《生查子·元夕》、柳永的《迎新春》、周邦彦的《解语花·上元》、苏轼的《南歌子·杭州端午》《念奴娇·中秋》《水调歌头·明月几时有》《定风波·重阳》，以及秦观的七夕词《鹊桥仙》、重阳词《满庭芳》，姜夔的《鹧鸪天·丁巳元日》、七夕词《摸鱼儿》、重阳词《摸鱼儿》等。除夕守岁、元宵观灯、清明祭祖、端午竞渡、七夕乞巧、中秋赏月、重阳登高……这些词记录了大多在宋代趋于定型的节日风情，词人们将多彩节日形诸笔端，展现民间活力。元代散曲与杂剧成为时代特色，作品贴近世俗，留存了相当多的民间艺术与娱乐印记：白朴《梧桐雨》中有少数民族舞蹈“胡旋舞”“霓裳羽衣舞”；杂剧《丽春堂》《射柳捶丸》中有体现耀武特色的少数民族风俗游戏射柳；双陆、围棋等中国棋类游戏于此时更是频繁展现，杂剧《度柳翠》中详尽阐述双陆玩法，关汉卿散曲及杂剧《百花亭》中着重介绍围棋之道。相对于这些雅致的棋类游戏，元代打秋千更受民间百姓喜爱，在关汉卿的《诈妮子调风月》、贾仲明的《铁拐李度金童玉女》中，将一处处秋千院列进了元代民俗文化的巡展中，后人从中可以详尽了解当时的民间风习。明清时期，诗、文、词、曲等传统文学的创作仍在继续，但随着城市工商业的发展和市民阶层的壮大，小说、戏剧等通俗文学地位明显提高，成就斐然。论及明清最为出彩的文体，则非小说莫属，经典作品迭出：明代的“三言二拍”、《三国演义》、《水浒传》、《西游记》、《金瓶梅》等以及清代的《聊斋志异》《儒林外史》《红楼梦》等，题材广泛，类型丰富，不仅勾勒俗世民情、江湖气宇，亦描绘花妖鬼怪、家族科举、历史演义、英雄传奇、才子佳人、公案野史，林林总总，风格万千，或魔幻奇妙，或针砭时弊，或悲喜交集，不一而足。至于其中民俗，更是样态丰富，由于多样的物质生产、不断涌现的民间巧技、市民化的衣食住行、成熟的人际礼仪以及成型的社会组织等的发展进化，民俗风习极具个性与地方性。

钟敬文先生曾在《民俗学与古典文学——答〈文史知识〉编辑部》的谈话中说：“民俗学和古典文学研究都属于人文科学，两者都是研究人类社会的文化现象的。人类社会本是不可分割的有机整体，这就决定了两种学科之间是可以乃至应该相互沟通的。‘他山之石，可以攻玉’，应用民俗学的理论和方法，对于丰富古典文学的研究手段、研究角度无疑会有裨益。”① 的确，文学与民俗二者相辅相成，关系密切。文学包罗万象，反映社会生活，民俗是其书写的内容和对象，文学是民俗的载体，民俗通过文学得以呈现。充分挖掘民俗，可以把握文学创作的社会背景、作品内容，亦可探究其在作品结构、情节构成以及细节呈现等角度的艺术特色，我们不仅要认识到文学与民俗的关系，而且要深入考察这种关系，深入文艺民俗学研究。日本民俗学家井之口章次对文艺民俗学进行了研究方向的总结，他在《民俗学的位置》一文中归纳道：“第一个方向，为了正确理解文学作品，有必要了解它背后的环境和社会，为此要借助于民俗学。第二个方向，要了解文学素材向文学作品升华的过程，因为在现实上，文学素材往往就是民间传承。第三个方向，再进一步，把文学作品作为民俗资料，也可称之为文献民俗学的方向。”② 鲁迅的《魏晋风度及文章与药及酒之关系》、

---

① 钟敬文：《钟敬文集》，广东人民出版社 2018 年版，第 381 页。

② 转引自陈勤建：《民俗学研究评述》，见苑利主编《二十世纪中国民俗学经典·民俗理论卷》，社会科学文献出版社 2002 年版，第 163 页。

闻一多的《伏羲考》《龙凤》《姜嫄履大人迹考》以及后人对《三国演义》《水浒传》等名著就历代素材的传承与新变的考察成果，便是文艺民俗学研究的典型代表。

本书主要以《三国演义》《西游记》《水浒传》《红楼梦》《三言》《二拍》六部（套）古典作品为对象，致力于挖掘名著中的民俗事象：婚丧嫁娶、游戏娱乐、语言文化、关公信仰、佛教世界、妖怪想象、江湖习俗、好汉侠风、市商民情、岁时节日等，予以梳理，深入民俗影响下的社会，理解民俗之于小说内容与形式方面的作用，走近民间生态的同时，对话文学。同时，对上述文学作品中的民俗事象亦进行学术探源，分析其形成的原因，领悟其蕴含的集体心理，了解其行为模式，探究其于传承扩布轨迹中的演变细节，从稳定性与变异性中观察其对自身的调节，从规范性与服务性中体悟其对民间生活的协调与平衡。

本书立足文学，探究民俗，既注重可读性，亦注重学术性，是通过民俗解读文学，通过文学了解民俗的一次积极尝试。当然，文学中的民俗描述虽然可以帮助我们管窥现实生活中的民俗现象，但不能将二者混同，因为毕竟这种民俗描述还带有一种文学性，不一定是真实生活的写照。

本书引文中的六部（套）作品版本如下：

《红楼梦》（上下）：〔清〕曹雪芹著，〔清〕无名氏续，程伟元、高鹗整理，中国艺术研究院红楼梦研究所校注，人民文学出版社 1982 年 3 月第 1 版，2008 年 7 月第 3 版，2010 年 3 月第 29 次印刷；

《三国演义》（上下）：〔明〕罗贯中著，人民文学出版社 1953 年 11 月第 1 版，1957 年 1 月第 2 版，1973 年 12 月第 3 版，2009 年 5 月第 24 次印刷；

《西游记》（上下）：〔明〕吴承恩著，黄肃秋注释，李洪甫校订，人民文学出版社 1955 年 2 月第 1 版，1980 年 5 月第 2 版，2009 年 5 月第 18 次印刷；

《水浒传》（上下）：〔明〕施耐庵、罗贯中著，人民文学出版社 1975 年 10 月第 1 版，1997 年 4 月第 2 版，2009 年 3 月第 17 次印刷；

《三言——喻世明言、警世通言、醒世恒言》:〔明〕冯梦龙编著，梁成等校点，齐鲁书社 1993 年 7 月第 1 版，1999 年 12 月第 7 次印刷；

《二拍——拍案惊奇、二刻拍案惊奇》:〔明〕凌濛初编著，尚乾等校点，齐鲁书社 1993 年 7 月第 1 版，1997 年 8 月第 6 次印刷。

目录

第一讲

《红楼梦》中的婚丧风俗

《红楼梦》这一中国文学瑰宝，全面细致地书写了清代中叶社会各个阶层的风俗民情，涉及民俗现象之多、范围之广，在古今中外文学作品中罕有比肩者。据不完全统计，全书所涉民俗事象有六百余项，几乎遍及所有回目。从饮食、居住、器物、服饰等物质民俗，到人生礼仪、岁时习俗、节日庆典等社会民俗，直至祭祀、巫术、宗教、梦兆、民间游艺、神话传说等精神民俗，全面、真实、生动地展示出清代中期的社会风貌。不仅如此，文学巨匠曹雪芹还以他那深刻的思想，出神入化的艺术功力，把民俗书写和人物形象塑造、环境描写、主题表达等作品重要组成部分有机结合起来，从现实生活的规律出发，从艺术缔造的需要出发，把握民俗事象深层的思想意蕴与独特的艺术韵味，升华了作品的意旨，丰富了小说的艺术承载。《红楼梦》的民俗事象包罗万象，比较而言，所涉民俗范围与日常生活关系最密切的，当属婚丧风俗。

第一节　婚　　俗

中国自古以来就视婚姻为人生重大事项。《中庸》云："君子之道，造端乎夫妇，及其至也，察乎天地。"《周易·序卦·传》有言："有天地，然后有万物，有万物，然后有男女，有男女，然后有夫妇，有夫妇，然后有父子，有父子，然后有君臣，有君臣，然后有上下，有上下，然后礼义有所错，夫妇之道，不可以不久也。"恩格斯也曾经指出，人类社会生产由两个方面组成："一方面是生活资料即食物、衣服、住房以及为此所必需的工具的生产；另一方面是人自身的生产，即种的繁衍。”① 这些言论均指向人类社会的一个基本事实：婚姻缔结了男女之间的基本关系，也成就了人类社会的结构基础，天然具有根本性的重要意义。

一、婚姻制度

在漫长的社会进程中，婚姻礼俗渐渐成形，不断演变，究其规律，“父母之命，媒妁之言”可谓变化中的恒定，是古代缔结婚姻关系必不可少的“法则”，《诗经·齐风·南山》中说，“取妻如之何？必告父母……取妻如之何？匪媒不得”，《白虎通义·嫁娶》中说：“男不自专娶，女不自专嫁，必由父母，须用媒妁”，《礼记·曲礼》也说，“男女非有行媒，不相知名，非受币，不交不亲”。这些文字都是正面告诉人们婚姻嫁娶规矩之所在。反面的例子也不乏耳熟能详的。《诗经·卫风·氓》第一章：“氓之蚩蚩，抱布贸丝，匪来贸丝，来即我谋。送子涉淇，至于顿丘。匪我愆期，子无良媒。”一个男子借机会和心爱的女子谈婚论嫁，女子当即不能答应的原因不是自己对男子没有炽热的感情，而是男子没有“走官道”——没有遵循当时的婚姻缔结制度。元代杂剧家白朴的杂剧《墙头马上》叙述了一段浪漫的爱情故事：裴尚书之子裴少俊人如其名，少健英俊，奉父命去洛阳购买花苗，不期然遇到貌美如花的总管之女李千金，二人四目相对，情愫暗生，私自结合并育有一儿一女。被裴尚书发现后，夫妻被拆散，家庭被分裂，其原因就是不曾遵循父母之命，媒妁之言，辱没了先祖，毁坏了前途。可见，“父母之命，媒妁之言”就如今天的结婚证一般神圣，是古代合法婚姻不可或缺的程序、礼仪、保障。父母如何命、媒妁何以言，自然也是有规矩的，这规矩之一就是门当户对，高门大户的父母自然只允许自己的儿女与相对等的家庭联姻，小家碧玉的结婚对象只应是经济、社会地位相当的人家。《说文解字》解释媒是“谋合二姓”，“妁”则是“斟酌二姓”，因而“媒妁”实则担当着审视男女双方门第、家庭、财富、品貌、才学等是否相称的重任。

---

① 恩格斯：《家庭、私有制和国家的起源》，《马克思恩格斯选集》第4卷，人民出版社2012年版，第13页。

《红楼梦》中的婚姻缔结几乎都是“父母之命，媒妁之言”的产物。宝玉与宝钗的婚事，先经过宝玉之母王夫人、宝钗之母薛姨妈两次面谈商定，然后禀告贾母，得到她老人家的赞同，再“议定凤姐夫妇作媒人”，才把“金玉良缘”之事基本议定，迈出了走向婚姻殿堂的第一步。迎春、探春的婚姻大事也都是奉父母之命，迎春的父亲贾赦因孙绍祖“是世交之孙，且人品家当都相称合，遂青目择为东床娇婿”，但其实孙绍祖乃“中山狼”，是趋炎附势的小人，这一点在他没有成为贾家女婿的时候已被大家识破，王夫人和贾母对这门婚事“心中却不十分称意”，但因是“亲父主张”，不想“出头多事”，也不便言语。贾政劝谏了兄长两次，贾赦不听，他也只好罢休。结果迎春“金闺花柳质，一载赴黄粱”，一年之后就被孙绍祖折磨致香消玉殒，成为不折不扣的“父亲之命”的牺牲品。探春是大观园中的“玫瑰花”，不仅“削肩细腰，长挑身材，鸭蛋脸面，俊眼修眉，顾盼神飞，文采精华，见之忘俗”，而且才华出众、敢说敢为、办事利落，“才自精明志自高”，称得上女中精英，但无奈生在爱情不自由、婚姻不自主的时代，婚姻大事也只能听从家庭的安排，只能恪守当时的婚姻程序，遵从父母之命，媒妁之言，“一帆风雨路三千，把骨肉家园齐来抛闪”，远嫁边疆，上演另一出婚姻的悲剧，走完自己“清明涕送江边望，千里东风一梦遥”的人生履迹。

除父母之命、媒妁之言之外，《红楼梦》中还涉及一些补充性的婚姻体制，下文略论一二。

其一为选秀制。所谓选秀，就是在民间为皇帝拣选后宫嫔妃。这种制度可追溯到汉代，“胡汉和亲识见高”的王昭君就是汉元帝选秀女时进宫的，这一习俗一直延续到明清时期，与其他选嫔妃的方法联合使用，为帝王在三宫六院中储备“后宫佳丽三千人”。于是，后宫嫔妃们明争暗斗、争相邀宠，不时出现种种相互残害的事件，多见史书记载，亦成为当下宫斗剧取之不尽用之不竭的资源。《红楼梦》中以选秀方式缔结婚约的人物是元春。明清两代挑选秀女的条件是相貌端正、眉清目秀、耳鼻周正、牙齿整齐、鬓发明润、身无疤痕、性资绝美、言行合礼。元春既然能被选中，自然是符合这些标准的，当是秀外慧中、蕙质兰心的美丽女子。元春被选入宫初始的经历似乎也可称得上一帆风顺：十几岁时做女史，二十多岁时成为凤藻宫尚书，又加封贤德妃。但当她获准归宁省亲时，见到贾母、王夫人、邢夫人、李纨、王熙凤、迎春、探春、惜春等亲人时，不是春风满面、喜笑颜开，而是“满眼垂泪”“忍悲强笑”，安慰贾母、王夫人说：

> 当日既送我到那不得见人的去处，好容易今日回家娘儿们一会，不说说笑笑，反倒哭起来。一会子我去了，又不知多早晚才来！①

说完她又忍不住哽咽起来。从此处对元春情态、语言的描写中，我们不难感受“选秀制”的入选者表面光鲜显贵，背后则是人身不自由、精神不放松的难言之悲，再结合判词“虎兕相逢大梦归”所预示的元春的最终惨死，选秀礼俗的不合人性之处就显而易见了。

其二为媵妾制。媵妾制历史悠久，有人认为尧的两个女儿娥皇和女英同时嫁给舜就是媵妾制。有记载的媵妾制产生于春秋时代，为当时婚姻关系的一个特殊制度。郑玄为《仪礼·士昏礼》“媵”作注曰：“古者嫁女必侄娣从，谓之媵。侄，兄之子；娣，女弟也。”意思是诸侯娶一国之女为妻时，女方的妹妹和兄弟的女儿要随嫁。春秋时期，各国统治者都实行媵制。《诗经·大雅·韩奕》中有“韩侯取妻……诸娣从之”之语。妾的出现晚于媵制。被掠之女奴、罪犯之妻女和贫家出卖的妻女都是妾的来源。后代的众多宫女、大户人家的婢女、沦落风尘的娼妓也属妾。另外，不是明媒正娶的女子，也被称为妾。《红楼梦》中可见媵妾制习俗的遗存，书中写到的几大家族已婚男主子们在正妻之外都有妾，只是改换了名称，称为姨娘、侧室或通房丫头等。如贾政的妾赵姨娘、周姨娘，贾赦的妾嫣红，贾珍的妾佩凤、偕鸾等。除妾之外，男主子们还有地位略低于姨娘、由贴身婢女升格为妾的通房丫头，如贾琏房中的平儿、薛蟠房中的香菱等。媵妾制属一夫多妻制，内含男女不平等意识，其落后之处显而易见。

二、婚姻礼仪

《红楼梦》不仅生动具体地展示了中国古代的婚俗制度，而且以详

① 曹雪芹著，无名氏续：《红楼梦（上）》，人民文学出版社 2008 年版，第 239-240 页。

细丰富的笔墨呈现了清代婚俗的完整过程，是清代民间婚俗的典型，也是我国婚姻史在特定历史阶段的真实写照。《红楼梦》中的婚俗涉及婚姻从始至终的全部过程，包括了订婚、结婚、婚后回门等一整套婚姻礼仪。

（一）订婚礼仪

在古代，婚姻大事备受重视，从议婚至完婚格外讲究礼仪，“六礼”作为主要的婚姻仪式，流传千年。具体包含：一为纳采，指男方向女方送礼物，以表求亲；二为问名，指男方询问女方姓名、生辰八字，以供占卜吉凶；三为纳吉，指卜得吉兆后，送礼至女方，以表订婚之意；四为纳征，指男方向女方送聘礼，多指财礼；五为请期，指择定迎娶吉日，征求女方意见；六为亲迎，指新郎亲自迎娶新娘。虽历代时有变化，各地风俗细节也多有不同，但六礼仍对古代婚礼演变起着主导作用，涉及求婚、行聘、迎娶等环节，气氛热烈，喜气洋洋，一片欢闹。

《红楼梦》中涉及订婚环节的内容不少，现按照订婚时各种礼仪的时间顺序，梳理《红楼梦》订婚中的重要环节如下。

一是“放定”。《红楼梦》第八十二回《老学究讲义警顽心 病潇湘痴魂惊噩梦》中有一段黛玉的心理活动，其来由是黛玉做了个宝玉“活不得了”的噩梦，醒后焦虑万分，对自己和宝玉的爱情深感无望，小说中是这样写的：“父母死的久了，和宝玉尚未放定，这是从那里说起？”此处的“放定”便是订婚时所应履行的一种礼节，也叫下定、定帖，可以说是一种订婚的手续，即男方给女方送去聘礼，表示男方对婚约的认可。黛玉得不到这份在民间具有约定俗成意义的礼仪认可，其“痛定思痛，神魂俱乱”自然是可以理解的，也是让人倍加同情的。

放定意义十分重大，放定之后悔婚，被民间视为奇耻大辱，会给人带来心理上的巨大压力，甚至产生死亡悲剧。《红楼梦》中贾琏为尤三姐和柳湘莲做媒，柳湘莲正在路途之中，不便举行正规的订婚礼仪，遂解下随身携带的祖传鸳鸯宝剑交付贾琏作为定礼。回到京城后，柳湘莲听说尤三姐是东府之人，对尤三姐的清白产生了无由的怀疑，便冲动地去找贾琏索回定礼。尤三姐闻讯后不堪其辱，性情刚烈的她刎颈自尽，柳湘莲得知事实真相后自悔不及，遁入空门。《红楼梦》第十五回《王凤姐弄权铁槛寺 秦鲸卿得趣馒头庵》叙述了另一出“放定”带来的悲剧。王熙凤在寺中老尼的激将下，为贪图三千两银子，打通关节，诱导张财主家退掉了守备家的聘定，结果张家女儿羞愧难当、自缢身亡，守备家独生子也悲愤难抑、投河而死，两家“人财两空”，民间礼仪文化力量之巨，不可估量。

二是发“泥金帖子”。《红楼梦》第九十七回《林黛玉焚稿断痴情 薛宝钗出闺成大礼》中有这样一段情节：

> （薛姨妈）便叫薛蝌：“办泥金庚帖，填上八字，即叫人送到琏二爷那边去。还问了过礼的日子来，你好预备。”①

此处的“泥金”是一种用金末、金屑和胶水制成的金色颜料，而“庚帖”是写有男女双方姓名、籍贯、生辰八字及祖宗三代姓名的红色柬帖。薛家办“泥金庚帖”，相当于六礼中的“问名”，问清女子生辰八字，以卜吉凶。《红楼梦》第七十二回中也曾提及，贾琏对林之孝说：“前儿官媒拿了个庚帖来求亲。”可见发“泥金帖子”也是清代订婚的必备程序。

三是发“通书”。下面是《红楼梦》第九十七回的另一片段：

> 次日贾琏过来，见了薛姨妈，请了安，便说：“明日就是上好的日子，今日过来回姨太太，就是明日过礼罢。只求姨太太不要挑饬就是了。”说着，捧过通书来。薛姨妈也谦逊了几句，点头应允。贾琏赶着回去回明贾政。②

此段中贾琏捧出的“通书”，就是确定迎娶吉日的帖子。贾琏送通书，类同于六礼中的“请期”，男家择定迎娶日期，告知女方。男家选择迎娶的日期，一般都是请算卦先生查阅黄历，择定“吉日良辰”。古时迎亲多在黄昏之后，甚至深更半夜。《释名》给婚姻下定义就考虑到时间因素，曰：“婚，昏时成礼也；姻，女因媒也。”《白虎通义·嫁

---

① 曹雪芹著，无名氏续：《红楼梦（下）》，人民文学出版社 2008 年版，第 1335 页。

② 曹雪芹著，无名氏续：《红楼梦（下）》，人民文学出版社 2008 年版，第 1335 页。

娶》解释“婚姻”的“婚”字，更加明确：“婚姻者，何谓也？昏时行礼，故谓之婚也。”古人将“良辰”定在黄昏之后，可能是初民时代掠夺婚的遗风。在清朝，结婚时间也安排在黄昏时分。意谓黄昏时分昼夜交替，恰阴阳相合之刻，乃结婚的最佳时间。

《红楼梦》第九十七回有这样一段：

> （紫鹃）正在那里徘徊瞻顾，看见墨雨飞跑，紫鹃便叫住他。墨雨过来笑嘻嘻的道：“姐姐在这里做什么？”紫鹃道：“我听见宝二爷娶亲，我要来看看热闹儿。谁知不在这里，也不知是几儿。”墨雨悄悄的道：“我这话只告诉姐姐，你可别告诉雪雁他们。上头吩咐了，连你们都不叫知道呢，就是今日夜里娶……”①

看来贾宝玉娶亲的时间是在夜里，遵循了古礼，也是清代的一般做法。

四是“下彩礼”。所谓“下彩礼”，是指男女双方同意订婚之后，男家把聘礼送到女家，也叫“过礼”“过定”，相当于六礼中的“纳吉”“纳征”。六礼中的“纳征”也称“下茶”，订婚礼遂叫“茶礼”，因而成语“三茶六礼”就暗含明媒正娶的意思。《红楼梦》第二十五回写凤姐曾与林黛玉开玩笑说：“你既吃了我们家的茶，怎么还不给我们家作媳妇？”此处的“茶”一语双关，既指杯中茶水，又暗喻订婚时的彩礼，是王熙凤看到宝玉和黛玉情投意合后自然想到的话语。

彩礼一般包括哪些物品呢？羊酒为首选。古时长久以来一直用羊和酒做赏赐、馈赠或庆贺的礼物。羊通祥，酒通久，皆寓含吉祥如意、长长久久等美好含义。明代郎瑛《七修类稿》引《茶疏》说：“茶不移本，植必子生，古人结昏，必以茶为礼，取其不移置子之意也。今人犹名其礼曰‘下茶’。”又说：“种茶下子，不可移植，移植不可复生也。故女方受聘，谓之‘吃茶’。”这说明茶也是聘礼所需要的重要物品。除此之外，彩礼还包括生活中常用的必需品，男家根据自己的财力与女家的要求而定。第九十七回《林黛玉焚稿断痴情 薛宝钗出闺成大礼》中的一个片段，展示了贾宝玉订婚的彩礼：

---

① 曹雪芹著，无名氏续：《红楼梦（下）》，人民文学出版社2008年版，第1339页。

鸳鸯等忍不住好笑，只得上来一件一件的点明给贾母瞧，说："这是金项圈，这是金珠首饰，共八十件。这是妆蟒四十匹。这是各色绸缎一百二十匹。这是四季的衣服共一百二十件。外面也没有预备羊酒，这是折羊酒的银子。"①

对比清代中后期普通人家的彩礼，这份订婚聘礼不可谓不丰厚，但所选物品种类与普通人家差别不大，可以让我们从中看到当时订婚聘礼的基本情况。

（二）结婚礼仪

《红楼梦》笔墨所涉的婚事有七八件，写得最为详尽的是贾宝玉和薛宝钗的终身大事，第九十六回《瞒消息凤姐设奇谋 泄机关颦儿迷本性》和第九十七回《林黛玉焚稿断痴情 薛宝钗出闺成大礼》集中详细地叙述了这一贾家大事。宝玉的婚事似乎处于多种不利条件之下：元春不久前刚刚去世，薛蟠则在监狱坐牢，贾政升了江西督粮道要前去赴任，新郎官自己——宝玉恰在病中。但贾母急于用婚礼为宝玉冲喜，认为"只可越些礼办了才好"，即简化了诸多仪式，但依然是一桩十分完整的、几乎包含了所有礼仪的婚事。下面不妨以宝玉与宝钗的结婚为例，领略一下中国古代后期结婚时的民俗风貌。

迎亲是结婚仪式的开端，古代婚礼中男子必须亲自到女家迎接新娘，为六礼中的"亲迎"。但后来也有新郎不亲往，只是新郎的至亲去迎接的，但迎亲队伍一般都规模较大，浩浩荡荡归来，又是一番热闹。婚庆礼仪中有"傧相"，即在举行婚礼时引导、陪伴新郎新娘的人，类似于现在的伴郎、伴娘；还有专门照料、陪伴新娘的"喜娘"；还有赞礼，专门负责在结婚典礼时宣唱仪节，类似于现在的司仪或主持人。

结婚仪式中，新郎、新娘必须行礼。通常是一拜天地，二拜父母高堂，三为夫妻对拜，此礼节在古装电视剧、电影中屡屡出现，这三拜之礼承载着中国传统文化的精髓，迄今仍有地方承继。

新人的拜礼结束，就会被送入新房。新房又叫洞房，至于因何将新房称为"洞房"，专家尚无定论，但早在宋玉的《招魂》篇中就出现

---

① 曹雪芹著，无名氏续：《红楼梦（下）》，人民文学出版社 2008 年版，第 1335-1336 页。

了“洞房”一词：“娉容修态，絙洞房些，蛾眉曼睩，目腾光些。”婚礼时新房内要点上彩饰的蜡烛，美其名曰“花烛”，由此将新婚称作“洞房花烛”，新婚之夜则美誉为“洞房花烛夜”。《红楼梦》第九十七回中有这样的场景：

> 一时大轿从大门进来，家里细乐迎出去，十二对宫灯，排着进来，倒也新鲜雅致。傧相请了新人出轿。宝玉见新人蒙着盖头，喜娘披着红扶着。下首扶新人的你道是谁，原来就是雪雁。宝玉看见雪雁，犹想：“因何紫鹃不来，倒是他呢？”又想道：“是了，雪雁原是他南边家里带来的，紫鹃仍是我们家的，自然不必带来。”因此见了雪雁竟如见了黛玉的一般欢喜。傧相赞礼，拜了天地。请出贾母受了四拜，后请贾政夫妇登堂，行礼毕，送入洞房。①

贾宝玉的结婚礼仪是基本遵照传统习俗来完成的。这让我们看到中国民俗数千年都较为稳固的特点。新人入洞房之后，还有些必备的仪式。

一是坐床撒帐。宋代孟元老《东京梦华录·娶妇》中有这样的记载：“凡男女对拜毕，就床，男向右女向左坐，妇女以金钱彩果散掷，谓之撒帐。”这说的是一对新人被送入洞房之后，会并排坐在床沿边上，然后由福慧双修的妇人将金钱、彩果撒在地上。近代的婚礼中也有边说吉利话边撒米谷五子的习俗，五子一般会包括花生、红枣两种，取早生（早得贵子）、花生（男孩女孩都生）的理想生育状况含义。而贾宝玉和薛宝钗的这一礼仪环节，曹雪芹只是一笔带过：“还有坐床撒帐等事，俱是按金陵旧例。”看来是没有什么新花样，没有必要多费墨汁，这一细节再次体现出民俗的根深蒂固。

二是揭盖头。盖头，顾名思义，就是盖在新娘头上用以遮面的方形布块。盖头常见的是纺织品，如披头的红巾；也可以是凤冠，以垂下的丝穗盖住面部，比起红巾似乎更显华丽；也不妨是手帕、纸扇等，都是根据各家具体情况而定。在颜色上，中国多用寓含红红火火、大吉大利之意的红色，在名称上，还可称作头纱、头巾或红巾。

---

① 曹雪芹著，无名氏续：《红楼梦（下）》，人民文学出版社 2008 年版，第 1343 页。

一般而言，中外的新娘，结婚当日，都会蒙头盖面。在中国，其用意有遮羞和避邪两种说法。清人褚人获在《坚瓠四集》中引唐人李冗《独异志》说："宇宙初开之时，止女娲兄妹二人在昆仑山，而天下未人民。议以为夫妇，又自羞耻，兄与妹上昆仑咒曰：'天若遣我二人为夫妻，而烟悉合；若不，使烟散。'于是烟头悉合。其妹来就，兄乃结草为扇，以障其面。今人娶妇，用内外方巾花髻为扇，象其事也。"这段从神话传说的角度解释习俗的观点，说明新娘蒙盖头，是为了遮盖自己含羞的表情。清代学者赵翼在《陔馀丛考》中表达的是另一种看法："汇书近时娶妇，以红帕蒙首。按《通典》杜佑议曰：'自东汉魏晋以来，时或艰虞，岁遇良吉，急于嫁娶，乃以纱縠蒙女首，而夫氏发之，因拜舅姑，便成婚礼，六礼悉舍'，合卺复乘，是蒙首之法，亦相传已久，但古或以失时急娶用之，今则为通行之礼耳。"这一观点认为新娘的蒙头盖面与魏晋之际社会动荡有关，是为了适应环境的变通之法，却不料成为一种习俗，代代相传。

由谁来揭盖头呢？宋吴自牧在《梦粱录》中这样记录："(两新人)并立堂前，遂请男家双全女亲，以用秤或机杼挑盖头，方露花容。"看来在宋之前或宋时，揭盖头是由福气多多的男方女性亲戚来完成，并且显然是在行三拜之礼之前进行。而至清代，"揭头纱"或"挑盖头"则是新郎独属权利，其他任何人不得越俎代庖。我们可以从曹雪芹第九十七回《林黛玉焚稿断痴情 薛宝钗出闺成大礼》的笔墨中看到这一民俗具体的表现：

> 宝玉此时到底有些傻气，便走到新人跟前说道："妹妹身上好了？好些天不见了，盖着这劳什子做什么！"欲待要揭去，反把贾母急出一身冷汗来。宝玉又转念一想道："林妹妹是爱生气的，不可造次。"又歇了一歇，仍是按捺不住，只得上前揭了。喜娘接去盖头，雪雁走开，莺儿等上来伺候。宝玉睁眼一看，好像宝钗，心里不信，自己一手持灯，一手擦眼，一看，可不是宝钗么！[①]

从这段叙述中，我们可以看到新郎官亲自揭盖头的习俗，也可以心酸地发现：正是利用了蒙盖头的礼仪，王熙凤等人实施了"调包

① 曹雪芹著，无名氏续：《红楼梦（下）》，人民文学出版社2008年版，第1343-1344页。

计”。这一虽称不上阴险狡诈，但确实有违厚道的做法，不仅断送了贾宝玉的幸福，还断送了林黛玉的性命。

三是饮交杯酒。盖头揭罢，一对新人四目相对、含情脉脉，接下来要完成的一个礼仪是饮交杯酒。这一礼俗源于先秦，新郎和新娘各取一满杯酒，先各饮半杯，然后将手臂相互交错，饮尽杯中剩余之酒，谓之饮交杯酒。《东京梦华录》云：“用两盏以彩结连之，互饮一盏，谓之交杯酒，掷盏并花冠子于床下，盏一仰一合，俗云大吉，则众喜贺。”饮交杯酒在古代又称为“合卺”。“卺”是一种瓠瓜，据说其味苦若黄连。夫妻二人喝了卺中苦酒，象征着两人今后要患难与共。饮交杯酒的习俗源远流长，沿袭范围极广，遍及中华大地。这一点我们可以从《红楼梦》第二十回的一个调笑片段中感受到：

> （宝玉）只篦了三五下，只见晴雯忙忙走进来取钱。一见了他两个，便冷笑道：“哦，交杯盏还没吃，倒上头了！”宝玉笑道：“你来，我也替你篦一篦。”晴雯道：“我没那么大福。”说着，拿了钱，便摔帘子出去了。[①]

此处晴雯所说的吃交杯盏就是饮交杯酒。在日常生活中随口就提及这一习俗，说明它在广泛沿用中已深入人心，成为人们观念中成婚仪式必不可少的环节。

（三）婚后礼仪

结婚大礼的最后一项是“回门”，也称作“归宁”，指的是新娘由新郎陪同一起回娘家，与娘家的亲戚相见，论长幼，行拜礼，完成亲戚关系的确认，也再次庆祝新婚之喜。《春秋》中记载鲁文公于婚后陪伴齐姜回到齐国，这可以看作是“回门”的先例。《诗经·周南·葛覃》有“归宁父母”的句子。南宋人孟元老的《东京梦华录·娶妇》记宋代风俗如下：“婿复参妇家，谓之拜门。有力能趣办，次日即往，谓之复面拜门。不然，三日、七日皆可，赏贺亦如女家之礼。酒散，女家具鼓吹从物，迎婿还家。”可见，女子出嫁后都应回门，都应偕同夫婿与自己的亲戚相见、认亲，只是回门的时间较为灵活，可以是结

① 曹雪芹著，无名氏续：《红楼梦（上）》，人民文学出版社 2008 年版，第 272 页。

婚之日的次日、第三天、第七天或第九天。从“三朝回门”与“回九”的说法推测，曾经婚后三日、九日回门比较普遍。而当下，人们的生活节奏日益加快，礼仪也逐渐从简，回门一般都在婚后第二天。不知这是否可以算作现代人对民俗的合理改造。

《红楼梦》中专门写到薛宝钗的回门之礼，贾宝玉这位旧病未去、又添新病的懵懂赤子如何应对这婚后的大礼？且看《红楼梦》第九十八回：

> 话说宝玉见了贾政，回至房中，更觉头昏脑闷，懒待动弹，连饭也没吃，便昏沉睡去。仍旧延医诊治，服药不效，索性连人也认不明白了。大家扶着他坐起来，还是像个好人。一连闹了几天，那日恰是回九之期，若不过去，薛姨妈脸上过不去，若说去呢，宝玉这般光景。贾母明知是为黛玉而起，欲要告诉明白，又恐气急生变。宝钗是新媳妇，又难劝慰，必得姨妈过来才好。若不回九，姨妈嗔怪。便与王夫人凤姐商议道：“我看宝玉竟是魂不守舍，起动是不怕的。用两乘小轿叫人扶着从园里过去，应了回九的吉期，以后请姨妈过来安慰宝钗，咱们一心一计的调治宝玉，可不两全?”王夫人答应了，即刻预备。①

从这段情节中我们可以看出，清代中叶回门的习俗是必不可少的，即使新人有身体或精神上的不适也要勉强完成这套礼仪，这种“礼大于人”的观念显示出民俗在特定历史时期与特定环境下违背人性健康发展的弊端。

总之，曹雪芹和高鹗全面细致地了解清代民间婚俗，将之融入人物塑造与情节铺展之中，从大关目到小细节，要么精描细写，要么简单提及，全面展示了清代民间婚礼的全貌。这使得《红楼梦》在文学价值之外，又增添了民俗价值，成为清代婚俗富含立体性、生动性的宝藏。通过以上前后勾连的对比性研究，我们发现《红楼梦》中的婚俗与古代婚俗比较起来已有简化，但与现代婚俗比较起来仍有繁复的特点，可见清代的婚俗起着一种承前启后的作用。我国的婚俗走着一条由繁复日趋简化的路途，这与整个社会民俗的发展趋势是一致的。

---

① 曹雪芹著，无名氏续：《红楼梦（下）》，人民文学出版社 2008 年版，第 1347 页。

第二节 丧　俗

《红楼梦》是一部悲剧色彩浓厚的长篇小说，书中写到了许多人物的生命终结，正如鲁迅所言："颓运方至，变故渐多；宝玉在繁华丰厚中，且亦屡与'无常'觌面，先有可卿自经；秦钟夭逝；自又中父妾厌胜之术，几死；继以金钏投井；尤二姐吞金；而所爱之侍儿晴雯又被遣，随殁。悲凉之雾，遍被华林……"[①] 伴随人物的死亡，《红楼梦》展示出一幅幅完整的丧俗图谱，涉及纷繁复杂的丧葬礼仪。

一、死的讳称

《红楼梦》描述的丧俗与中国禁忌文化、等级制度有着丝丝入扣的紧密关系，这首先表现为当时社会对死这一自然现象从称呼上进行了种种文化粉饰。中国人往往不直接触及忌讳的"死"一词，而用许多其他较委婉含蓄的词来代指。

（一）薨

中国古代等级森严，在社会礼仪、生活习俗各方面都有着等级差异，对死亡的表述也不例外。不同阶级、不同阶层的人去世，有着不同的说法。最早关于死的称谓的规定出现在《礼记·曲礼下》中："天子死曰崩，诸侯死曰薨，大夫死曰卒，士曰不禄，庶人曰死。"这之后大体遵照了以上称谓，只是略有简化，如《唐书·百官志》中这样规定："凡丧，二品以上称薨，五品以上称卒，自六品达于庶人称死。"随着时代的不断发展变迁，礼仪也在不断调整，"死"的种种称谓并不那么死板拘泥了，但"崩"与"薨"仍只用于帝后王侯等权位极高的人。

《红楼梦》中用"薨"之处较少。第五十八回中有"谁知上回所表的那位老太妃已薨"，第八十六回中是"周贵妃薨了"，第九十五回回目是"因讹成实元妃薨逝"，正文中有："稍刻，小太监传谕出来说：

---

① 鲁迅：《中国小说史略》，春风文艺出版社 2020 年版，第 148-149 页。

‘贾娘娘薨逝。’”此处的“贾娘娘”即元春。从以上“薨”的使用来看，死者的身份是皇妃或皇太妃，是符合中国传统礼制的。“薨”在《红楼梦》中使用较少，也可以从这一特定词语中看出这部长篇小说的主要人物并非帝王将相。

（二）宾天

宾天是“龙驭宾天”的省略。中国文化用龙作为帝王的象征，帝王死了，是乘龙升天，成为天帝之宾。如宋神宗赵顼死后葬永裕陵，陆佃《埤雅序》中有“编纂将终，而永裕上宾矣”之辞，来表达皇帝的逝世。这个词在使用的过程中逐渐泛化，从专称帝王之死，到泛指尊者之死，这一点在《红楼梦》中也有体现。第六十三回中有这样一句：

> 正玩笑不绝，忽见东府中几个人慌慌张张跑来说：“老爷宾天了。”①

此处的“老爷”是指贾敬。贾敬是宁国公贾演的孙子、贾代化的次子、贾珍之父，曾中乙卯科进士。虽说他不问家事，一心修炼，想要得道，放纵家人，但毕竟是宁国府的男主子，从仆人对“宾天”一词的使用中，我们不仅可以推测出此位老爷身份的尊贵，也可以感受到中国百姓对礼仪的尊奉。

（三）捐馆

“捐馆”是死亡的又一讳称，又称“捐舍”“捐馆舍”。“捐”含有舍弃之意；馆，指房舍；“捐馆”那自然就是捐弃所居住的地方，暗指人死了，不能在房中继续居住生活了。中国这些委婉的说辞也是有着逻辑性的，经得住由表及里的推敲。古代典籍中有“捐馆”的用法，《战国策·赵策》中有“今奉阳君捐馆舍”一句，文中的“奉阳君”指战国时赵国大臣李兑，他曾被封为奉阳君。清代学者黄宗羲《李因传》中有“光禄捐馆，家道丧失”的句子，也是这种用法的例子。曹雪芹也承继了这一用法，在《红楼梦》第十四回写林黛玉父亲的去世时，回目用的是“林如海捐馆扬州城”。

---

① 曹雪芹著，无名氏续：《红楼梦（下）》，人民文学出版社 2008 年版，第 879 页。

（四）返真元

《红楼梦》第一百零九回回目是《候芳魂五儿承错爱 还孽债迎女返真元》，写的是迎春一位如花似玉之女，结缡年余，不料被孙家揉搓以致身亡。“返真元”在这里意为死亡，原是道家用语。道家认为人来自自然，是自然的一部分，人死是复归自然，是“托体同山阿”，故称死为“反真”，语出《庄子·大宗师》：“嗟来桑户乎！而已反其真，而我犹为人猗!”正因为道家拥有这种生死观，所以就有了庄子“鼓盆而歌”的故事。曹雪芹有着根深蒂固的道家思想，以道家之语暗示迎春之死，实在不足为奇。

（五）圆寂

圆寂乃佛教用语，是梵文“涅槃”的意译，原意是佛教所追求的烦恼寂灭、功德圆满的最高境界，用于陈述佛教中人，如尼姑、和尚、僧侣等的去世。《红楼梦》中风采卓异的佛教中人首推妙玉，她原本出身于仕宦人家，天生丽质，心性高洁，才华馥郁，少时就在玄墓蟠香寺出家为尼。贾府建造大观园，妙玉入住栊翠庵，与贾家老少都结下善缘。《红楼梦》第十七回写林之孝家的介绍妙玉时说：“他师父极精演先天神数，于去冬圆寂了。”

（六）溘逝

“溘逝”是人死亡的又一种说法，强调了逝世的突然性，当然也有雅化死亡的作用。《红楼梦》第一百零六回写贾府遭抄家后零零落落，不成样子，但不久又皇恩浩荡，北静王府的总管告知贾政：“主上甚是悯恤，并念及贵妃溘逝未久，不忍加罪，着加恩仍在工部员外上行走。”“贵妃溘逝”实指元春之死，本可用“薨”，但此处用“溘逝”，除为了加强含义上的突然性之外，也是因为这个词语同样是用在地位高贵的人物身上。清代经学家江藩在写纪昀之死时，用了八个字：“遽闻溘逝，深为轸惜。”意为骤然听说去世，深深感到悲痛惋惜。而纪昀官至礼部尚书、协办大学士、太子少保，地位自然高人一等，应当用表尊贵者去世之辞。

（七）老了

在现代汉语中，言说死亡的书面语多用“逝世”“辞世”“与世长辞”等，口头语则常用“去世”，更通俗的说法则是“老了”“走了”。当然，“老了”“走了”都是用在平民百姓身上，言说的是普通人的离世。《红楼梦》中，“老了”的用法也曾出现过。如第十五回提到铁槛寺，说明它是贾家“以备京中老了人口，在此便宜寄放的”，即身份一般者在铁槛寺停柩。

二、丧葬仪式

丧葬是人类围绕自身进行的一项古老的活动，本身极富特色，是一种蕴含丰富的文化现象，丧葬礼仪是民俗文化的重要方面。

丧葬的产生发展有着鲜明的时代性。远古时期的人类并不举行丧葬活动，各种条件的低下使他们对待死者的尸体如同野兽对待同族群的尸体一样，是不管不顾的。随着社会的进步，物质条件改善了，人们的智力也发达了，灵魂不死的观念逐渐成形，就慢慢出现了埋葬亲人的习俗。古人认为，死亡只是肉体的消亡，并不意味着个体的消失，人还有灵魂，灵魂可以脱离肉体而存在，会在肉体消亡之后独自进入另一个世界，在那里继续与尘世相差无几的生活。因此，中国古代主张厚葬，常言“生荣死哀”，对丧葬礼制极为重视，并有具体的规定。西周的时候，儒家就建立了一整套丧葬礼仪。《礼记·曲礼下》：“居丧未葬，读丧礼。”丧礼之繁，从初终到小殓、大殓、殡葬、葬后等计有40多项。此后历代传承、简化，但大关节目不变，北宋司马光《书仪·丧礼》所列事项为25项。当然，如此繁复的礼仪，多为贵族所行，民间相比之下显得比较简朴。到清代时，形成了以儒家思想为主导、渗透佛家和道家思想的中国特色的丧葬礼仪文化。

丧葬活动和习俗具有很强的蔓延性，几乎渗透到社会生活的方方面面，也自然成为文学作品的重要表现内容。丧葬进入文学最早的篇目出现在《诗经·秦风·黄鸟》中：“临其穴，惴惴其栗。彼苍者天，歼我良人!”诗人悲愤难抑，表达了对野蛮血腥的殉人制度的极端愤慨。《诗经·王风·大车》曰：“榖则异室，死则同穴。谓予不信，有如皦日。”表露了死后合葬的风俗。之后的文学作品常常以挽歌、祭文、墓志铭、墓表等体裁表现与丧葬有关的礼仪、情感、习俗、观念。汉乐府《薤露歌》《蒿里曲》、陶渊明的《拟挽歌辞》、韩愈的《祭十二郎文》、王安石的《王逢原墓志铭》、欧阳修的《泷冈阡表》都是上乘之作，读来回肠荡气，成为流传千古的绝唱。《红楼梦》不以丧葬文化为自己主要的表现对象，但它海纳百川，在表现家族兴衰、悲欢离合的同时，以人物赴死的情节触及丧葬文化，从而更加立体、全面地展现了那个时代的风土人情和社会风貌，成为我们研究民俗的重要蓝本。

《红楼梦》一书所写的丧葬事件不可谓少，浓墨重彩书写的有秦可卿、贾敬和贾母的丧事，笔墨较少的则有尤二姐、黛玉、秦钟、贾瑞、元春、迎春的丧事，还有三言两语简单提及的晴雯、赵国基、夏金桂、金钏等人的丧事。所有这些人的丧葬之礼，均以其人身份、地位、年龄、性别的不同而各有差异，但涉及的基本仪式、程序都是大同小异的。下面就《红楼梦》中写到的丧葬礼仪进行总结简析。

（一）易衣

易衣，即为死者换上提早备好的寿衣，以备死者在另一世界所需。易衣时间或在死者弥留之际，或在死者断气之后，可根据具体情况灵活掌握。两种情形在《红楼梦》中都曾出现。如第九十七回写李纨对躺着流泪的紫鹃说："傻丫头，这是什么时候，且只顾哭你的！林姑娘的衣衾还不拿出来给他换上，还等多早晚呢。"此时的黛玉奄奄一息、神魂俱散，但尚未断气，正是换寿衣的恰当时候。第三十二回写王夫人房里的丫头金钏投井而死，这种非正常死亡一般是要遭人轻视、嫌弃的，但宝钗心慈面软，拿了自己的两套衣服给她妆裹，就属于后一种情况。不管哪种情况，一般而言，易衣是丧葬必备的程序。

（二）写殃榜

"殃榜"是给死者写的文书，上有死者的年寿及"招魂"的话，并定下入殓、发引、破土下葬及出殡的日期时辰，作用相当于我们今天的讣告，既表达惜别之情，又有着将死者信息昭告亲友的意思。如《红楼梦》第六十九回中写到尤二姐吞金而逝后，贾琏把阴阳先生请到府中，让其为尤二姐写殃榜，“天文生（研究天文的人，即阴阳先生）应诺，写了殃榜而去”。

（三）入殓

死者易衣后就要下棺，为入殓。入殓须择吉日而行。《红楼梦》第十三回中秦可卿去世后，贾珍吩咐去请钦天监阴阳司来择日。第六十九回，尤二姐“卒于今日正卯时，明日寅时入殓大吉”。可见，入殓不仅要看日子，而且要精准到时辰。

入殓时，还要“衔口垫背”。“衔口”是给死者口中含珠玉或米粮，供死者在阴间享用。“垫背”就是往死者褥下放钱物、柴草之类的东西。具体放哪些东西，根据死者的身份和家庭经济实力的不同而定。《红楼梦》第七十二回王熙凤抢白贾琏时就说：“我又不等着衔口垫背，忙了什么。”从王熙凤的话语中可知“衔口垫背”的风俗极其普遍。

（四）殡期

死者入殓以后，往往并不随即安葬，要停柩一段时间，这称作“殡”。殡期的长短有很强的时代差异。古代普遍时间长，《礼记·王制》载：“天子……七月而葬，诸侯……五月而葬，大夫、士、庶人……三月而葬。”清代殡期已大为缩短：“停柩于家，多则三十一日，少则五日，盖凶事尚单。”并且，殡期的长短也取决于死者地位的尊卑。第十七回秦钟死后“七日后便送葬掩埋了”。第六十九回中尤二姐“竟是七日”，第五十八回中太妃停柩“得一月光景”，独有第十三回中的秦可卿“择准停灵七七四十九日”，由此可见，殡期的规定并不十分严格，为了显示对死者的重视，是可以延长殡期的。如果家中条件不允许，未殡而葬也是不算违背礼仪的。

（五）哭灵

“哭灵”是吊丧时的重要内容。所谓“吊丧”，是丧家择定日期接受亲友吊唁送礼。《红楼梦》中对“吊丧”的另一个说法是“道恼”或“道烦恼”，即慰问丧家。第四十三回写凤姐庆祝生日，宝玉却出门半天，回府后给出的理由是“北静王的一个爱妾昨日没了，给他道恼去”。

亲友吊丧时，常常要在灵柩前失声痛哭以表达悲恸与哀悼之情，称为“哭灵”。《红楼梦》第九十八回写宝玉在潇湘馆黛玉灵柩前三次悲痛欲绝的大哭：“今日屋在人亡，不禁嚎啕大哭”；“宝玉已经哭得死去活来”；“宝玉又哭得气噎喉干”。宝玉的痛哭，固然是丧礼习以为常的程序，但他的痛哭流涕，已远远超越礼仪之所需，他哭出的是自己与黛玉爱情的一曲悲歌，哭出的是黛玉“质本洁来还洁去”的悲剧人生，因而感人至深，充分体现民俗与人间至情的关系。

（六）超度

古人相信鬼魂的存在，认为鬼魂在殡期时自由出入灵室，还相信鬼魂有超常的能力，可以帮助人们解决许多困难。因此，为了取悦死者的灵魂，让死者的灵魂庇护家族，人们在灵前哭着舞蹈，是为“哭踊”。到清代，哭踊不再是一种舞蹈了，演化为一整套超度灵魂的仪式。我们可从《红楼梦》在第十三回秦可卿的丧礼中看到较为详细的内容：

> 择准停灵七七四十九日，三日后开丧送讣闻。这四十九日，单请一百单八众禅僧在大厅上拜大悲忏，超度前亡后化诸魂，以免亡者之罪；另设一坛于天香楼上，是九十九位全真道士，打四十九日解冤洗业醮。然后停灵于会芳园中，灵前另外五十众高僧、五十众高道，对坛按七作好事。①

从时间之长、僧道数量之多上，我们就可以看出这并非普通百姓所能享用的仪礼。尤其对于赤贫人家而言，这个环节经常是要省略的。

在“五七”正日子上，又是一番繁复的仪式：

> 这日乃五七正五日上，那应佛僧正开方破狱，传灯照亡，参阎君，拘都鬼，筵请地藏王，开金桥，引幢幡；那道士们正伏章申表，朝三清，叩玉帝；禅僧们行香，放焰口，拜水忏；又有十三众尼僧，搭绣衣，靸红鞋，在灵前默诵接引诸咒，十分热闹。②

---

① 曹雪芹著，无名氏续：《红楼梦（上）》，人民文学出版社 2008 年版，第 172 页。

② 曹雪芹著，无名氏续：《红楼梦（上）》，人民文学出版社 2008 年版，第 182-183 页。

这段描述里包含了众多丧事习俗，需要略加解释。“开方破狱”，是诵念《破地狱偈文》，来拯救亡灵出地狱而得以超生。“传灯照亡”，是在死者脚后燃灯为亡灵照明，因为古人认为人死后要走向黑漆漆的冥途，黑暗令鬼恐惧，而佛法犹如明灯能破除黑暗，明灯于是成为佛法的象征。“开金桥”，顾名思义，是为死者打开金桥。旧时民间传说善人死后鬼魂所走的是金桥，打开金桥，能使其来世托生于福禄之地。“伏章申表”，是指道士们斋醮时俯首屈身恭读向三清、玉帝奏告的文书。“放焰口”，是指和尚念“焰口经”及施舍饮食给众位鬼神，为饿鬼超度、为死者祈福的活动。何谓“焰口”呢？据佛教传说，地狱中的饿鬼，腹大如山，喉细如针，一切饮食到了口边即化为火炭，故称饿鬼的口为“焰口”。“拜水忏”，是指和尚念“水忏经”为死者祈求免除冤孽灾祸的活动。“接引咒”，是接引死者到极乐世界的咒语。在超度活动中，和尚、道士们诵念的经咒不一而同，可灵活选择，目的都是为了超度亡灵、祈福消灾、保佑丧家。如果超度活动规模盛大、隆重，当然可以同时起到炫耀门庭的作用。

（七）出殡

丧礼的高潮是出殡。出殡必须让阴阳先生选择吉日。出殡包括一些重要仪礼，下面择其要而介绍。

首先是“摔丧”“驾灵”。“摔丧”就是在准备起动棺材时，由主丧孝子在灵前摔碎一个瓦盆之类的器皿，然后细心查看地面上所留的痕迹，来推断死者托生为何，因为古人相信鬼魂是千变万化的。“摔丧”也称“摔盆”。“驾灵”就是主丧孝子亲自抬扶灵柩或牵引灵车，或在灵柩前领路。《红楼梦》第十三回写秦可卿死后，“小丫环名宝珠者，因见秦氏身无所出，乃甘心愿为义女，誓任摔丧驾灵之任。贾珍喜之不尽，即时传下，从此皆呼宝珠为小姐”。由此可以看出，“摔丧”“驾灵”首选死者儿子，无儿者可选未出嫁的女儿。

然后是极其显示丧家地位、身份、排场的“路祭”，即亲友知交在出殡途中设祭棚祭奠。《红楼梦》中最隆重豪华的是秦可卿的葬礼，“路祭”场面最盛大的也是秦可卿的。为秦可卿送葬时，路祭的“诸王孙公子，不可枚数”。大轿、小轿、车辆，“不下百余十乘。连前面各色执事、陈设、百耍，浩浩荡荡，一带摆三四里远”。东平王、南安郡王、西宁郡王、北静郡王四王设的祭棚，是“彩棚高搭，设席张筵，和音奏乐”。北静郡王在祭棚等候时，更是“手下各官两旁拥侍，军民人众不得往还”。城门前，“又有贾赦、贾政、贾珍等诸同僚属下各家祭棚接祭”。真可谓，“宁府送殡，一路热闹非常”。在这万分热闹的场景中，仪式之重已远远超出表达真情所需，人们感受到的不是生者因死者逝去而生的悲痛之情，而是借用习俗彰显脸面、地位之尊贵的虚假之情。

出殡途中，还要飞撒纸钱，意为替死者买路；还要给死者唱挽歌，表达生者的哀悼之情与对死者的祝福之意。后世的挽联、挽词，应该就是从挽歌词演变而来的。我们现在葬礼时的哀乐，作用大抵与挽歌相同。

人从出生到离世，生、冠、婚、丧，一路都有各种民俗礼仪相随。《红楼梦》这部百科全书式的巨著为我们描述了大量的古代民俗，全面展示了古代社会各种人生礼仪，本讲只择取现在仍较重视的婚丧礼仪部分加以研究和介绍，以期大家通过阅读小说对古代婚丧风俗有所了解。

思考与探究

1. 了解家乡的婚丧风俗。

2. 除了本讲所列民俗，《红楼梦》中还有诸如饮食、服饰等民俗，请进行梳理和探究。

第二讲

《红楼梦》中的娱乐民俗

《红楼梦》是明清小说创作的巅峰之作，小说写尽世间悲喜之情、聚散之意，人物世事变迁惹人感叹，终是因缘定数，尽是空的幻灭。在作者看来，人在世间如轻尘，春梦散，飞花流，世间万事本无常，不过都是欢喜忽悲辛，水中月、镜中花，大梦走一遭而已。这种彻悟，是情的舍却，亦是情的升华。可惜世间人不忍顿断，仍然会留恋深院府宅里的深情与喧闹。纵览多情少爷与闺阁佳人的日常，的确是琴理画趣，敲棋唱曲，诗词歌赋，风月情浓，热闹可叹。本讲聚焦贾府贵族家事，从其节庆、筵宴、寿诞、家祭等集体活动中关注酒令、听戏、猜谜语等娱乐活动，体悟大家庭生活的兴味，挖掘传统民俗的积淀，于娱乐中窥视贾府众人的文化修养与性情操守。

第一节　行　酒　令

《红楼梦》中娱乐生活丰富，囊括万千，琴棋书画、结社联诗、围棋迷藏、骨牌赌博，一应俱全。不过，小说中笔墨颇多且兴味满满的活动当属酒令。

一、酒令概说

酒令是古代宴饮时开展的一种游戏活动。在古代，喝酒之人于宴会场合中，位不论高低，地不分南北，才不论高下，因人、因地、因时、因情、因景地创造了许多酒令，或俗或雅，或简或繁，或难或易，目不暇接，形成了中国特有的酒令文化。

酒令文化的起源一般认为与西周时期的射礼有关。在远古时代有“燕射”这样的活动，即通过射箭比较胜负，负者在宴饮场合饮酒作罚。随着时间的推移，贵族们逐渐不善射箭，于是便发明了投壶游戏。投壶盛行于东周秦汉时期，是一种将箭矢投向长颈壶口的比赛，规则为多中者为胜方，少中者需受罚饮酒。同时，为了防止因酒作乱，形成了专门监督饮酒仪式的酒官，以维护酒宴礼法条规。燕射与投壶这种以胜负决罚酒的规则，具有后世酒令的属性。

及至汉代，国家统一，经济活跃，人民休养生息，社会较为安定，饮酒习气逐渐盛行，始见“酒令”之名，并留有酒令文篇。古书还记载西汉梁孝王曾令枚乘、路侨、韩安国等名士共同饮酒，作诗作赋，听曲玩乐，韩安国应对不得，便被罚酒，可以说此时已经有了酒令文化。

魏晋时期，雅士文人、狂狷隐士、玄妙道人众多，他们品道论玄，寄情山水，时常饮酒抒怀，游心翰墨，其中最为著名的佳话便是东晋王羲之主持的曲水流觞活动：东晋永和九年三月三日，晋代贵族、会稽内史王羲之偕亲朋谢安、孙绰等四十余人，于兰亭修禊祭祀仪式后于溪水处闲坐，开始了诗酒唱酬的雅事活动。具体是将盛有酒的觞放于溪中，从上游浮水徐徐而下，觞经弯曲溪水，在谁面前打转或停下，谁就得即兴赋诗并饮酒。此次活动留有诗歌数篇，后被收集成书，这才有了闻名于世的《兰亭集序》。原本用于欢庆娱乐、祈福消灾的“曲水流觞”风俗发展成文人墨客的一种酒令游戏，意境清远，格调风雅。

到了唐代，经贞观、开元的盛世建设，人民生活富足，设宴饮酒大为流行，世上有“有饮酒必有令”一语，酒令名目极为繁多。据李肇《唐国史补》记载：“古之饮酒，有杯盘狼藉、扬觯绝缨之说，甚者甚矣，然未有言其法者。国朝麟德中，壁州刺史邓宏庆始创平、索、看、精四字令，至李稍云而大备，自上及下，以为宜然。大抵有律令，有头盘，有抛打，盖工于举场，而盛于使幕。”此处，将酒令分为律令、骰盘令、抛打令三种形式。其中最常见的是律令，即酒会上以类似某种法律条款的规则，进行酒令游戏的行为；骰盘令是以掷骰子决定饮次和多少的一种酒令方式；抛打令是用杯盏或花等巡传、舞抛来决定饮酒的酒令形式，是“每宴饮，即飞球舞盏，为佐酒长夜之欢”的真实写照。唐人酒令很多，有历日令、手势令、旗幡令、拆字令等，唐代行令规则也更加完备，唐人在行令过程中设立“监令”（令官），监督宾客依令行饮。唐人皇甫松在《醉乡日月》中便明确记载了“明府”“律录事”“觥录事”三种令官，他们相互合作，各自担任着宣令、行酒、罚酒的职责，组织维护宴会的行令秩序。

此后，酒令一路发展，到清代更为丰富和完善。酒宴上，投壶猜枚、联诗对句、拆字测签、猜拳行令，总之都是以经一番“游戏”比拼，由令官仲裁，输者或违令者“饮满一大杯”为规则形式，酒令变得更为灵活有趣。

酒令的类别多样，按形式一般可分为：雅令、通令和筹令。雅令，多使用于文人阶层，首先推一人为令官，然后按照一定规定或规则吟诗联句以分胜负，整体场面较为风雅，属于“阳春白雪”风格，有四书令、典故令、对字令等知识型酒令。《红楼梦》中便是雅令居多。通令，也称“武令”，多使用于市井百姓中，它通过投骰、划拳、猜数等活动进行比拼饮酒，挥臂抡拳，动作幅度大，声音较为嘈杂，略显粗俗，但亦需动脑。筹令，是从筒中掣筹行令的娱乐方式，较之以上二者，属于雅俗共赏型。筹令便是在筹子上写上各种不同的劝酒、酌酒、饮酒方式，如“酌先到者一杯”“酌年长者一杯”“自酌者一杯”，等等，方式多变，为客人们饮酒增添了气氛。清代俞敦培《酒令丛抄》中记载的322种酒令则分为古令、雅令、通令、筹令四种。也有将行令是否使用工具作为标准，分为使用工具的酒令和不使用工具的酒令。总之，行酒令是一件集智力、才气、速度、灵气等为一体的助兴活动，五花八门，趣味浓浓。

二、酒令种种

《红楼梦》中出现的酒令众多，第二十八回有女儿令，第四十回有牙牌令，第五十四回等有击鼓传花令，第六十二回有射覆令，第六十三回有占花名令，以及第七十五回等包含的划拳、拇战，还有第一一七回的“月”字流觞令与说笑话令等，形式多变，效果不一，极为有趣，下面择其要而述之。

（一）女儿令

女儿令，酒令之一，有数种行法，凡是女儿之性情、言动、举止、执事，皆可涉及。在《红楼梦》第二十八回《蒋玉菡情赠茜香罗 薛宝钗羞笼红麝串》中，神武将军冯唐之子冯紫英邀请贾宝玉、薛蟠、蒋玉菡等人赴冯家参加酒宴。酒宴中，宝玉觉得滥饮无益，易醉无味，便提议大伙行女儿令。酒令规则：

> 如今要说悲、愁、喜、乐四个字，却要说出女儿来，还要注明这四字原故。说完了，饮门杯（即自己的酒）。酒面（即满杯）要唱一个新鲜时样曲子；酒底（行完此令后即干一杯酒）要席上生风一样东西，或古诗、旧对、《四书》《五经》成语。[①]

宝玉最先作令道："女儿悲，青春已大守空闺。女儿愁，悔教夫婿觅封侯。女儿喜，对镜晨妆颜色美。女儿乐，秋千架上春衫薄。"接着宝玉唱了一曲："滴不尽相思血泪抛红豆，开不完春柳春花满画楼，睡不稳纱窗风雨黄昏后，忘不了新愁与旧愁，咽不下玉粒金莼噎满喉，照不见菱花镜里形容瘦。展不开的眉头，捱不明的更漏。呀！恰便似遮不住的青山隐隐，流不断的绿水悠悠。"后又拿起一片梨，说了"雨打梨花深闭门"，完成了所有步骤。

就宝玉的女儿令来说，他以女子的"悲、愁、喜、乐"为题，悲红颜易老，愁夫婿不在，喜红颜娇俏，乐春日明媚，句句情真意切，将女子的欣喜愁苦细腻表达，怀有深切的同情与怜惜，且字句文雅，符合世家读书公子的设定。而宝玉所唱的曲为红豆曲，也是借红豆传达相思之情。曲中"滴不尽""开不完""睡不稳""忘不了""咽不下""照不见""展不开""捱不明"种种情态将相思之人辗转反侧的纠结心境勾画出来。最后因席上有"梨"，便引了秦观"雨打梨花深闭门"这一抒发情思愁肠的诗句作酒底，将自己的才华展现得淋漓尽致。

接着，轮到冯紫英作令："女儿悲，儿夫染病在垂危。女儿愁，大风吹倒梳妆楼。女儿喜，头胎养了双生子。女儿乐，私向花园掏蟋蟀。"接着唱了曲："你是个可人，你是个多情，你是个刁钻古怪鬼灵精，你是个神仙也不灵。我说的话儿你全不信，只叫你背地里细打听，才知道我疼你不疼！"最后留有酒底"鸡声茅店月"。冯紫英，神武将军冯唐之子，习武之人，性格直爽。他借世俗之眼体会女子的"悲、

---

① 曹雪芹著，无名氏续：《红楼梦（上）》，人民文学出版社 2008 年版，第 381 页。

愁、喜、乐”日常，文墨一般，且其所唱曲目实为俗曲，略为低俗，打情骂俏，未能打动人心。

至于薛蟠，其所作女儿令为“女儿悲，嫁了个男人是乌龟。女儿愁，绣房钻出个大马猴。女儿喜，洞房花烛朝慵起。女儿乐，一根××往里戳。”曲子更是无须唱完，便被众人制止。此酒令将薛蟠这一皇商后代纨绔子弟的腐化堕落、恶俗不堪展露无遗。小说借行酒令助兴之举，将三位上层公子贾宝玉、冯紫英、薛蟠一一铺写，对比之下，衬托出了宝玉的情性与风雅。

（二）牙牌令

牙牌，又称骨牌，为民间牌类游戏用具，常用于赌博。因其由象牙制成，故叫牙牌，后亦有兽骨制成的，因此也叫骨牌，至明代，又多用硬纸制成，故也称纸牌。这种耍牌长二寸许，宽约半寸，长方形状，一面刻印着以不同方式排列的不同颜色的点数，一般从一到六，上下两重，每张牌上分别有二到十二个点子，分红绿或红白两种颜色。其玩法便是将两张或三张牙牌的色点配骰子，且就牙牌花色来作令。整体来说较为烦琐，需熟悉古典诗词，属高雅游艺。

《红楼梦》第四十回《史太君两宴大观园 金鸳鸯三宣牙牌令》中便记载了这种助酒玩法。时贾母、薛姨妈、湘云、宝钗、迎春、黛玉、刘姥姥等决定吃一杯令酒。鸳鸯作为令官，自饮酒一杯，为监督酒令进行，发话：“酒令大如军令，不论尊卑，惟我是主。违了我的话，是要受罚的。”且继续发令道：“如今我说骨牌副儿，从老太太起，顺领说下去，至刘姥姥止。比如我说一副儿，将这三张牌拆开，先说头一张，次说第二张，再说第三张，说完了，合成这一副儿的名字。无论诗词歌赋，成语俗话，比上一句，都要叶韵，错了的罚一杯。”于是，酒令局由此开始。

首先取骨牌一副，令官鸳鸯随意抽取三张，然后就牌面分张举说：“左边是张‘天’。”贾母回道：“头上有青天。”此为凑韵；接着鸳鸯道：“当中是个‘五与六’。”贾母回道：“六桥梅花香彻骨。”五取梅花之象，六亦作桥之象，此处为象形；接着鸳鸯道：“剩得一张‘六与幺’。”贾母回道：“一轮红日出云霄。”此中“幺六”牌面，上下有七点，一红六绿，恰似红日与云霄，仍为象形。最后合而言之，道出付子名称，鸳鸯道："凑成便是个'蓬头鬼'。"贾母回道："这鬼抱住钟馗腿。"此为就事凑韵而已。一般来说，除了象形，亦有用谐音、文意等方式作酒令的。若诗句文意不通，则罚一杯，诵诗不能者，更是要罚双杯。这里的贾母，作为史侯之女、一家之主，是古代社会贵族妇女的典型代表，历经世事，广览群书，才艺出众，对诗文、戏曲、酒令、对联、灯谜、棋牌等均有涉猎，充满自信与聪慧，风范十分。

不过相对于贾母的才艺敏捷，刘姥姥的牙牌令语言质朴，形象俗趣。鸳鸯道："'左边大四'是个'人'。"刘姥姥想了想，说道："是个庄家人罢！"众人哄笑。鸳鸯道："中间'三四'绿配红。"刘姥姥道："大火烧了毛毛虫。"鸳鸯笑道："右边'幺四'真好看。"刘姥姥道："一个萝卜一头蒜。"鸳鸯笑道："凑成便是'一枝花'。"刘姥姥两只手比着，说道："花儿落了结个大倭瓜。"这位来自底层的村野农妇，以自己的见闻趣对酒令，虽不文雅，却本色纯真，让人捧腹，真是一位智慧的老太太。

（三）击鼓传花令

击鼓传花令，又称花枝令，击鼓传花令场面大、人数多、随机性强，停鼓灵活，罚酒偶然，活跃有趣，是一种老少皆宜的酒令方式。其规则为：一人作令官，一人击鼓。且为了公正，击鼓人或要蒙眼，或站在屏风后，或背对众人。鼓声响起，令官将花束（其他小物件亦可，如手帕、纸团等）传于他人，鼓声落时，花束落于谁手，便理应罚酒，并依规则行令或者讲笑话、唱歌等。在《红楼梦》中有三处涉及击鼓传花令的场景，分别为第五十四回元宵夜宴的"春喜上眉梢令"、第六十三回平儿等人以芍药相传取乐以及第七十五回中秋赏月时以桂花相传为令的活动。

在第五十四回《史太君破陈腐旧套 王熙凤效戏彩斑衣》中，众人相聚，凤姐见老太太高兴，便提议行"春喜上眉梢"令。一致同意后，鼓声响起，只见："那女先儿们皆是惯的，或紧或慢，或如残漏之滴，或如迸豆之疾，或如惊马之乱驰，或如疾电之光而忽暗。其鼓声慢，传梅亦慢；鼓声疾，传梅亦疾。"以音声模拟传花过程，绘声绘色，简短却异常精彩。梅花首次落于贾母之手，贾母讲了一则笑话，众人悄悄和女先儿（女艺人）说明，以咳嗽为记，要传于凤姐。两遍之后，花落凤姐之手，于是凤姐讲了“一家子吃年酒”和“聋子放炮仗”两则笑话。前者“一家子也是过正月半，合家赏灯吃酒，真真的热闹非常，祖婆婆、太婆婆、婆婆、媳妇、孙子媳妇、重孙子媳妇、亲孙子……”一连串，借笑话将贾家鼎盛时期元宵佳节的喜悦尽数挥洒，喜庆欢乐，也显示出了凤姐的顽皮。后者讲了正月时节，几人抬着偌大的炮仗于城外放炮，其中一人性急拿香便点着了，只听“噗哧”一声，众人哄笑都散了，抬炮仗的人抱怨卖炮仗的扦得不结实，没等放就散了。湘云问道：“难道他本人没听见响?”凤姐儿道：“这本人原是聋子。”逗得大家哈哈大笑。后来，凤姐觉得时候差不多了，也用这句话提醒大家“咱们也该‘聋子放炮仗——散了’罢”，此处虽应景，但炮仗爆炸之后，烟消云散，终是好景不长，由此联想至事后便又多了一层落寞与悲凉，真是“浮生着甚苦奔忙，盛席华筵终散场。悲喜千般同幻渺，古今一梦尽荒唐”。

（四）射覆令

除以上所列酒令之外，还有射覆令。其规则为：设定范围，游戏一方选定一物，心中记好，然后说一个谜面让对方猜。此谜面是包含此物的相关成语或诗句等，但不可直接点出其名，对方则依据信息猜出该物，并将该物之名亦通过成语或诗句表达出来。可以说，这个游戏玩的就是心有灵犀，若射者猜不出或猜错以及覆者误判射者的猜度时，都要罚酒，相对较难。

在第六十二回《憨湘云醉眠芍药裀 呆香菱情解石榴裙》中，因宝玉、宝琴、岫烟、平儿四人同天过生日，于是大家趁机饮酒行令，所采取的正是射覆令。探春为令官，取了令骰令盆，宝琴掷了三点，轮到香菱也掷了三点，于是宝琴覆，香菱射，三次不中者罚一杯。宝琴说了“老”字，香菱一头雾水，湘云乱看中思索，忽见门斗上贴有“红香圃”三字，一下明了，便知宝琴覆的是《论语》中“樊迟请学稼，子曰：‘吾不如老农。’请学为圃，曰：‘吾不如老圃。’樊迟出”中的“圃”字。于是，湘云拉了拉香菱，悄悄告诉她说：“药”字，原是引李商隐《自喜》诗中“绿筠遗粉箨，红药绽香苞”一句中的“红”与“香”，进而点出“红香圃”之意，真是巧妙。而这偏偏让黛玉看到了，忙着嬉闹要罚湘云私相传递，湘云罚酒一杯，忙拿着筷子敲黛玉的手，大家一阵欢笑。可见射覆这个酒令中的“祖宗”，难度非比一般。

（五）占花名儿

占花名儿即一种以花命名的筹令，需掷骰子决定。签筒里有若干签，每根签上画有一种花草，题着一句旧诗，且题写着饮酒规则，行令时只需一人抽签，依签上提示饮酒即可。在《红楼梦》第六十三回《寿怡红群芳开夜宴 死金丹独艳理亲丧》中，宝玉过生日，怡红院准备了酒菜，席间有人提出要玩占花名儿，大家便叫来了贾家三春、黛玉、湘云、宝钗、宝琴、李纨等人。只见晴雯拿了一个签筒，里面是象牙花名签子，随后又拿了骰子，摇了摇“五点”，按顺序数至宝钗。宝钗抽取了一根：“签上画着一支牡丹，题着‘艳冠群芳’四字，下面又有镌的小字一句唐诗，道是：任是无情也动人。又注着：‘在席共贺一杯，此为群芳之冠，随意命人，不拘诗词雅谑，道一则以酒。’”众人就这样轮着，轮到探春，探春伸手掣了一根，顿时红了脸。众人看她签子：“上面是一枝杏花，那红字写着‘瑶池仙品’四字，诗云：日边红杏倚云栽。注云：‘得此签者，必得贵婿，大家恭贺一杯，共同饮一杯。’”众人笑道：“我们家已有了个王妃，难道你也是王妃不成。大喜，大喜。”此处宝钗、探春等人的游戏签子，虽是大家热闹而起，但签中诗句也是谶语。宝钗高洁君子，以仁待人，大道无情，品行端庄。探春是贾家“才自精明志自高”的敏捷人物，但因“生于末世运偏消”最终被迫和亲，虽得贵婿成王妃，但却远嫁他乡，眼看着贾家衰落势不可挡，可悲可叹。

第二节　听　戏　曲

戏曲，中国传统艺术之一，是中华文化的璀璨明珠。它起源于原始歌舞，后发展为先秦“俳优”、汉代“百戏”、唐代“参军戏”、宋代杂剧、南宋南戏、元代杂剧，以及清代地方戏曲及京剧，到了清代，由于多样的剧种、多变的唱腔、优秀的剧班、杰出的人才以及上好的剧本的多方加持，戏曲进入了发展鼎盛时期。《红楼梦》对听戏、看戏这一娱乐活动描写着力甚深，既反映了清代戏曲文化，又成功地为小说情节及人物的塑造增添了魅力。

一、“家班”文化

细读《红楼梦》，不论是节日筵席、生辰寿诞，抑或是宴请嘉宾、游戏赏玩，都伴随有戏曲演出，其中的戏曲源于元杂剧、明清传奇，以雅部昆曲剧目居多，也有部分花部地方戏剧目，如弋阳腔；同时，也有清唱曲，包括档曲、小曲等；还有曲艺，包括南词、宣卷等。

此外，较为引人注意的则是“家班”这样的戏班模式。

所谓“家班”，是指受豪门贵族供养于府的戏班戏子，他们为上层贵族唱戏消遣，不以营利为目的。一般来说，贵族家庭举办盛大宴会时为了助兴，会让家班戏子们提供剧目，贵族们点戏，一出或几出，将平常练习的功底尽数展示，如若出彩，奖励丰厚。《红楼梦》中，贾家、史家、南安太妃家、忠顺王府、薛家等世家便都有自己的家班。此种现象在晚明至清乾嘉年间十分流行。《红楼梦》中，为迎接元妃省亲这样的皇家盛事，贾府更新了原来的家班伶人，由贾蔷下姑苏聘请教习、置办乐器行头诸事以及采买女孩子。贾府的家班是一个女班子，她们是由龄官、文官、宝官、玉官、芳官、荳官、葵官、蕊官、藕官、艾官、菂（药）官、茄官组成的“红楼十二官”，她们年龄都不大，所以称小班子。不过，就像贾母曾说过的“虽是小孩子，却比大班子还强”，这种娃娃戏班的小戏子们学习能力和可塑性是很强的。当然，贾府的戏曲演出并不只有自己的家班，荣国府元宵开夜宴时，便是外头班子先在大花厅里演唱，吃过元宵后，众人移至暖阁再听自家戏班演唱。

这种买优伶、养戏班的情节，反映了清代的社会风尚，这风俗除了是“钟鸣鼎食、诗礼簪缨”的世族之家的“家乐”活动，其实也与清朝政策存在一定关联。原来，清代京城的公开场合是不允许任何官员招妓女饮酒的，一旦发现，将施予处罚，但招雏伶饮酒则不必作罚，甚至还可以带回家，于是才有了《红楼梦》第七十五回写贾珍借习射为名，在家里开赌局，招两个粉妆锦饰的陪酒小幺于内吃酒作陪的情节。

二、点戏

《红楼梦》中描写的听戏场景不少，人物点戏颇多讲究。元妃省亲时在宴席上点了四出戏：第一出《豪宴》为李玉《一捧雪》的一出；第二出《乞巧》为洪昇《长生殿》的一出；第三出《仙缘》为汤显祖《邯郸记》的一出；第四出《离魂》为汤显祖《牡丹亭》的一出。几折戏，国家政治与男女情事相互交错，热闹与悲切，缠绵与幻灭，欣赏趣味十足。

在第二十二回中，薛宝钗生日，贾母欣赏宝钗的稳重，为其置办戏曲表演。贾母先后让宝钗、王熙凤点戏，宝钗知贾母年纪大了喜欢大家伙热闹，便点了一出欢腾的《西游记》。王熙凤也熟知贾母"更喜谑笑科诨"，点了一出《刘二当衣》，滑稽闹腾，逗人开心。从点戏一事，可看出薛宝钗与凤姐都很贴心，点戏照顾了老太太的兴趣。

《红楼梦》中的点戏还有戏谶的意味。第十一回宁国府庆寿辰摆家宴，凤姐上了天香楼，尤氏拿戏单给凤姐儿点戏。凤姐接过戏单，发现有两出《还魂》《弹词》再排。凤姐说道："现在唱的这《双官诰》，唱完了，再唱这两出，也就是时候了。"这里虽有戏唱完三出，宴席可至此结束，众人休息的意思，但从《双官诰》—《还魂》—《弹词》，单就其名目字义理解，便可见作者对贾家命运的某种暗示。

"双官诰"简易理解即皇帝封赏二官，这很容易让人联想起贾家基业兴起之时。受皇帝封赏的荣国公贾源和宁国公贾演，因战功卓越，进而封官晋爵，一个寓意着从此发源，一个寓意演化兴变，成为贾家富贵传流、百年基业的开始，从无到有，极为壮观。

而"还魂"这一表现形式可理解为贾府祖先还魂，对贾氏后人的期望。这样的"还魂"第一次出现在第五回，当时警幻仙姑本是要去接绛珠仙子，路上偶遇了宁国公和荣国公的灵魂，他们嘱咐警幻仙姑带领聪明灵慧的贾宝玉一定要走正道承继家业。另一次是在第七十五回，甄府被抄，荣宁二府在经济拮据的形势下迎接中秋节的到来。宁国府因为守孝不能过节，但贾珍却偷着举办家宴，赌博游戏，寻欢作乐。深夜忽然月下听萧，阴气森森，小说中还写道："忽听那边墙下有人长叹之声"，玩至三更的贾珍一伙颇有疑惑，"疑心生暗鬼"也就散了，此处正离祠堂不远，叹息之声或者正是来自为家族命运忧心的宗祖。以上两次先辈的“还魂”，从殷殷期盼到无奈失望，预示着贾家命运的终结。

最后是“弹词”，这出戏讲述受唐玄宗宠信的李龟年于安史之乱前后的生存境况，他从宫廷帝王的宠臣到流落江南民间酒席的卖唱人，此戏在小说中是一个隐喻，借李龟年喻指贾氏传人贾宝玉从豪门宠儿到“寒冬噎酸齑，雪夜围破毡”的帮耕人，抄家前后的生命境遇，世事炎凉，可悲可叹。

可以说，戏曲戏目演出顺序象征着时间的单向进程，从过去到现在再到未来，书写着贾家集体命运的不同阶段，将基业开创—家族荣盛—破败衰亡的演变故事一一道来，撕扯着大家族的兴亡。而这样的点戏，以戏曲名目预示家族兴亡的谶语式安排亦体现在小说第二十九回中。贾母一行人至清虚观打醮，烧香还愿，演戏酬神。贾政报了今日的戏名：“神前拈了戏，头一本《白蛇记》。”贾母问：“《白蛇记》是什么故事?”贾珍道：“是汉高祖斩蛇方起首的故事。第二本是《满床笏》。”贾母笑道：“这倒是第二本上？也罢了。神佛要这样，也只得罢了。”又问第三本，贾珍道：“第三本是《南柯梦》。”贾母听了便不言语。

三、品戏

《红楼梦》中还有许多论戏情节，书中人物因个人兴趣、爱好秉性及审美积淀的差异，对戏曲的鉴赏品评水平大有不同。

在第十九回中，贾珍摆酒宴请族人，戏班唱戏助兴，唱的是《丁郎认父》《黄伯央大摆阴魂阵》《孙行者大闹天宫》《姜子牙斩将封神》等类戏文。现场极为热闹，一下子神鬼乱出，一下子妖魔毕露，锣鼓声声，十分喧哗，宝玉没等多久便逃开了。相对于贾珍以热闹繁华为兴趣，贾母则是一个“听戏”的人，讲究唱腔。在第五十四回庆元宵戏曲演出时，贾母笑道：“刚才八出《八义》闹得我头疼，咱们清淡些好。……少不得弄个新样儿的。叫芳官唱一出《寻梦》，只提琴与管箫合，笙笛一概不用。”说着又道：“叫葵官唱一出《惠明下书》，也不用抹脸。只用这两出叫他们听个疏异罢了。若省一点力，我可不依。”这里，贾母弃热闹而取清淡，不在意“看”，而是要“听”，且剧目多为“昆山腔”，演唱时抑扬顿挫、轻柔婉转、雅致十分，且只求提琴与管箫相合，音色缠绵凄楚、空灵轻曼，果真是听“一个发脱口齿，再听一个喉咙罢了”。而且，贾母十分心细，极注重听戏的环境，认为“借着水音更好听”，因此她也曾在藕香榭的水亭子上安排过戏班演奏，流水搭配戏腔，雅音清流，好不美妙。

宝钗对戏曲也颇有见解。宝钗生日时，贾母曾在内院搭了家常戏台，定了一班新出小戏，昆弋两腔皆有。酒席上宝钗点了一出《鲁智深醉闹五台山》，面对宝玉的“我从来怕这些热闹戏”的吐槽，宝钗笑着阐述了此戏的妙处，一是排场又好，词藻更妙；二是一套北《点绛唇》，铿锵顿挫，韵律自然；三是其中《寄生草》“赤条条来去无牵挂”，冷峻却道出了生命的悲凉，场面热，文意冷，禅意满满，引人深思。这一番话下来直引得宝玉喜得拍膝画圈，称赏不已，看得林黛玉吃醋了，说道：“安静看戏罢，还没唱《山门》，你倒《妆疯》了。”宝钗论戏这一情节写得趣味横生，不仅表现出宝钗深厚的戏曲、文学素养，而且还体现出她洞明世事、人情通达，所点戏曲雅俗共赏，照顾到众人的口味与审美。从中也可看出宝钗悟透世事的同时，静定自身，表现得智慧十足。

相比于宝钗的理性旁观，黛玉对戏曲偏向于沉浸式欣赏，时常能从戏词中体悟戏中人的生命震颤。在第二十三回中，一向不大喜看戏文的黛玉路过梨香院墙角，偶尔听闻院内的戏文排练，由此便对那些文词铭记在心，领会着文字背后的深意。这些让她觉得“词藻警人，余香满口”的文句：“原来姹紫嫣红开遍，似这般都付与断井颓垣”“良辰美景奈何天，赏心乐事谁家院”“如花美眷，似水流年”，以及“花落水流红，闲愁万种”，等等，只因它们道出了黛玉敏感的心事，既写出了世界的绚烂多情，又写出了美好终将逝去、世事无常流变的不变规律，让她不由感慨“原来戏上也有好文章。可惜世人只知看戏，未必能领略这其中的趣味”。黛玉这种心动神摇，如醉如痴的赏戏，是将自身灵魂投入到戏文之中，华美中却倍感恓惶落寞。

随着社会的发展，新的游戏娱乐层出不穷，我们不再行酒令，很少听戏曲，但这些是滋养我们根基的传统文化土壤，对于小说中这些只注重故事情节的读者往往想要跳过的地方，我们不妨停下来细究一番。

第三节 猜 灯 谜

贵族宅邸、书香门第，《红楼梦》中的贾家在行酒令、听戏这样的游戏娱乐中喧哗纷闹、唱叹不断。不过，贾府的娱乐生活远不止此，或是安静益智，或是愉悦清爽，或是强身健体，不一而足，花样迭出：角抵类的斗鸡、斗草；博戏类的骰子、双陆；投掷类的抓子儿；圈养类的养鹦鹉、金丝鸟；骑射类的射圃、射鹿、打围以及水嬉类的钓鱼，火戏类的烟火爆竹，还有下棋、结社，等等。这些游戏除了展现出日常生活之兴味，更是将活跃于情景之中的贾府人物进行了“定制化”处理，从中呈现他们秉性的不同、兴趣的相异以及多样化的审美取向，笔臻灵妙，记录了清代贵族生活的一瞥真实。本节主要从灯谜的角度对贾府的娱乐民俗进行一番探究。

一、灯谜源流

一时快乐一时愁，想起千般不对头。
如若想得千般到，自解忧来自解愁。

这是一个谜语，它的谜底正是“猜谜”。谜语是暗示事物或文字，供人猜测的隐语，是带有游戏性质的短小韵文，有时候是具有艺术技巧的只言片语。谜语源自中国古代民间，是劳动人民集体创造的文化产物，体现了劳动人民的聪明才智，后经文人加工创新，出现了文义谜。一般称民间谜为谜语，文义谜为灯谜，但都统称为谜语。2008 年 6 月，谜语列入第二批国家级非物质文化遗产名录。

灯谜起源于春秋时期，当时叫“隐语”或“庾词”，是政客们隐喻影射国君的说辞。到汉代即有了文字形式的隐语，《三国演义》中“千里草，河青青，十日卜，不得生”的童谣就是一个隐语，“千里草”暗示“董”字，“十日卜”暗示“卓”字，童谣的意思是“董卓死”，小说中这首童谣一流传，董卓果然很快死于非命。

在中国的灯谜史上，东汉末曹娥碑上的“黄绢幼妇、外孙齑臼”是灯谜的鼻祖。东汉时期，为表彰孝女曹娥的孝行，官府为她修了孝女庙，少年才子邯郸淳写了碑文。大文学家蔡邕读过碑文后写下八字批语:“黄绢幼妇、外孙齑臼”。“黄绢”是带颜色的丝,即“绝”字;“幼妇”是年少的女子,即“妙”字;“外孙”是女儿的儿子,女子即“好”字;“齑臼”是用来盛装和研磨调味料的器具,古代的调料主要是辛辣的东西,“受辛”是“辞”的古体字。总合起来便是“绝妙好辞”四个字,这虽不是一个灯谜,却是灯谜的前身。

灯谜的正式出现在宋代。两宋时期,谜与灯结合成为一种新的游艺形式,灯谜这一名称也得到确定。《武林旧事》有这样的文字:“有以绢灯剪写诗词,时寓讥笑,及画人物,藏头隐语,及旧京评语,戏弄行人。”绢灯上写诗词隐语“戏弄行人”的活动就是猜灯谜了。宋朝许多文人学士如苏轼、黄庭坚、秦观、王安石等人都是制谜高手。王安石就曾创制一个谜语:“画时圆,写时方;冬时短,夏时长”,谜底是“日”。苏轼在《东坡集》中记有一谜:“研犹有石,岘更无山。姜女既去,孟子不还。”谜底是“砚盖”。宋代不仅有大批的文人热衷灯谜,还涌现出一大批职业猜谜家,《武林旧事》中有记载。

明清两代是灯谜发展的极盛时期。明人创制了中国最早的谜格“广陵十八格”,这意味着灯谜已发展到成熟阶段。元明时期先后出现了一批由文人辑录或创作的谜语书籍,如有谜坛宗匠之称的黄周星的《八咏楼新编灯谜》等。清朝猜灯谜活动更加兴盛,《嘉定县志》云:“正月十五日为上元节,先数日卖灯谓之灯市……好事者成为藏头诗句悬杂物于几,任人商揣,曰灯谜。”清代诗词小说中也多出现灯谜的叙述和歌咏,清人筱廷《成都年景竹枝词》云:“元宵灯谜妙无方,十字街前贴数张。几度费心猜得破,赢来多少好槟榔。”明清时期,以文化人为创作主体,侧重文意演绎,讲究别解为特色的灯谜佳作不断涌现,成为一种流行的娱乐活动。集知识性、趣味性于一体的猜灯谜活动,即便到了文化生活丰富多彩的现代社会,也长盛不衰,成为群众文化娱乐生活的一部分。

《红楼梦》中的灯谜在展现人物个性、暗示人物命运方面具有重要作用。小说有三回详细写到灯谜,分别是第二十二回、第五十回、第五十一回,有两回的回目上明确提到灯谜,一是第二十二回《听曲文宝玉悟禅机 制灯谜贾政悲谶语》,一是第五十回《芦雪广争联即景诗 暖香坞雅制春灯谜》。全书一共出现灯谜 27 则,具体为第二十二回 9 则、第五十回 8 则、第五十一回 10 则。

二、灯谜与世情

猜灯谜虽是一项游戏，但游戏之中也可见人情世故。第二十二回用很多篇幅写了贾府灯谜之事：

> 忽然人报，娘娘差人送出一个灯谜儿，命你们大家去猜，猜着了每人也作一个进去。四人听说忙出去，至贾母上房。只见一个小太监，拿了一盏四角平头白纱灯，专为灯谜而制，上面已有一个，众人都争看乱猜。小太监又下谕道："众小姐猜着了，不要说出来，每人只暗暗的写在纸上，一齐封进宫去，娘娘自验是否。"宝钗等听了，近前一看，是一首七言绝句，并无甚新奇，口中少不得称赞，只说难猜，故意寻思，其实一见就猜着了。宝玉、黛玉、湘云、探春四个人也都解了，各自暗暗的写了半日。一并将贾环、贾兰等传来，一齐各揣机心都猜了，写在纸上。然后各人拈一物作成一谜，恭楷写了，挂在灯上。①

这段文字至少可以看出以下几点。

一是元妃的身不由己。元妃娘娘贵为皇妃，却也喜欢灯谜游戏，专门制了灯谜拿回贾府让大家猜，可见当时灯谜是一种下自平民百姓，上至皇族宫廷都十分流行的活动。元妃娘娘虽贵为"贤德妃"，但却没有人身自由，贾府为了迎接她上元归宁，专门兴建了省亲别墅大观园，在省亲的盛大仪式中，元妃数次落泪，称自己身处的皇宫是"不得见人的去处"。元妃不得与家人直接见面，猜谜解闷需要通过一个小太监传递谜面，送出谜底。

二是宝钗的世故。宝钗本出身"贾、史、王、薛"四大家族的薛家，因父亲早亡，与母亲薛姨妈、哥哥薛蟠暂住于贾府。她容貌丰美、博学多才、言行得体，小小年纪深谙人情世故，因此受到贾府上下一致好评。宝钗虽觉元妃的谜语"并无甚新奇"，但也"口中少不得称赞"，虽然一下就猜着了，但却"只说难猜，故意寻思"。

另外，这段文字提到贾环，下一段便说到贾环的不学无术。晚上

---

① 曹雪芹著，无名氏续：《红楼梦（上）》，人民文学出版社 2008 年版，第 300-301 页。

太监出来传谕说娘娘所制灯谜大家都猜对了，只有迎春和贾环猜的不对，因此二人没有得到娘娘的诗筒、茶筅等礼物。太监专门传娘娘的话说贾环作的灯谜不通，自己没有猜，叫带回问三爷是个什么，众人都来看，原来是："大哥有角只八个，二哥有角只两根。大哥只在床上坐，二哥爱在房上蹲。"大家都觉得好笑，贾环只得告诉太监说："一个枕头，一个兽头。"贾环是贾宝玉同父异母的弟弟，为贾政与妾室赵姨娘所生，虽贵为正经主子，但因是庶出，加之生性顽劣、不思上进，处处遭到贬抑。和众人比起来，贾环的灯谜未免显得俗气幼稚，因此引得众人发笑。

贾母见元春这般有兴致，便命速作一架小巧精致的围屏灯，在府上做灯谜，命大家各自暗暗地作了写出来粘于屏上，并预备下香茶、细果以及各色玩物作为猜着的奖品。贾政朝罢，见贾母高兴，也来承欢取乐。不想贾政在场让众人感到拘谨，酒过三巡，贾母便撵贾政去歇息，贾政亦知贾母之意：

> 贾政忙陪笑道："今日原听见老太太这里大设春灯雅谜，故也备了彩礼酒席，特来入会。何疼孙子孙女之心，便不略赐与儿子半点?"贾母笑道："你在这里，他们都不敢说笑，没的倒叫我闷得慌。你要猜谜时，我便说一个你猜，猜不着是要罚的。"贾政忙笑道："自然要罚。若猜着了，也是要领赏的。"贾母道："这个自然。"说着便念道：猴子身轻站树梢。——打一果名。贾政已知是荔枝，便故意乱猜别的；罚了许多东西，然后方猜着，也得了贾母的东西。然后也念一个与贾母猜，念道：身自端方，体自坚硬。虽不能言，有言必应。——打一用物。说毕，便悄悄的说与宝玉。宝玉意会，又悄悄的告诉了贾母。贾母想了想，果然不差，便说："是砚台。"贾政笑道："到底是老太太，一猜就是。"①

灯谜是游戏，贾府这场猜灯谜活动是典型的"做戏"，这场戏的主角是贾政。贾政是除贾母外荣国府的最高掌权者，他为人端方正直、谦恭厚道，想做好官，可是不谙世情，被属员蒙蔽，最终获罪。他一心孝顺贾母，明明猜到贾母的谜语为"荔枝"，故意乱猜别的，受贾母

---

① 曹雪芹著，无名氏续：《红楼梦（上）》，人民文学出版社 2008 年版，第 302-303 页。

的罚；自己出了灯谜，却偷偷把谜底告诉宝玉，宝玉心领神会，告诉贾母，让贾母说出正确谜底，以此博老太太欢心，作者以这段猜灯谜的情节塑造了贾政孝子的形象。

三、灯谜与命运

《红楼梦》的作者喜欢预先隐写小说人物的未来命运，或用诗词，或用隐语，灯谜也是一种方式，这主要表现在第二十二回贾母张罗贾府儿女们制作的灯谜上。贾母让贾政把屏上姊妹们作的灯谜猜一猜给她听，贾政猜的第一个便是元妃的：

> 能使妖魔胆尽摧，身如束帛气如雷。一声震得人方恐，回首相看已化灰。①

元妃的灯谜很容易猜到，谜底是爆竹，这个灯谜正是贾元春及其命运的写照。爆竹是一响而散之物，是瞬间的繁华，辉煌而短暂。作为贾府四春之首，元妃是贾政与王夫人所生的嫡长女，因生于正月初一而取名元春，早年因“贤孝才德”被选入宫，先做女史，后进封凤藻宫尚书，加封贤德妃，当时可谓“鲜花着锦，烈火烹油”，她的荣华富贵就是贾家的灿烂辉煌。可惜好景不长，一切都是瞬间的繁华、一时的欢乐，不久她就像那爆竹一样化为灰烬，死得年轻而突然。爆竹的一响而散，正是元春短暂的荣华的写照，也是贾府辉煌即将消逝的预报。

贾政猜的第二个谜语是迎春编的：

> 天运人功理不穷，有功无运也难逢。因何镇日纷纷乱，只为阴阳数不同。②

谜底是算盘。迎春是荣国府贾赦与妾室所生的女儿，她一贯老实无能、懦弱怕事，人称“二木头”。她不但作诗猜谜不如姐妹们，在处世为人上也只知退让，她和贾环没有猜对元妃的灯谜，没有得到礼物，

---

① 曹雪芹著，无名氏续：《红楼梦（上）》，人民文学出版社2008年版，第303页。

② 曹雪芹著，无名氏续：《红楼梦（上）》，人民文学出版社2008年版，第303页。

贾环便觉得没趣，迎春却“自为玩笑小事，并不介意”，她的首饰被乳母拿去赌钱也不追究。因父亲贾赦欠了孙家五千两银子还不出，便把她嫁给孙家，她被孙绍祖虐待，不久就金闺花柳质，一载赴黄粱了。这首灯谜隐喻贾迎春的性格及一生遭际就像“打动乱如麻”的算盘，受人拨动摆布。

第三个谜语是探春的：

> 阶下儿童仰面时，清明妆点最堪宜。游丝一断浑无力，莫向东风怨别离。[①]

这个灯谜的谜底是风筝。探春虽为贾政与赵姨娘所生，但在贾母身边抚养长大，她工诗善书、趣味高雅、精明能干有决断，连凤姐都忌惮她几分，曾奉王夫人之命代凤姐理家，并主持大观园改革，但难以挽回贾府颓势，最后被迫远嫁，像断线的风筝，千里东风一梦遥。

第四个是惜春的：

> 前身色相总无成，不听菱歌听佛经。莫道此生沉黑海，性中自有大光明。[②]

惜春的谜底是海灯。惜春是贾府四春中年纪最小的，也是四春中唯一一个宁国府的姑娘，母亲早逝，父亲贾敬沉溺修道，最后死于金丹中毒。她性格孤僻冷漠，与妙玉交厚，贾府败落后，在栊翠庵出家，“缁衣乞食”，终其余生。海灯是寺庙里点在佛像前的长明灯，此谜为其出家为尼的隐喻。

看完四春的谜语，贾政感觉十分不好，书中写道：

> 贾政心内沉思道：“娘娘所作爆竹，此乃一响而散之物。迎春所作算盘，是打动乱如麻。探春所作风筝，乃飘飘浮荡之物。惜春所作海灯，一发清净孤独。今乃上元佳节，如何皆作此不祥之物为戏耶?”心内愈思愈闷，因在贾母之前，不敢形于色，只得仍勉强往下看去。只见后面写着七言律诗一首，却是宝钗所作，随念道：

---

① 曹雪芹著，无名氏续：《红楼梦（上）》，人民文学出版社 2008 年版，第 304 页。

② 曹雪芹著，无名氏续：《红楼梦（上）》，人民文学出版社 2008 年版，第 304 页。

> 朝罢谁携两袖烟？琴边衾里总无缘。晓筹不用鸡人报，五夜无烦侍女添。焦首朝朝还暮暮，煎心日日复年年。光阴荏苒须当惜，风雨阴晴任变迁。
>
> 贾政看完，心内自忖道："此物还倒有限。只是小小之人作此词句，更觉不祥，皆非永远福寿之辈。"想到此处，愈觉烦闷，大有悲戚之状，因而将适才的精神减去十分之八九，只垂头沉思。[①]

爆竹、算盘、风筝、海灯在贾政看来都是不祥之兆，至于宝钗的灯谜谜底是什么，贾政虽已猜出，只觉"此物还倒有限"，但究竟是什么，书中没有交代，亦令贾政感觉不祥，自忖"皆非永远福寿之辈"，忍不住露出"悲戚之状"了。

四、灯谜的制作方法

灯谜是一种智力游戏，经过祖祖辈辈反复摸索，积累了丰富的猜、制经验。《红楼梦》中的灯谜也用了种种灯谜的猜、制方法。

一是会意法。俗话说"十谜九会意"，绝大多数的灯谜需要循着谜面的文意去联想、推敲领会，探索谜底，会意法灯谜重在"意"上扣合，是一种最为常见的猜、制谜法。

第二十二回预示着四春命运的四个灯谜基本都是用的会意法，第五十一回暖香坞雅制灯谜，李纹的是"水向石边流出冷，打一古人名"，探春猜出谜底是"山涛"，湍急的溪水击石而下形成浪涛，是为"山涛"。山涛是晋代竹林七贤之一，此为典型的会意法。湘云的灯谜是用"点绛唇"曲子写成的："溪壑分离，红尘游戏，真何趣？名利犹虚，后事终难继。"湘云念的时候众人都不解，想了半天，"也有猜是和尚的，也有猜是道士的，也有猜是偶戏人的。宝玉笑了半日道：'都不是，我猜着了，必定是耍的猴儿。'湘云笑道：'正是这个了。'"曲子的前两句是说猴子离开平时生活的山谷、涧溪，被人带到闹市，供人耍玩。第三句"名利犹虚"是指猴子穿衣戴帽，扮成官员武将，所谓"沐猴而冠"，其实都是假名利，清代富察敦崇《燕京岁时记》："耍猴儿者，木箱之内藏有羽帽乌纱，猴手自启箱，戴而坐之，俨如官之

---

① 曹雪芹著，无名氏续：《红楼梦（上）》，人民文学出版社2008年版，第304-305页。

排衙。”最后一句“后事终难继”众人表示不解，湘云自己解释说：“那一个耍的猴子不是剁了尾巴去的？”众人听了，虽嫌她“编个谜儿也是刁钻古怪的”，倒也认可。

二是谐音法。谐音法主是指利用汉语同音字现象，以此字之音指彼字之形以达到谜面与谜底相扣的制谜方法。例如“愤怒的大海——猜一种广播器材”，谜底是“扬声器”，因为“大海”暗指“洋”，谜面“愤怒”会意为“生气”，谐音法扣“扬声器”。再如“33——猜一四字成语”，谜底“靡靡之音”，因为“3”在五线谱中音“咪”，“33”音“咪咪”，谐音“靡靡”，谜底中用“之音”做补足性提示，切合谜面。

《红楼梦》中贾母的谜语“猴子身轻站树梢。——打一果名”便用了谐音法，“站树梢”会意“立枝”，谐音“荔枝”。贾政的“身自端方，体自坚硬。虽不能言，有言必应。——打一用物”，此谜前几句都用的会意象形，第四句“有言必应”要把“必”想成为“笔”的谐音方好理解。

三是拆字法。拆字法是利用汉字可以拆分、拼合的特性，对汉字偏旁部首、形状笔画进行增损离合以寻求谜底的方法。例如：“一来就不熟——猜一字”，谜底是“牛”，因为“一”加上“牛”为“生”，“生”就是“不熟”。再如：“自小在一起——猜一字”，谜底是“省”，这是用的“合”法，“自”和“小”合在一起，就是“省”。

第五十回暖香坞雅制春灯谜，李绮的谜语“‘萤’字，打一个字”。众人猜了半日，最后宝琴道：“这个意思却深，不知可是花草的‘花’字？”李绮笑道：“恰是了。”灯谜的拆字方式多种多样，或直接以谜面增损离合暗示谜底，或者相反，由谜底增损离合以切合谜面，李绮的这个谜不是谜底谜面的简单增损离合，而是比较复杂，由谜底谜面一起拆解离合成谜底：“花”字拆开就是“艸”（即草）和“化”，而谜面“萤”是指“萤火虫”之“萤”，众所周知，萤火虫在草根产卵成蛹再化为成虫，《礼记·月令》：“季夏之月……腐草为萤。”“腐草为萤”必有一个“化”的过程，所以“萤”的谜底就是“艸”＋“化”，即“花”字，这个“化”由意会而来，所以小说里说众人不解，问：“萤与花何干？”黛玉笑道：“妙得很！萤可是草化的？”这个谜底由宝琴揭开，可见宝琴也是极聪明的女子。

四是典故法。典故法制成的谜语需要根据相应的成语典故、寓言传说、诗词文赋联想得出谜底，例如："桃花潭水深千尺——猜四字成语"，谜底为"无与伦比"，此谜要根据李白的诗句"桃花潭水深千尺，不及汪伦送我情"的下半句来猜。

《红楼梦》中李纨带着众姊妹雅制灯谜，用了很多典故，小说这样写道：

> 李纨笑道："'观音未有世家传'，打'四书'一句。"湘云接着就说道："在止于至善。"宝钗笑道："你也想一想'世家传'三个字的意思再猜。"李纨笑道："再想。"黛玉笑道："哦，是了。是'虽善无征'。"众人都笑道："这句是了。"李纨又道："一池青草草何名。"湘云忙道："这一定是'蒲芦也'。再不是不成？"李纨笑道："这难为你猜。"[①]

李纨编了两个"四书"谜，谜底均出自《大学》《中庸》《论语》《孟子》中的成句。宋元以后"四书"被官定为教科书和科考必读书，可谓相当普及，大观园中的女子大多受过基础教育，所以李纨才会编这样雅致深奥的灯谜。第一个谜面："观音未有世家传"，湘云猜的是"在止于至善"。这个答案语出《大学》："大学之道，在明明德，在亲民，在止于至善。"这个答案应该是符合谜面的字面意思的："至善"扣"观音"，"止"扣"未有世家传"，因为观音的事迹的确没有很详细的史料记载。但是正确答案却是林黛玉给出的："虽善无征"，这个答案语出《中庸》："上焉者虽善无征。"意思是先王的礼制虽好，但却无从证实，观音是大善士无可争议，但他的善行却没有世家这一类传记记载，似乎更符合字面意思，所以得到李纨的肯定。

李纨的第二个谜面："一池青草草何名"，心直口快的湘云又是第一个给出答案："蒲芦也。"谜底语出《中庸》："夫政也者，蒲芦也，故为政在人，取人以身，修身以道，修道以仁。"意思是说国政犹如种蒲芦一般，以人立政，就像蒲芦得到滋养就能成长。这个谜面很浅显，难的是谜底在"四书"中不易找到，所以当湘云迅速说出谜底时，李纨说"这难为你猜"。

《红楼梦》中还有很多谜语没有给出谜底，除了上文提到的第二十

---

① 曹雪芹著，无名氏续：《红楼梦（上）》，人民文学出版社 2008 年版，第683 页。

二回宝钗的灯谜，第五十回宝钗、黛玉、宝玉的谜语，作者都没有交代谜底，宝钗的是“镂檀锲梓一层层，岂系良工堆砌成？虽是半天风雨过，何曾闻得梵铃声”，宝玉的是“天上人间两渺茫，琅玕节过谨提防。鸾音鹤信须凝睇，好把唏嘘答上苍”，黛玉的是“騄駬何劳缚紫绳？驰城逐堑势狰狞。主人指示风雷动，鳌背三山独立名”。第五十一回说“宝琴将素昔所经过各省内古迹为题，做了十首怀古绝句，内隐十物”，宝琴的十首怀古诗谜，作者都没有交代谜底，大家不妨一猜。

《红楼梦》中的娱乐民俗很多，除了以上所述，下棋作为贾府公子小姐们的游戏日常也较多写到。笔墨最多的是围棋，围棋是一种对弈棋艺，棋手双方各执黑白棋对抗，最终以占地面积的大小一决胜负。围棋历史悠久，战国时期赵国史官编写的《世本》中便有“尧造围棋”一句，晋代张华的《博物志》中也记载过“或曰舜以子商均愚，故作围棋以教之”，围棋发展至唐尤为昌盛，作为文化交流的娱乐艺术迅速流传到了日本、朝鲜半岛等周边地区。宋元以来，围棋流派众多，棋手间竞赛频繁，相互切磋，围棋得到迅速普及，相关棋艺理论渐渐完备，如棋谱《适情录》《棋经十三篇》《三才图会》等。及至明清，围棋发展迅速且达于高峰，派别多样，名家争辉，技艺理论完善，直至清末。

《红楼梦》中多次提及围棋这项游戏，或是群钗们读书下棋，作画吟诗，或是屋里使唤的姑娘们喝酒下棋，抑或是贾政“闷了便与清客们下棋吃酒”，这些闲余时光因为围棋多了一份乐趣。“赶围棋”便是小说中常提到的一种围棋玩法，小说中有宝玉与众丫头们掷骰子赶围棋作戏，贾母、宝玉、宝琴及宝钗等姊妹赶围棋抹牌作戏，不过得到最为有趣的呈现的则当属第二十回宝钗、香菱、莺儿、贾环一起的赶围棋作耍。“赶围棋”结合了围棋道具与骰子游戏，是传统围棋中的“另类”，可多人同时参与，趣味及游戏性十足。

相较于玩乐，传统围棋的对弈气氛较为严肃。在第六十二回中，宝玉生日酒宴后大家或坐或立，观花看鱼，怡然十分，一派自在。不过，作家极为聪颖，转手便巧妙地设置了一场棋局，由探春和宝琴对弈，宝钗岫烟观局。当时为凤姐生病，探春、李纨、宝钗等掌事之际。一桌一棋间，探春“玫瑰花”之诨名风采得以亲证。棋局受困之时，只见探春“两眼只瞅着棋枰，一只手却伸在盒内，只管抓弄棋子作想”，一副沉思之态。同时，作者亦有意将棋局与理家互衬，短短几问几答以及“说毕仍又下棋”之态，理性干练，沉稳自信，将探春经世致用之能尽显，可见这黑白二色的棋局，关联的却是综合的文化与智慧，复杂纷繁。

当然，棋术点缀着棋局。紧张的对抗间，玩转的是才思，纵横的是气象。在第八十七回中，宝玉观战，妙玉与惜春对弈，“吃、应、反扑、防备、畸角儿、死子儿、搭转一吃”，有来有往间将对弈时的占角与劫杀几笔带出，看得出围棋的确是兼具生慧增智与陶冶情操的古老游戏。

象棋历史悠久，用具简单，属对抗性游戏。其规则简明易懂，变化却丰富细腻。据文献资料考证，象棋早期原型成型于战国。二人对弈，红方以帅棋统领仕、相及车、马、炮诸棋子各两枚，兵棋五枚；黑方则以将棋统领士、象及车、马、炮各两枚，卒棋五枚。轮流行棋，将其帅或吃尽棋则为胜。清代是象棋的全盛期，象棋广泛地深入至民间，颇受百姓喜爱。不论是来往商贩，抑或是孩童老者，均喜下棋，亦喜看棋。《红楼梦》第二十四回中便描写有一句“只见焙茗、锄药两个小厮下象棋，为夺‘车’正拌嘴”，看似轻描淡写，却点明了象棋的普及程度与棋局上的风云状态。“车”，象棋中效用最大的棋子，有诗言：“双车可夺帅，由来适纵横。驱驰如烈火，进退似飙风。”其横线、竖线均可行走的优势，使得棋局上若无子阻拦，其步数则不受限制。文中几字，便写得出一阵激烈，能捕获如此精妙之细节，可见作者亦对象棋多有积淀。

思考与探究

1. 了解家乡的传统游戏民俗。

2. 除了本讲所列的娱乐游戏，《红楼梦》中还有诸如斗草、放风筝等娱乐民俗，请进行梳理和探究。

第三讲

《三国演义》中的语言民俗

《三国演义》是历史演义小说的开山之作，小说讲述东汉末年皇权旁落，权臣将相、军阀豪强竞相活跃，政治权术与军事谋略各显机巧的景象，描绘出一幅上层社会逐鹿大权的滚滚风云图，抒发了作者兴废存亡的苍凉感叹。虽然小说以众英雄的豪气韬略为主，却仍于字里行间显露出历史过往中的丰富文化样态，其中称谓词、歇后语与神秘数字、童谣等便是极具民俗趣味的文化资源。本讲一方面主要以称谓词、歇后语为锚点，从语言的魅力中观察古代社会生活之风俗；另一方面以小说中的神秘数字、童谣为例，解读古代民间的信仰，于趋吉避凶间，窥见传统社会文化的注解符码。

第一节　歇后语与称谓词

各民族、各地区、各时代都有属于自己的特色歇后语、谚语、称谓词等，本节从歇后语与称谓词角度解读《三国演义》，探知那个时代的语言民俗。

一、歇后语

歇后语是一种特殊的语言形式，用字通俗，表达生动，口语性强，是古代的一种“段子”。整体来说，歇后语分为两部分。可为什么叫“歇”呢？“歇”表停止，这里是指使用句子时可省掉后面部分。歇后语是民众生活的语言结晶，诙谐中却道理明晰，蕴含着星星点点的民间智慧。

由两部分构成的歇后语，整体上构成了一种“谜语解密”。前一部分起“引子”作用，像谜面，用于引导、铺垫；后一部分起“后衬”作用，像谜底，用于解释、说明。两个部分两相配合，自然贴切。歇后语一般可分为喻意、谐音两类。喻意类的歇后语又具体包含：喻事类，如猪八戒照镜子——里外不是人；喻物类，如兔子的尾巴——长不了；故事类，如包公断案——铁面无私。谐音类的歇后语，如旗杆顶上绑鸡毛——好大的胆（掸）子。

歇后语短小风趣，沉淀着风俗，淬炼着生活，因其颇具口语性，运用的词语都较为普通，极易传播。比如，关公放屁——不知脸红、张飞掌鹅毛扇——充孔明、张飞吃豆芽——一盘小菜、关公斗李逵——开口不客气等。当然，有些歇后语修辞效果极佳，大多使用了比喻、夸张、拟人和双关等。比喻的如山洞的老鼠——东张西望、旱地的螺蛳——有口难开等；夸张的如关公老子——满脸红等；拟人的如泥菩萨洗脸——失（湿）面子、乌鸦笑猪黑——不觉自丑等；双关的如张飞吃豆芽——一盘小菜、张飞穿针——大眼瞪小眼等。这里豆芽作为一碟小菜，对猛汉张飞来说，太过容易，前后两部分都阐释着事情易如反掌，轻而易举得很。同样，张飞粗犷凶悍，生得“豹头环眼”，他去穿针，可谓是大大的眼睛瞪着细细的针眼，干着急、手足无措。

在日常生活中，与《三国演义》有关的歇后语数量颇多，大致可分为三类，分别是着重人物特点进行总结创造、基于故事情节的归纳凝练、关联职业的特色发挥。

首先，着重人物特点进行总结创造的歇后语有刘备卖草鞋——本行、关公面前耍大刀——不自量力、张飞捕蚂蚁——没劲的小事、孔明摇羽扇——出计不出面、诸葛亮用兵——虚虚实实、黄汉升（黄忠）的箭——百发百中、阿斗当官——有名无实、司马昭之心——路人皆知等。刘备，字玄德，与关羽、张飞桃园三结义，重视以德服人，镇压过黄巾起义，参与过诸侯混战，最终成为三国时期蜀汉开国皇帝。但究其发家史，其虽为西汉中山靖王刘胜之后，却是以卖草鞋为业，可以说上面的歇后语倒是一语中的。黄忠，原为刘表部下，后归顺刘备，是一位勇猛老将，其作为三国第一神箭手，箭术非凡。罗贯中曾留有诗句：“老将说黄忠，收川立大功。重披金锁甲，双挽铁胎弓。胆气惊河北，威名镇蜀中。临亡头似雪，犹自显英雄。”他曾射中关羽盔缨、射死过邓贤等，可见上面的歇后语概括精准。阿斗，又称后主，刘备之子。在位初期，得相父诸葛亮培育，支持北伐，发展农业，百姓安乐。后期则宠信宦官，不理朝政，最后竟乐不思蜀。罗贯中亦有评价说：“追欢作乐笑颜开，不念危亡半点哀。快乐异乡忘故国，方知后主是庸才。”可知阿斗的确是暗弱无能。

其次，基于故事情节的归纳凝练而成的歇后语，这一类歇后语数量极多，如周瑜打黄盖——一个愿打一个愿挨、刘备借荆州——有去无还、长坂坡摔孩子——收买人心、关夫子对曹操——饶他三不死、过五关斩六将——所向无敌、张飞古城骂关羽——误会、张飞制白袍——不死不肯息、草船借箭——满载而归、诸葛亮借东风——将计就计、诸葛亮借箭——有借无还、诸葛亮吊孝——装模作样、八擒孟获——多此一举、庞统做知县——大材小用、黄忠出阵——人老心不老、黄忠叫阵——不服老、曹孟德中计斩蔡瑁——操之过急、曹操杀华佗——讳疾忌医、徐庶进曹营——一计不献、鲁肃上了孔明的船——稀里糊涂、东吴招亲——弄假成真、东吴杀人——嫁祸于曹、蒋干盗书——上当受骗，大多为人所熟知。

其中，“曹孟德中计斩蔡瑁——操之过急”这条歇后语，源于第四十五回赤壁对战。周瑜探访曹营水军，发现其将领是荆州水军都督蔡瑁、张允，二人极通水战，经验丰富。周瑜明晰其二人为东吴水军大敌，正思虑除掉。恰巧，蒋干向曹操请令赶赴东吴招降周瑜。身为昔日同窗，蒋干来访的目的，周瑜自是清楚。他热烈欢迎，尽情招待，酒宴上与诸将假装喝醉，与蒋干同床而眠。蒋干趁其熟睡，偷看文书，发现蔡瑁、张允与周瑜有书信往来。且周瑜半夜时还假装与人道：“张、蔡都督言，急切不得下手。”得知如此，蒋干半夜离开，拿着蔡、张通敌书信向曹操告密。曹操中了反间计，诛杀蔡瑁、张允后，才恍然大悟。

“东吴招亲——弄假成真”讲的是周瑜献策美人计，教人去荆州说媒，假意让孙权许配妹妹于刘备，以引刘备为缔结亲事赴东吴，然后将其扣留，作为条件换取荆州。时值东吴使者吕范前来提亲，刘备拿不定主意，与诸葛亮商量。诸葛亮回答说：“适间卜《易》，得一大吉大利之兆，主公便可应允。”[①] 离别之际，诸葛亮还给刘备的大将赵云留有锦囊妙计，嘱咐他适时打开，见机行事。果然，事态如诸葛亮所料，起先他们通过劝说孙权之母吴国太，使孙权嫁妹的借口弄假成真。之后谎说曹军攻打荆州，使婚后沉溺于温柔乡的刘备偕夫人一同安全返回荆州，虽有东吴兵将追赶，却碍于孙夫人与赵云，无从下手，东吴真是赔了夫人又折兵。

“曹操杀华佗——讳疾忌医”则是讲述了困扰曹操的头疼病。在关羽刮骨疗伤之后，久病成疾的曹操得知有这样的神医，便请来治疗。华佗思索说需要开颅，即打开脑袋，去除病痛之处，然后进行缝合，这是唯一的方法。曹操自然不会接受劈开脑袋的提议，疑心很重的他顿时怀疑华佗是故意要害自己，果断地斩杀了华佗，真是多疑。

最后，还有一类关联职业特色发挥的歇后语，如关夫子卖豆腐——人硬货不硬、关公卖秤碗——人硬货也硬、张飞贩刺猬——人硬货扎手、张飞摆屠案——凶神恶煞、张飞卖酒——拿手好戏、张飞卖肉——光要舌头不动刀等。以关羽、张飞为主，可能与他们曾卖过东西的职业经历有关，毕竟张飞在民间被尊称为“屠宰业祖师”，关羽也是好多行业的祖师。

总之，这些与《三国演义》相关的歇后语不仅囊括众多英雄人物、战役政治，而且角度丰富，就比如“草船借箭——满载而归”是论事件结果，“诸葛亮借箭——有借无还”则在结果之外更多了一些戏谑。当然，若论这些歇后语的数量，蜀汉的主公、将领们最多，由此亦可窥探出世人大概亦有着“尊刘贬曹”的倾向。

二、称谓词

称谓词是日常人际交往必不可少的部分，它的使用承载着一定的社会关系。生活中常出现的有主要表示亲属关系，表现地位、职业、修养等的社会关系的称谓语。这些称谓语不仅发挥指代作用，亦传达着特定的思想感情，是话语交际与日常礼仪相结合的一种表现。

《三国演义》中，魏、蜀、吴三国纷纷扰扰，从热血沙场到政治谋策，可谓是人物辈出，不仅有君王、大臣，还有将领、谋士等，一时

---

① 罗贯中：《三国演义（上）》，人民文学出版社 1973 年版，第 442 页。

之间往来交际，轰轰烈烈，充满英雄气概。在这广阔的社交领域中，称谓词因其数量众多、内容丰富，值得注意。这里，以《三国演义》中的谦称、尊称为例，领略古代称谓词的交际魅力。

（一）谦称

谦称，古代的称谓礼节。古人现实交际与书信往来间，为表谦虚之意，一般避免直接使用“我”之类的词，而多使用一些意含贬损的词语，即所谓“谦称”。比如有省去姓，直接采用自己的名的，苏轼在给朋友的信中便常自称为“轼”。不过，“鄙人”则更为我们所熟知，当然还有自谦见闻寡陋的“不才”、自谦愚钝的“不敏”等。此外，大臣面见君主，自称为“臣”；下属请教上司，自称“卑职”“在下”；年幼者拜访年长者，自称“晚生”“后学”；长辈出现于晚辈后生前，则有“老朽”等称呼。凡此种种，都是自谦之词。

在《三国演义》中，出现过的谦称有某、老臣、贫僧、贱妾、妾、老夫、老汉、小将、小人、小子等。在第二十八回中，关羽过五关斩六将后，遇得周仓追随。关公曰：“壮士何处曾识关某来？”仓曰：“旧随黄巾张宝时，曾识尊颜；恨失身贼党，不得相随。今日幸得拜见。愿将军不弃，收为步卒，早晚执鞭随镫，死亦甘心！”此处，关羽自谦为“关某”，初次相识，待人有礼且略表谦虚。在第一百一回中，诸葛亮见后主刘禅时曾奏曰：“老臣出了祁山，欲取一长安，忽承陛下降诏召问，不知有何大事？”此处身为刘禅相父的诸葛亮，于君前自称“老臣”亦是自谦之意。在第二十七回中关羽千里走单骑，于镇国寺遇到一僧，法名普净。在同乡普净的帮助下，关羽躲过了卞喜的计谋顺利逃脱，普净亦云游四方，他说：“贫僧此处难容，收拾衣钵，亦往他处云游也。后会有期，将军保重。”此处“贫僧”也是高僧的自谦之意。当然，古代女性也有谦词的使用，在《三国演义》第四十一回中刘备撤退，受伤的糜夫人将阿斗托付于赵云，曰：“妾身委实难去，休得两误。”为刘备保全了后代，自己纵身跃入了井中，糜夫人自称为“妾”，也是一种谦称。

（二）尊称

尊称，另一种称谓礼节，是对他人的敬称，是古代交往中的常见礼仪。一般来说，在交际言谈中提到他人，为表尊敬，常常要抬高对方，表达方式较为多样。此外，表尊敬之意还常见于面对长辈、拥有较高地位或官职的人等。“子”是一种尊称，先秦时代有孔子、孟子、庄子、荀子、墨子、韩非子等，北宋有朱熹“朱子”等；“父”也是一种对年高德望较高者的尊称，周武王便尊姜太公吕尚为“尚父”，项羽尊范增为“亚父”。

在《三国演义》中，出现的尊称有公、明公、君、卿、子、足下等。公，用于下级对上级、平级之间，甚至身份地位高者也可对身份低者使用。在第六回中，时为袁绍部下的孙坚得到传国玉玺后，向袁绍请辞道：“坚抱小疾，欲归长沙，特来别公。”在第十四回中，身为曹操部下的满宠劝导地位相似的徐晃说：“公之勇略，世所罕有，奈何屈身于杨、韩之徒。”徐晃听完也起谢曰：“愿从公言。”在第十五回中，孙策获大将太史慈后，笑曰：“神亭相战之时，若公获我，还相害否?”可见“公”使用范围较为广泛。此外，“公”与人搭配的例子也较常出现。在第十二回中，陶谦欲将徐州让于刘备，对其曰：“请玄德公来，不为别事：止因老夫病已危笃，朝夕难保；万望明公可怜汉家城池为重，受取徐州牌印，老夫死亦瞑目矣!”在第十四回中，张飞打曹豹，无奈下曹豹告求曰：“翼德公，看我女婿之面，且恕我罢。”这样的搭配较单字“公”更为敬重，可见不论是心怀仁义的刘备，还是性格莽撞、武力值满满的张飞，在人际交往中都是受到他人敬重的。

同样的还有“明公”，尊敬程度高于“公”，适用于地位低者尊称地位高者。在第三十九回中，曹兵蠢蠢欲动，刘备请教孔明：

> 孔明入见，正色曰：“明公无复有远志，但事此而已耶?”玄德投帽于地而谢曰：“吾聊假此以忘忧耳。”孔明曰：“明公自度比曹操若何?”玄德曰：“不如也。”孔明曰：“明公之众，不过数千人，万一曹兵至，何以迎之?”玄德曰：“吾正愁此事，未得良策。”孔明曰：“可速招募民兵，亮自教之，可以待敌。”玄德遂招新野之民，得三千人。孔明朝夕教演阵法。[1]

引文中诸葛亮反复称刘备为“明公”，显得谦逊有礼。

---

① 罗贯中：《三国演义（上）》，人民文学出版社 1973 年版，第 328 页。

君，也是极为普遍的尊称。不管对方地位高低，都可尊称为“君”，通常是用在朋友或平级、平辈间。《三国演义》中除此之外，还有其他用法，可见称谓词的内涵于不同时代亦多有变化。第三十六回中，身为孔明朋友的徐庶劝孔明出世辅佐刘备，孔明闻言作色曰：“君以我为享祭之牺牲乎！”说罢拂袖离去。不过也出现于身份尊贵者对下级的称呼中，如第四十四回中，孙权问政于周瑜曰：“君之意若何?”可见，孙权对周瑜意见颇为在意。直至现在，“君”还含有“您”“先生”之意，生活中人们也依旧会表达“某君”。

卿，多用于君王尊称臣子。在第十三回中，已处颓势的汉献帝屏退左右，泣谕贾诩曰：“卿能怜汉朝，救朕命乎?”在第二十四回中，当孙权思量如何对待曹操，是迎是降时，鲁肃不曾言语。待孙权更衣离去，鲁肃追至。孙权知其意，执肃手曰：“卿欲何言?”在第三十二回中袁绍大军不敌曹操，其帐下谋士审配亦被活捉，曹操有意劝服说：“卿忠于袁氏，不容不如此。今肯降吾否?”可见，“卿”是君王或权势华贵者面向臣子或地位低者的常见“搭配”。

此外，还有“足下”用于朋友或平辈之间。《三国演义》中，“足下”还有尊称初次见面者或者地位尊贵者尊称身份地位低者之意。在第五十七回中，有“凤雏”之称的庞统初次会见刘备时，玄德见庞统貌陋，心中不悦，乃问统曰：“足下远来不易?”同样的还有太史慈，星夜投平原见刘玄德，向其陈述了孔融受困之境，呈上了书札。玄德看毕，问慈曰：“足下何人?”慈曰：“某太史慈，东海之鄙人也。”刘备初次会见庞统、太史慈，且二人身份较刘备低，所以用“足下”称呼，可见关系较为生疏，但也表敬重。

总之，不论是谦称还是尊称，都是华夏古国千年以来的文化沉淀，传达着以礼待人的观念，谦敬之间，将过去世界的交际来往娓娓道来。

第二节 数字与童谣

除了歇后语与称谓词，《三国演义》中的数字、童谣都颇有深意，本节探究小说中的神秘数字与童谣。

一、数字

《三国演义》有相当多的数字镶嵌其中，它们不止出现于回目处，如第一回“宴桃园豪杰三结义”、第八十二回的“孙权降魏受九锡 先主征吴赏六军”以及第一百二十回的“降孙皓三分归一统”。它们也出现于故事中，“三英战吕布”的团结勇武、“刘玄德三顾茅庐”的礼待、“七星坛诸葛祭风”的神秘、“曹操败走华容三次大笑”的有趣、“关云长水淹七军”的智谋、“孔明巧布八阵图”的杀气、“诸葛亮六出祁山”的忠心以及“姜维九伐中原”的坚守等。当然还有其他数字，共同营造着一层数字迷雾。

首先，数字“三”在小说中出现频率最高，达1400多次。其可与名词搭配，如三路、三军、三郡、三英、三公；亦可与动词搭配，如三顾、三擒、三思、三让、三求计等；同时，小说中亦时常与时间搭配，如三更、刘备留张松饮酒三日等；与人物搭配，如军师徐庶、孔明、庞统三人，司马父子三人司马懿、司马师、司马昭等；与书卷搭配，如“学道三十年”的左慈，他得《遁甲天书》三卷，上卷“天遁”，中卷“地遁”，下卷“人遁”。天遁能腾云跨风，飞升太虚；地遁能穿山透石；人遁能云游四海、藏形变身、飞剑掷刀、取人首级等。以上这些例子，“三”有的是作为实数，发挥着基本的计数功能；有的是作为虚数，如“学道三十年”的左慈，强调着“三”的长久之意。

除此之外，数字“三”还有着深厚的文化内涵。“三”与《周易》文化密切相关，“数”作为六十四卦的重要测算方式，有着最为经典的编码意义。在《周易》中，三画成列为一基本卦，上一画为天，中一画为人，下一画为地，代表天、地、人三才，一种天时、地利、人和的“天人合一”状态，承载着古人的理想。同时，数字“三”不仅包含奇数，也囊括偶数，作为一成数，表达着极限与完满。而且，“三”也彰显着老子“道生一，一生二，二生三，三生万物”的哲学思想，意含着有限与无限的运化，“三生万物”的广博。

《三国演义》中经常出现与“三”相关的故事或情节，反复多次，追求着一种极限与圆满。小说中反复设计有具体内容的“三项条件”“三条策略”等，比如赵云拒绝桂阳太守赵范为其寡嫂做媒的三个理由，诸葛亮为刘备赴东吴迎娶孙权之妹准备的三条锦囊妙计，凤雏庞统献计攻取西川的上、中、下三条策略等。同时，小说中亦有极其多样的“三复”情节，如陶恭祖三让徐州，荆州城公子三求计，刘玄德三顾茅庐，水镜先生等的三荐孔明，马谡拒谏失街亭中的三疑、三谏、三笑，曹操华容道落败时的三笑等。不过，这其中最为经典的则是曹操东征徐州、下邳，刘关张战败失散，张辽关羽土山约三事的内容：

> 辽曰：“兄今即死，其罪有三。”公曰：“汝且说我那三罪？”辽曰：“当初刘使君与兄结义之时，誓同生死；今使君方败，而兄即战死，倘使君复出，欲求兄相助，而不可复得，岂不负当年之盟誓乎？其罪一也。刘使君以家眷付托于兄，兄今战死，二夫人无所依赖，负却使君依托之重。其罪二也。兄武艺超群，兼通经史，不思共使君匡扶汉室，徒欲赴汤蹈火，以成匹夫之勇，安得为义？其罪三也，兄有此三罪，弟不得不告。”
>
> 公沉吟曰：“汝说我有三罪，欲我如何？”辽曰：“今四面皆曹公之兵，兄若不降，则必死；徒死无益，不若且降曹公；却打听刘使君音信，如知何处，即往投之。一者可以保二夫人，二者不背桃园之约，三者可留有用之身：有此三便，兄宜详之。”公曰：“兄言三便，吾有三约。若丞相能从，我即当卸甲；如其不允，吾宁受三罪而死。”辽曰：“丞相宽洪大量，何所不容。愿闻三事。”公曰：“一者，吾与皇叔设誓，共扶汉室，吾今只降汉帝，不降曹操；二者，二嫂处请给皇叔俸禄养赡，一应上下人等，皆不许到门；三者，但知刘皇叔去向，不管千里万里，便当辞去：三者缺一，断不肯降。望文远急急回报。”①

这里“三罪”“三便”“三约”的设计，层层递进，三段式的结构表达清晰，将关羽之忠义之情步步推进，并呈现出一种较为追求全面的思维形式。

数字“三”因其具有极限之意，落在民间日常生活中，就常有“礼以三为成”“事不过三”的习俗，进一步形成了“三顾”“三迎”“三送”等招待人才之礼、“三辞”“三让”“三拒”等帝王禅让之礼，这些是古代中国礼仪文化的重要组成部分，承载着尊贤尊德、谦让仁

---

① 罗贯中：《三国演义（上）》，人民文学出版社1973年版，第212页。

德等美好寓意。此中，当属刘玄德三顾茅庐，获孔明如鱼得水最为典型。诸葛亮被鲁迅评价为“多智而近妖”，他呼风唤雨、占卜观星，无所不能。未出世时，躬耕于南阳，虽身逢乱世，烽烟四起，但依旧心怀抱负，充实自己，于隆中耕田静待时机。出世时，先有水镜先生及好友徐元直的鼎力推荐，而刘备一顾于深秋，未能得见其人。二顾于寒冬腊月，见孔明之友、弟、丈人，却依旧未能得见孔明。三顾于早春时节，先是占卜挑选吉日，斋戒沐浴，然后才前去拜访。不过，孔明以睡觉为由，不予接见，刘备静待许久，最终诸葛亮感其诚心接待了刘备。刘备问策于孔明，一番谦让后，孔明于隆中一番“战略输出”，开启并缔造出了蜀汉江山。更重要的是，三顾之下，才使刘备求贤格外真诚，孔明之才具隐逸之风采。同样求贤的还有一代枭雄曹操，他对关羽礼遇满满，三次哭其大将典韦，也反映着一种传统礼节。

除了数字“三”，“六”和“九”亦有着独特的意味。“六”是偶数、阴数，寓意着天地四方，即六合之意。同时，《左传》中亦记有“六顺”（君义、臣行、父慈、子孝、兄爱、弟敬），彼此配合下成就着传统中国的理想生活。总而言之，“六”于古人看来负载着吉祥与顺利之意。“九”是单数内最大的奇数、极阳之数，代表着至尊，是皇权的象征，亦传达着圆满之意。小说中“孔明六出祁山”“姜维九伐中原”的情节设置正是汲取了“六”与“九”的美好之意，同时二者均是“三”的倍数，亦承继着数字“三”的极致与无限。当然，这两次持久行动开始于“三顾茅庐”“三分天下”，由姜维承接孔明，虽“六出祁山”未能实现孔明心中兴复汉室之愿，“九伐中原”未能成全姜维报答孔明之情，但有了数字“六”与“九”，则于文化意义上传达出了一份理想光辉。同时这样也为文本增添了一份反差效果，孔明的遗憾与姜维的悲剧，九死而犹未悔，小说读来更有兴味。

此外，在古代小说中出现的这些数字还承载着别样的文化密码。基本来说，或与《周易》先天数有关，或与河图数、洛书数有关，或与天文星象数有关。常见的数字不超过十的，一般与《周易》先天数、河图数与洛书数关联更大；若表述数字超过十，大概率与天文星象数相关。前者如《西游记》里常用到九，如唐僧持九环锡杖、八戒拿九齿钉耙、悟净项戴九个骷髅、老君的仙丹是九转金丹，这些都与洛书数相关。后者如《三国演义》第四十九回中的“诸葛亮七星坛祭风”。

时值东吴与曹兵对战，火烧的计策唯欠东风，这让周瑜夜不能寐，卧病在床。对此，诸葛亮献策说："亮虽不才，曾遇异人，传授奇门遁甲天书，可以呼风唤雨。都督若要东南风时，可于南屏山建一台，名曰'七星坛'。"① 当日便筑坛求风，只见南屏山东南方建有高台：

> 方圆二十四丈，每一层高三尺，共是九尺。下一层插二十八宿旗：东方七面青旗，按角、亢、氐、房、心、尾、箕，布苍龙之形；北方七面皂旗，按斗、牛、女、虚、危、室、壁，作玄武之势；西方七面白旗，按奎、娄、胃、昴、毕、觜、参，踞白虎之威；南方七面红旗，按井、鬼、柳、星、张、翼、轸，成朱雀之状。第二层周围黄旗六十四面，按六十四卦，分八位而立。②

另外，上一层用四个人，每人戴束发冠，穿皂罗袍，凤衣博带，朱履方裾，分别执长竿，以"招风信""表风色""捧宝剑""捧香炉"。下一层共二十四人，各执旌旗、宝盖、大戟等环绕四面。待到十一月二十日甲子吉辰，诸葛亮沐浴斋戒，身披道衣，跣足散发，来到坛前。且交代守坛将士，不能擅自离开方位，亦不许交头接耳，失口乱言，对天失敬。一切就绪后，诸葛亮便登坛，观瞻方位，焚香于炉，注水于盂，仰天暗祝，将近三更时分，忽听风声响动，东南风大起，火烧赤壁正式开始。

在此段描写中，"三""九""七""二十四""二十八"多有出现。坛下二十四人对应二十四节气，二十八面星旗对应二十八星宿，六十四面黄旗对应六十四卦，最上一层四人加主祭者对应五行，配合着主祭者的重视与仪礼，怀揣着对天的敬畏，以求天人感应，得到天的认可，求风成功。类似的设计，在《西游记》第一回猴王出生的那块仙石上亦有体现。它有三丈六尺五寸高，即表示着周天三百六十五度；有二丈四尺圆，即二十四节气，运用的便是天文星象数。

二、童谣

小说中除了这些神秘数字，还有许多携带预言性质的童谣、异兆、

① 罗贯中：《三国演义（上）》，人民文学出版社1973年版，第402页。
② 罗贯中：《三国演义（上）》，人民文学出版社1973年版，第402页。

梦等。一般来说，童谣是由成人拟作或由儿童自己编创的供儿童欣赏吟唱的歌谣。不过，有一类童谣与时政关系密切，饱含批评，即谶谣，属于一种独特的政治文化现象，透露着对社会的预言。我国古代小说中，就其内容而言，大多由古代预言家、方士及政客儒生等为达成各种目的所创，所用言语既有晦涩离奇的，也有通俗易懂的，但一般都形式活泼、朗朗上口。且因是天真孩童传唱，更多了一份苍天授意之感，神秘奇异。加之孩童口齿伶俐，好动且爱模仿，传唱童谣于街头巷尾处，穿梭不停，传播能力强。

《三国演义》中便有不少对童谣的描写，既显示着当时的社会风貌，又对小说整体创作起到多重作用。

首先，童谣在小说中有预示人物命运及国家政事的作用。在第六十三回中，写到庞统身死落凤坡时，有童谣："一凤并一龙，相将到蜀中。才到半路里，凤死落坡东。风送雨，雨随风，隆汉兴时蜀道通，蜀道通时只有龙。"① 对卧龙诸葛亮与凤雏庞统的政治命运及生命走向做出评断。可能在儿童的意识里，这描绘的只是简单的龙凤飞舞形象，但实则潜隐谶义。同样，在吕布答应王司徒共除董卓后，众人设计诱董卓共去议事。董卓上车，其所乘车马，车折轮，马断辔，此为前兆。次日，董卓到达相府，夜晚听到数小儿郊外作歌，歌曰："千里草，何青青！十日卜，不得生！"② 对此，骑都尉李肃谎答为吉兆，其实此处"千里草"为"董"，"十日卜"为"卓"，童谣是在说董卓残暴，不得人心，必将失败之意。果然第二天，吕布奉诏讨贼，刺杀了董卓。还有一则童谣则精准预言了荆州时局。时刘备在襄阳宴会上闻知蔡瑁欲加害于他，急忙"跃马过檀溪"，逃亡中遇到隐士水镜先生司马徽。隐士开导刘备要寻访奇才，再图大事，并且告知刘备荆襄各郡小儿的歌谣："八九年间始欲衰，至十三年无孑遗。到头天命有所归，泥中蟠龙向天飞。"③ 此谣揭示了刘表前妻于建安八年去世，随后家庭内乱，逐渐衰落，共事文武零落，此后刘表也病死，而终有泥中潜伏的龙立而成事。可见，这是在提点刘备这一被埋没的真龙。此外，童谣还巧妙

① 罗贯中：《三国演义（下）》，人民文学出版社 1973 年版，第 520 页。
② 罗贯中：《三国演义（上）》，人民文学出版社 1973 年版，第 74 页。
③ 罗贯中：《三国演义（上）》，人民文学出版社 1973 年版，第 296 页。

地暗示着国事走向。小说第三回中，张让等宦官谋杀了大将军何进后，劫持少帝刘辩、陈留王刘协逃往洛阳北邙山，被大臣们寻到，迎驾回宫时，洛阳小儿谣曰："帝非帝，王非王，千乘万骑走北邙。"面对此情此景，童谣唱出了汉朝已经无力回天的现实处境。

其次，一些童谣也表达着民心民意与大众呼声。刘备攻取益州时，刘璋手下谯周进言说一年前曾流行有一童谣："若要吃新饭，须待先主来。"意在传递百姓要想安居乐业，需请刘备入主西川，此乃天意，不可逆之意。刘璋为主虽忠厚，但政绩不突出，百姓生活艰难，对比刘备的贤德，让位似乎也是大势所趋。

此外，还有一类军事谋略型童谣。在第四十五回中，诸葛亮曾对鲁肃引述一则童谣："伏路把关饶子敬，临江水战有周郎。"原本此谣是夸赞江东人才众多，诸葛亮却用此谣将了周瑜一军，暗示鲁子敬只能陆战，不会水战；周公瑾只能水战，不能陆战，意在强调二人均非全才。诸葛亮以此制造舆论，动摇军心，使高傲的对手周瑜钻进圈套。

当然，还有一种舆论型童谣，常见于起义。《三国演义》第一回中便出现童谣："苍天已死，黄天当立；岁在甲子，天下大吉。"可见，童谣真是古代社会的敏感神经。

思考与探究

1. 收集家乡流行的歇后语。
2. 比较各地亲属称谓语的不同，并做探究。
3. 探究中国传统数字文化。

第四讲

《三国演义》中的关公信仰

关公是后世对武圣关羽的尊称，从一介武将到广受尊崇的圣人神仙，关羽成圣成神之路得益于官方的倡导、民间的支持与传统文化的共铸。《三国演义》中的关羽对国以忠，待人以义，处世以仁，任事以勇，侠义磊落，浩然正气，为古今名将第一人。对关羽的崇拜，落眼世俗便是烟火中林立的庙宇、堂前门上威严的雕塑画像，文物不言，却诉说着世人朴实亦功利的祈愿。本讲以关公其人、成圣成神之路、多能之神三方面，展示中国文化中的关公信仰。

第一节　关羽的勇、忠、义

小说《三国演义》是结合历史记载与民间传说的文学产物，其中武将英雄各色百态，或威武英勇，或智谋过人，禀赋不一，性情各异，如猛将张飞、智勇赵子龙、老当益壮黄忠等，丰采迥然。其中翘楚，定当为格外吸睛的关羽关云长。

一、关羽的勇

关羽字长生，后改云长，河东解良人，刚正好义的他杀死本地恃强凌弱的豪强后逃难江湖。小说写关羽："身长九尺，髯长二尺；面如重枣，唇若涂脂；丹凤眼，卧蚕眉：相貌堂堂，威风凛凛。"两米多的身形，魁梧英气，红脸长髯，髯常披拂，飒爽豪迈，汉献帝称其"真美髯公也"，从此得"美髯公"之雅号。常着绿锦战袍，气魄不凡。英雄必有好兵器与良马，关羽所持兵器为青龙偃月刀，又名"冷艳锯"，重达八十二斤，是《三国演义》中最重的兵器。常言“宝马待英雄”，关羽所乘的良驹为赤兔马，是武艺卓绝的大将吕布的生前战马，此马体格健壮，毛色平整，无半根杂毛，火炭般赤焰，灵气逼人，长驱疾如电，能日行千里，渡水登山，如履平地，咆哮嘶喊，叱咤四方。如此长髯红脸、声如巨钟、着绿锦袍、持青龙偃月刀、驾跨赤兔马的外形，便是一直以来深入人心的关公形象。

关羽于涿郡起义，于徐兖作战，奔走于冀豫，立功于江淮，殁于荆楚，纵横四海，几经波澜。从桃园三结义开始，关羽先后经历温酒斩华雄、三英战吕布、土山约三事、白马斩颜良、延津诛文丑、挂印寻旧主、过五关斩六将、古城兄弟会，到华容释曹操、长沙战黄忠、单刀赴吴会、放水淹七军、刮骨疗箭伤、大意失荆州，直至麦城魂归天，他一路追随刘备，所作所为无不显示其英勇、尽忠、义气之品德，加之其傲上而不辱下、欺强而不凌弱、恩怨分明、信义最著的人格风范，赢得了世人的青睐与敬服，纵使最终败走麦城，亦称得起是一位名将英豪。

武将最先折服他人的便是杰出的武艺。在《三国演义》中，关羽的第一次勇武亮相出现于“温酒斩华雄”一幕中。时值诸路诸侯与董卓对峙，董卓派华雄出战，连胜几人。面对如此境况，袁绍感叹说：“可惜吾上将颜良、文丑未至！得一人在此，何惧华雄！”言语未定，阶下有人大呼请战，此人便是马弓手关羽，以家世名誉为傲的袁术轻视地大声喝道：“汝欺吾众诸侯无大将耶？量一弓手，安敢乱言！与我打出！”幸好曹操及时转圜道：“此人既出大言，必有勇略；试教出马，如其不胜，责之未迟。”对此，关羽亦不屈地回复道：“如不胜，请斩某头。”曹操为其取热酒一杯，关羽霸气答曰：“酒且斟下，某去便来。”果然，关羽提刀出帐，随着如雷鼓声，不一会儿便马到中军，提华雄之首级掷于地，而此时杯中之酒还尚有余温。此中潇洒、自信、气势、风度，真乃威震乾坤第一勇。

此后，在袁绍、曹操两大阵营对战中，身在曹营的关羽在面临强敌时，更是英勇之上多了神威。曹操观颜良军阵，枪刀森布，纪律严明，对此他与关羽的一段对话颇为经典。“（曹操）谓关公曰：‘河北人马，如此雄壮！’关公曰：‘以吾观之，如土鸡瓦犬耳！’操又指曰：‘麾盖之下，绣袍金甲，持刀立马者，乃颜良也。’关公举目一望，谓操曰：‘吾观颜良，如插标卖首耳！’操曰：‘未可轻视。’关公起身曰：‘某虽不才，愿去万军中取其首级，来献丞相。’”说罢奋然冲向敌方阵营，如入无人之境，手起刀落，直取颜良头颅，真是如探囊取物般轻巧，好似天神降临。这样的神威亦出现在诛文丑、过五关斩六将中。

暮年的关羽亦英勇依然，在面对庞德的血气之勇时，关羽横刀出马，二人相战百余回合，仍精神倍长，鸣金收军的庞德对众人言：“人言关公英雄，今日方信矣。”关公于场场战火中，驰骋力搏，不惧强力，无惧烈火，苍茫莽原，烽烟涌动，但热血豪情满胸膛，赤心一腔盈肝胆。

关羽英勇且并不莽撞，反而多显儒雅淡定、有智有谋。这可见于单刀赴会中，明知鲁肃设鸿门宴，关羽却不怯，不失信，独驾小舟，携亲随十余人，以战国蔺相如赴渑池之会自勉，无惧龙潭虎穴。席间谈笑自若，后借酒醉，以鲁肃为“人质”，退至岸边，招呼暗藏的水军，一身英气，洒脱而去。关羽的谋略亦可见于水淹七军中，关羽知时节，晓谋略，见于禁屯兵山川险隘之处，便差人堵住各处水口，待秋雨连绵时，襄江水涨，放水一淹，曹军自然不攻自破。由于关羽的神算与智谋，此一役威震华夏。

当然，谈起关羽，怎能少得了刮骨疗伤？关羽于拼杀之际中庞德毒箭，直透入骨，神医华佗前往医治。华佗说其治法，但恐关羽畏惧，其法为：“吾用尖刀割开皮肉，直至于骨，刮去骨上箭毒，用药敷之，以线缝其口，方可无事。”关羽视死如归，边饮酒食肉，边谈笑弈棋，帐中见者掩面失色。华佗感叹：“君侯真天神也。”儒雅知文，淡定自若，这样一位“做事如青天白日，待人如霁月光风”的人杰，古往今来，志垂日月，至大至刚，赤心如赤面，以一番英豪气象塞乎天地人间。

二、关羽的忠

关羽亦是一位将春秋大义、忠君爱国贯穿于行的儒将。各地的关庙大多建有春秋楼，并塑有关羽夜读《春秋》的造像。《三国志·关羽传》中就记有：“羽好《左氏传》，讽诵略皆上口。”《左氏传》即《左传》，是配合《春秋》而作，用来详细解释《春秋》，故名《春秋左氏传》或《左氏春秋》。也就是说，《左传》《春秋》二者就内容而言，大致并无太多本质差别，一繁一简。而之所以“关羽夜读《春秋》”更为流行，可能是因《春秋》的作者相传为儒家创始人孔子，用此书更有名气，更能彰显古代儒家文化正统思想。《春秋》之旨，司马迁曾评价为“礼义之大宗也”，因其主要记录了春秋时期鲁国诸侯、大夫、国人的一些失礼非礼之事。这种强调忠君爱国的儒家道德规范，在常读《春秋》的关羽身上表现为“义存汉室，致主以忠”的忠义情怀。

回看桃园三结义，刘备、关羽、张飞的初次结识便是因忠而起。当朝廷发布招兵榜文对抗黄巾起义时，面对刘备的长吁短叹，张飞厉声说道：“大丈夫不与国家出力，何故长叹？”刘备言：“我本汉室宗亲……今闻黄巾倡乱，有志欲破贼安民；恨力不能，故长叹耳。”两人志气相投，遂于村店饮酒，意在共举大事，同进店吃酒的关羽亦是“闻此处招军破贼，特来应募”的，三人相见甚欢，于桃园结义，共立誓言“同心协力，救困扶危；上报国家，下安黎庶”。此后，便开启了三人风风火火的忠君之旅。

关羽的忠，首先体现在忠于汉室。这种情怀，在三人滞留许都时期体现得更为充分。当时，刘备、关羽、张飞暂寄身于曹操处，汉献帝封刘备为“皇叔”，已是权相的曹操对此极为敏感，定于许田打围，借射猎之事，暗示颓败汉室的权力之所向。在猎场，曹操公然讨用天子的宝雕弓、金铍箭，射中鹿背，群臣以为是天子射中，踊跃高呼“万岁”，曹操公然无礼，纵马直出，在天子面前高调领受，朝廷官员见此大为失色却又无可奈何。只见关羽大怒，睁开丹凤眼，欲提刀拍马斩杀曹操，经刘备眼神示意才暂稳脾气。回至许都，关羽亦问刘备：“操贼欺君罔上，我欲杀之，为国除害，兄何止我？”一身正气，慷慨担当，报国安邦，其精神直至英雄末路亦不曾变改。

关羽的忠，还体现在忠于为兄为君的刘备。时刘备立国接续大汉气脉，关羽奉命镇守荆襄，却不料大意失城，陷落麦城。东吴孙权派诸葛瑾来劝服关羽投降，关羽正色说道：“吾乃解良一武夫，蒙吾主以手足相待，安肯背义投敌国乎？城若破，有死而已。玉可碎而不可改其白，竹可焚而不可毁其节：身虽殒，名可垂于竹帛也。汝勿多言，速请出城，吾欲与孙权决一死战！”此等气节，为世之大丈夫。对此，王阳明曾写有楹联评价说：“天无二日，民无二王，已矣乎，吾未之信，到终有憾三分鼎业。义不可废，节不可夺，强哉矫，至死不变，平生不愧一部春秋。”

三、关羽的义

在关羽身上更为突显的情性则是重义。刘备、关羽、张飞三人自桃园结义起，便有“不求同年同月同日生，只愿同年同月同日死。……背义忘恩，天人共戮”的盟誓。也就是这结义一拜，三人成兄弟，忠肝义胆，情义重如泰山。此后，三人相守相护，一起参军起义，共同战吕布、讨董卓，虎将怒目，宝刀飞舞，马蹄奔逐，天威抖擞，气势勇烈。同时亦有三人遭乱被迫分离，再相聚时的真情流露。古城聚义时，小说留有诗曰：“当时手足似瓜分，信断音稀杳不闻。今日君臣重聚义，正如龙虎会风云。”

关羽之义，首先表现为儒家之义，这是一种大义、公义。他一生追随刘备，匡扶汉室，“降汉不降曹”可以看成是守儒家之“大义”。时值曹操东征徐州、下邳，刘、关、张三兄弟势力单薄，战败失散。曹操设计引关羽被困土山突围不得，后遣军将张辽说情于关羽。张辽陈述了“三罪”，即关羽若身死，一则毫无益处，二则无法替兄护佑嫂嫂，三则背离桃园之约。关羽思量后，也有“三事”相约，一为降刘不降曹，二为以刘皇叔俸禄养赡嫂嫂，三为若知刘备去向即辞行。曹操思忖，唯觉第三件事让人不快，想到之后可用恩情感化，便也同意了。此后，爱惜才干的曹操先是赏赐金钱、美女，关羽不为所动。进而想以情动人，一是赠予锦袍，哪知关羽以旧袍相罩，因“旧袍乃刘皇叔所赐，某穿之如见兄面，不敢以丞相之新赐而忘兄长之旧赐，故穿之于上”。二是赏赤兔马，关羽拜谢，曹操心有不悦，问说之前我多次赏你美女金帛，你都未曾下拜，今日因马答拜，如何贱人贵畜？关羽回答说：“吾知此马日行千里，今幸得之，若知兄长下落，可一日而见面矣。”曹操也只能感慨真义士也。关羽为曹营作战斩杀袁绍阵营颜良、文丑二将以报恩情，但听闻刘备踪迹，便决定辞别曹操，追逐刘备而去。虽曹操、张辽闭门不见以阻关羽拜别，但关羽仍来去分明，手书“新恩虽厚，旧义难忘”“其有余恩未报，愿以俟之异日”之言，封之前所赐金银财物及美女，悬因功受封的“汉寿亭侯”官印于堂上，与数十人护送嫂嫂离别曹营。一路曹营守将知关羽奔向刘备，终是曹营对头，便与关羽相持。无奈之下，关羽过五关斩六将，辗转千里，终古城汇聚。关羽不被曹操的财色宝马打动，独行千里，报主志坚，追随代表着汉室正统的刘备，此等兄弟义气、英雄气概，是一种儒家的大义。

关羽之义，还是一种武侠之义，相较儒家之“大义”而言这是一种“小义”，是重个人信誉的“义”，即《史记·游侠列传》所说的：“其言必信，其行必果，已诺必诚。”关羽华容道义释曹操，私放对“大义”来说最危险的敌人，即一种武侠之义。曹操赤壁一战，败走华容道，恰与关羽狭路相逢，曹操以昔日恩情为由，请求通融。关羽开始说：“昔日关某虽蒙丞相厚恩，然已斩颜良，诛文丑，解白马之围，以奉报矣。今日之事，岂敢以私废公?”曹操以春秋时卫国庾公之斯义放子濯孺子之事暗示：“五关斩将之时，还能记否？大丈夫以信义为重。将军深明《春秋》，岂不知庾公之斯追子濯孺子之事乎?”关羽想起当日曹操的恩义，又见曹军惶惶，于心不忍，于是勒回马头，命众军“四散摆开”，分明是放曹操的意思。待曹操已与众将过去，云长大喝一声，曹操众军皆下马哭拜。关羽不忍，犹豫间，张辽骤马而至，关羽又动故旧之情，长叹一声，皆放去。关羽当时是十分为难的，不放是忘恩负义，放则私而忘公。最后关头，关羽还是选择了放，毛宗岗评价关羽说：“独行千里，报主之志坚；义释华容，酬恩之谊重。”俗话说，滴水之恩，涌泉相报，无论是在士人眼中，还是在百姓心里，关羽都不愧为大丈夫。

第二节 成神成圣与一神多能

关羽作为一名三国时期的杰出战将，威震华夏，虽有骄傲自大的弱点，但其义勇气概为世人所敬服。他生前职位为将军，封号为汉寿亭侯，地位不高，但在去世后，官方对他的封谥逐渐升高，且逐渐神化，从侯而王，由圣而帝，最终成为一位具有无上权威的神灵，与文圣孔子并列，成为武圣关羽，影响深远。不过从人到神，这种变化并非一蹴而就，而是历经漫长演变，是不同因素综合而成的结果。

一、成神成圣

对关羽最初的追谥，是蜀汉景耀三年（260 年）刘禅封其为壮缪侯。此后，大约在隋朝后，佛教曾将关羽选入护法神，《解梁关帝志》中有一则传说记载此事，说天台宗四祖智顗禅师到当阳，月夜遇关羽显灵，之后关羽及关平父子帮助建成玉泉寺，禅师为关羽受戒，上表奏请关羽为此寺的伽蓝。又说武则天时期，禅宗神秀抵达玉泉山建寺，让关公做护法神。这些传说或举动在争取民众信仰的同时，也进一步扩大了关公信仰的影响。在此之后，唐德宗年间，关羽也曾作为武成王太公望的六十四名配享者之一，进入武庙享得供奉，虽然待遇并不丰厚。

至宋代，关公地位得到迅速提升。宋徽宗分别于崇宁元年（1102 年）、崇宁二年（1103 年）、大观三年（1108 年）、宣和五年（1123 年）追封关羽为忠惠公、崇宁真君、昭烈武安王、义勇武安王，由公至王，推动了关公信仰的盛行。而且，其中崇宁真君之封号与道教有明显关系。宋徽宗赵佶信奉道教，自命为教主道君皇帝，广建道观，重视道法。其在位时曾有一次盐池改造，改造前水灾导致盐池减产，改造后产量显著提升，对于这种情况当时有几种说法：一是道教天师张继先对宋徽宗说之前池子有大蛟，后关羽显灵制服了它；二是道教天师张继先请关羽出战，打败了盐池中作乱的蚩尤。这些故事确立了关羽道教神祇的身份，一定程度上传播了关公信仰。到南宋，偏居一隅的大宋皇帝仍继续对关羽封谥，封有壮缪义勇武安王、壮缪义勇武安英济王。及至元朝，尊崇佛教的朝廷将关羽封为“监坛”，成为佛教中的神灵，建有大量关庙，祭祀活动隆重，元文宗天历元年（1328 年），关羽被封为显灵义勇武安英济王。

明代前期并未给予关公过多关注，明太祖朱元璋洪武年间甚至恢复了关羽最初的“汉寿亭侯”的封号，可能并不知此中“汉寿”实为地名之故，竟将封号精简为“寿亭侯”，大概以为“汉”为“汉寿亭侯”之朝代表征，直至明世宗时期才修改过来。此后，朝廷曾几次给关羽封号，正德四年（1509 年）赐关庙为忠武庙，万历年间封关公为协天大帝、协天护国忠义帝，晋关羽爵位为帝，赐庙英烈庙。尤其是万历四十二年（1614 年）封关公为三界伏魔大帝神威远震天尊关圣帝君，这几乎是能与道教三清、玉帝平起平坐之位。而且此次封谥还扩展至关公的夫人及儿子、部将身上：其夫人为九灵懿德武肃英皇后，长子关平为竭忠王，次子关兴为显忠王，周仓为威灵惠勇公。明代，关公“帝”之尊号已至封号极限，且关帝庙众多，祭祀活动极其活跃，可见朝廷对关公信仰的重视。

清代对关公的敬拜更进一步，官方对关公的封谥有增无减。在清世祖入关以前，就曾借《三国演义》中的刘关张桃园结义之情比满清与蒙古等地的关系，封关公为忠义神武关圣大帝。雍正三年（1725年），封谥关羽祖辈三代，其曾祖为光昭公，祖为裕昌公，父为成忠公。之后乾隆、嘉庆、道光、咸丰、同治年间亦封谥多次，封号也越来越长，至清德宗光绪五年（1879 年），关公的封号已经变为忠义神武灵佑仁勇显威护国保民精诚绥靖翊赞宣德关圣大帝，有二十六字之长，可见朝廷对关公的褒赞与弘扬。乾隆年间，在为关羽加封“灵佑”之时，下发了一道圣旨，要求《四库全书》的编纂人员将所有《志》中关羽的谥号全改为“忠义”。这种独家的“宠爱”行为，竟能达篡改史书之举，可见关公信仰的重要。

纵观以上关公信仰的演变历程，除了关公自身光辉的人格魅力之外，官方的支持、民间的崇奉与儒释道对传统文化的汲取是关公信仰得以延续的重要推动力量。

关公身上的忠义仁勇等特质既是普通大众人格追求的理想心性，又契合着封建时代统治者攘外安内、修身齐家治国的道德及文化愿求。朝廷以关公为榜样，钦定封号，视作崇奉的神灵，收集构造显灵传说以示神权，同时于世间兴建关庙，祭祀与娱乐结合，精神宣扬与民间活动双向推进，加深影响，巩固统治。关公的精神品质不仅为上中层统治者所推崇，下层民众亦讲究情义忠信，由关公的自身特点衍生出很多显灵传说、话本、小说等，涉及社会生活诸多方面，比如抗击敌国、水旱灾害、科举选士、商业活动、司法公平，等等，这些内容与人们的愿望相结合，成为信仰、娱乐资源的同时也深刻影响着民众生活。此外，儒释道三方信仰力量均于关公身上汲取了符合自身文化发展，进而扩充影响力的能量，如清康熙四年（1665 年），朝廷尊关羽为夫子，与孔子并称，雍正八年（1730 年）追封关羽为武圣，享武庙，将关羽与孔子相提并论，是儒家对关羽的吸收与创造。道教除了以上“崇宁真君”的官方封号之外，民间活动中道士道场祈禳时，亦请关帝下坛，道教还编有一些与关公相关的书籍，如《关圣帝君觉世真经》《关帝明圣经》等。佛教也如此，传说隋末天台宗智𫖮禅师为关公剃度，是相对较早将关公纳入自身文化体系的范例。中外碰撞融合中，关公信仰一直在扩散着。关于关羽死后的名声地位，有一武庙楹联总结得很准确：“儒称圣，释称佛，道称天尊，三教尽皈依，式詹庙貌长新，无人不肃然起敬；汉称侯，宋封王，明封大帝，历朝加尊号，矧是神功卓著，真所谓荡乎难名。”

二、一神多能

我国民间，老百姓基于现实功利的目的，在敬拜神灵的过程中希冀获得现实好处，达成所愿，实用世俗。以关羽为主人公的民间传说，大致有平寇卫国、降妖驱邪、驱病除疫、助力科考、助人发财以及司法正直、善待忠孝等类型，此处着重介绍关公在老百姓心目中所具有的典型“多能效用”。

（一）平寇卫国

关羽作为一名武将，武艺高强，常被视作平寇卫国的保护神，民间流传许多与关羽有关的抗倭故事。如明代福建仙游城曾于嘉庆年间遭受倭寇侵扰，十分危急。倭寇聚集围攻城门，兵临城下的紧急关头，城内关庙关帝显灵，严锁城门，攻城不济的倭寇们只能退去。据说守城将士入庙看视时，还见关帝神像满面汗水，大家都认为这是神明关羽在暗护此城。

还有一则故事也是发生在明代嘉庆年间，记载于李钟璜《嘉定捍倭庙记》中：倭寇进逼嘉定，时嘉定暂未有城墙围护，仅有土垒，倭寇见城门外粮仓百间，纵火焚烧，烟雾弥漫，众将士睁不开眼，倭寇便趁乱不断涌入。县令万思谦祈求关公护佑，语毕，风向发生改变，但已有贼人越过土垒，烧伤劫掠，民众间无擅长射箭之人，都慌乱得丢魂失魄。一州吏拉弓祈求关帝，表示关帝若欲保十万臣民，则此箭贯贼喉，果然一箭封喉，众倭寇惊吓散去。此后嘉定城更加虔敬地敬拜关帝。

人民受外患侵扰，怀念向往勇武刚毅、忠义善战的武将英雄，正是在这样的普遍文化心理背景下，关羽被选为英雄代表，有了一个接一个的故事。

（二）降妖驱邪

民间信仰中的关羽还有降妖驱邪之能。运城盐池有这样一则故事：崇宁五年（1106 年），解州（今运城一带）有蛟作祟于盐池，伤人众多，皇帝诏命天师张继先治理，不几日恢复如常。张继先觐见皇帝，皇帝询问是什么妖魅。天师回答昔日轩辕斩杀蚩尤，后人曾立祠堂于盐池边祭祀。现在祠堂凋敝，出现蛟龙作乱，是想再求祀典。皇帝问天师请了什么神灵制服，想当面领略神灵威严。张继先领命后，使二神现于殿庭，一为金甲青衣、留有美髯的蜀将关羽，一为山神石氏。皇帝欣喜，对他们都褒奖封赠。此故事神灵之所以为关羽，与其故里山西解州南有大盐池有关，自古该地盛产盐，盐的产销对当地百姓生活有相当大的影响。因此，当地十分重视盐池生产及质量，若年成不好，百姓便会认为是妖孽在作怪，祈求神灵降妖除魔，驱邪镇鬼。作为解州的本土英雄，关羽理所当然地成了保护神，消灾护佑。

（三）驱病除疫

民间还流传有关公为民驱病除疫的故事。相传万历年间，有官员担任山海关往来检查之职，一天晚上，梦见关帝对他说，明日中午有牛头车七辆入关，告诫军士严格把守，切勿让其通关。果然，第二天中午有七辆牛头车抵达关隘，仔细看，车上都有神符，军士说此处不可通过，可往西方。顿时，尘埃乍起，牛车消失。后来，当地百姓闻知西国犯了牛瘟，死亡众多，人们才知此为关帝护佑，虔诚敬谢。

这种借关帝预先警示，保全百姓生命的故事其实还有很多。比如“三字符谶”的故事：据说康熙年间，有一船夫于长江摆渡为生，他崇奉关公，每日虔心祭拜。一天夜里，关公对他说明晚将有五人渡江，千万别让他们下船，若不从，我留三字于你手，定要让他们看到手上的字。夜晚果有五人渡江，于下船之际，船夫摊开手心示于五人，五人一下便没了踪影。后来船夫打开他们的行李，发现里面全是册籍，才知五人为传播瘟疫的瘟神。而船夫手中的三字“簫籠簾”自此流行，当地百姓贴之于门，以避瘟疫。

（四）助力科考

随着人们对关公崇奉程度的加深，关公之能也逐渐涉及封建仕途，预测赐题或临场帮考，产生了一些关公助力科考中榜的故事。相传嘉靖年间，临江县有一禅寺，塑有关帝造像。有一名叫张春的书生于寺内读书，每每经过关帝像面前都毕恭毕敬，每值佳节必焚香祈祷。一日，他发现关帝像耳朵内结有蜂巢，于是攀上去将其剔除。是夜便梦到关帝到访书屋，对他说你为我剔除蜂窝，实在感谢，我将为你解读《春秋》，以作回报。自此以后，张春每夜必梦关帝降临，为其讲释，且多为新见。一日，张春会友，众人比拼作文，张春按照关帝指示的结构落笔成文，众人读后，无不赞叹，玩笑地说你一定有作文秘籍。张春答道本无秘本，是关帝指导教授。众人大笑，以为他在说胡话。不久，张春一路高进，入围秋闱。他梦到关帝对他说我来辅导你三场。果然，科考三场，张春挥毫泼墨，见解独特，如有神助，其试卷也恰由《春秋》大家霍渭崖评判，卷中观点时时出新，议论出群，遂予以通过。后张春参加会试，亦下笔如神，终入职翰林院。可见，古代众书生对科考及第的殷殷期盼，是多么深沉，才有若真心诚挚感念关帝，关帝定会助考生金榜题名，步入仕途的美好传说。

（五）助人发财

在民间，财神的世界也包含关公。在中国传统社会，人们信奉财神老爷掌管着世间贫富，于是祭拜财神便成为人们追求财富的一种表现形式。经过漫长的历史演变，出现了以赵公明、五显神、五通神、五路财神以及文财神比干、武财神关羽为主的财神信仰。

关公之所以能司财神之职，便是因其为人忠信、有情有义，这与商业世界诚信交易、互利往来的准则相贴合。同时，关公神武有力，为人正直，一方面护持庇护商贾，一方面警示世人，君子爱财，取之有道。不过，关羽作为财神的流行与山西晋商这一团体密不可分。明清时期，晋商天南海北做生意，时常出门在外，因此商人们敬拜关羽祈求一路平安。另外，这些在外淘金的商人之间互相帮助，彼此照应，逐渐形成会馆，众人在此组织内规模性举办祭神活动，同时生意所到之处都营建关帝庙，以求招财进宝，生意兴隆。

除了以上这些神职功能之外，民间信仰中的关公还有决断疑案、诊治疾病等神奇。可以说，关羽的的确确是一个身兼数职的“全能之神”。而这种“全能”信仰的寄托，与古代社会百姓为摆脱生活中的困境祈求神灵的需要有关，关羽因其英雄的过往、超人的魅力，自然而然地成为世间人美好祈愿的“代理人”。人们由此也创作了许多神奇事迹附着于关公身上，使他们的期望得以寄托。这些故事传说倾注着民间百姓的种种生活况味，凝结着民族性格与精神，成为中国人共同的情感纽带。正是基于如此广泛的民众信仰，无论官方还是民间都兴建了众多关庙。庙宇本身自有传播信仰之属性，关帝庙吸引着方圆百姓，成千上万的信众祈求着、崇拜着，度过人生海海。

国家与民间都有祭祀关公的活动，前者以清代祭祀关公为例，属于“中祭”，是历代关公祭祀的最高规格，除春、秋祭祀外，还包括关公的诞辰祭，同时关公的三代祖先也在祭祀范围内，此活动遍及全国府、厅、州、县等处，礼仪讲究，祭品规范。这种官方活动既代表了王朝统治的道德遵从，也是导引民众趋善维稳的有效方式。民间祭祀相对于官方的祭祀更为宽松活跃，每逢关帝庙会，不仅有祈神、游神活动，还有踩高跷、舞狮、玩龙灯等表演，人们一边以平民的方式祭奠心中的“尊神”，一边庆祝着日常生活中不可或缺的欢愉时刻。

对关公的崇拜不仅是中国内地盛行，在香港、澳门、台湾地区以及日本、东南亚等国家都存在。香港、澳门的商店会供关公的神像，以示诚信经营。同时，香港的警署也会敬拜关公，以示伸张正义、一腔热血。在台湾，关公是极具影响力的神明之一，全岛关帝庙不下数百座，信众达 800 万人，家庭供奉关公神像的情景也较为常见。同时，关公崇拜也影响着他国，据不完全统计，在日本、新加坡、马来西亚、泰国、美国、澳大利亚等国家的 40 多个华人聚居区，共有关帝庙 4 万余座，香火不断，令人惊叹。这些关帝庙的存在，提倡助人为善，坚守道德，承载着海外华人的精神寄托，是链接海外华人与中国文化的精神场所，激励着一代代华人持守正气，忠信有义，不断奋斗。

关公是人，也是神，我们或许不必在他的雕塑或画像前焚香礼拜，但是作为深入中国文化骨髓的形象，我们需要了解他的来龙去脉、影响所及以及文化内涵。

思考与探究

1. 你在哪些地方见过关公神像？你觉得人们供奉关公神像表达了哪些诉求？

2. 你怎么看待关公一神多能的现象？

第五讲

《西游记》中的佛教信仰

作为一部神魔小说，《西游记》畅游凡间、仙佛妖鬼界，不过定睛小说主线，那九九八十一难取经路，却肇始于如来，守护于观音，成就于西天圣位。本讲以《西游记》中的佛界为对象，探究西天世界，并着重介绍小说中的如来与观音形象。

第一节　西天世界

一、西天

西天亦称西方，指西方极乐世界，是佛居住的地方，阿弥陀佛为其教主。依据佛教净土宗观念，众生皆苦，唯有不断修习，培养戒定慧，诚心持念“阿弥陀佛”名号达一定次数，去世之际便自有接引童子或菩萨等导领至净土，渡脱轮回，往生极乐。不过，民间百姓眼中的极乐世界，除了为佛祖居住之地，更有一层世俗功利之念，即要脱离现实苦海，尽享自由极乐，无忧无虑。一些佛教典籍曾描述极乐世界，记述其中之人功德无量，智慧自在，一切丰足，圆满清净，若有所需，悉皆如念。不论是见色闻香，抑或是众宝妙衣、楼庭舍宅等，均皆自足，自然在身，应念现前。对比现实忧苦，颇为世人所向往。

《西游记》中亦描写有西方佛土，在第五十二回中，孙悟空遇魔怪，几番周折仍不敌，便纵筋斗云，至灵山，求帮助。文中写道：

灵峰疏杰，迭嶂清佳，仙岳顶巅摩碧汉。西天瞻巨镇，形势

> 压中华。元气流通天地远，威风飞彻满台花。时闻钟磬音长，每听经声明朗。又见那青松之下优婆讲，翠柏之间罗汉行。白鹤有情来鹫岭，青鸾着意伫闲亭。玄猴对对擎仙果，寿鹿双双献紫英。幽鸟声频如诉语，奇花色绚不知名。回峦盘绕重重顾，古道湾环处处平。正是清虚灵秀地，庄严大觉佛家风。①

果然西方佛地，瑶草、古柏、奇花、苍松，山下人修行，林间客诵经，不是一般景象。

而且在师徒四人取经达成后，第九十八回中更是见到了雷音古刹："东一行，西一行，尽都是蕊宫珠阙；南一带，北一带，看不了宝阁珍楼。天王殿上放霞光，护法堂前喷紫焰。浮屠塔显，优钵花香。正是地胜疑天别，云闲觉昼长。红尘不到诸缘尽，万劫无亏大法堂。"除此雅静平和自然之境，小说第七回中，赤脚大仙在恭庆如来"安天"之举时，亦称此地为"清闲极乐那西方"。师徒四人成就圣果后，在极乐世界见到了不尽珍宝，摆列无穷，设供诸神，铺排斋宴，仙品佳肴，仙茶仙果，珍馐百味，随心享用。正如文中待如来"安天"归来之后，写有诗云："去来自在任优游，也无恐怖也无愁。极乐场中俱坦荡，大千之处没春秋。"西天世界，长寿福德，随心随性，自在悠游，为人钦羡。

二、佛、菩萨、罗汉、金刚

就像道教一样，西方佛国因果位成就不同，亦存分别，常见有佛、菩萨、罗汉、金刚等。《西游记》中便就此发挥，在取经队伍至西天灵山时，"如来高升莲座，指令降龙、伏虎二大罗汉敲响云磬，遍请三千诸佛、三千揭谛、八金刚、四菩萨、五百尊罗汉、八百比丘僧、大众优婆塞、比丘尼、优婆夷，各天各洞，福地灵山，大小尊者圣僧，该坐的请登宝座，该立的侍立两旁"。真是诸佛毕集，瑞气重重。不过，小说中得到相对集中描绘的则是佛、菩萨、罗汉、金刚。

（一）佛

佛，佛陀的简称，意为"觉悟的人"，包含三层含义：自觉（自我

① 吴承恩：《西游记（下）》，人民文学出版社1980年版，第637页。

觉悟），他觉（使众生觉悟），觉行圆满（佛教最高境界）。所谓众生迷，则为凡，众生悟，则为佛，唯有功德圆满者，才能达至最高境界。佛教常言，十方世界，三千诸佛，其中三世佛即燃灯古佛、释迦牟尼佛、弥勒佛在民间多被论及，尤以释迦牟尼佛为最。《西游记》中亦有这三尊佛的相关情节。

燃灯古佛，又译“定光佛”。传说他出生时，身边一切光明如灯，为过去佛。释迦牟尼还是儿童时，曾供奉燃灯佛，见路上泥泞，就脱衣盖地，便佛经过。此后，燃灯古佛有预言九十一劫后，释迦牟尼将接班成佛。在《西游记》第九十八回中有关燃灯佛，描述有这样一件事：燃灯佛见唐僧师徒拿走了无字之经，担心他们枉费跋涉，便好心令白雄尊者前去故意夺回，让其再取有字真经，心地可谓慈悲。

释迦牟尼佛，即如来佛祖，为佛教创始人，是现世佛。《西游记》中，从开篇大闹天宫对峙齐天大圣，到讲经传法东土之愿，再到神通无上帮扶取经队伍，终到西天得见师徒成果位，如来身影多次出现，法力无限，悲悯凡尘。

弥勒佛，即未来佛，修慈最胜。不过，在中国民间，因其憨憨样貌，常言便有“大肚能容，容天下难容之事；开口便笑，笑世间可笑之人”。在《西游记》中，作者亦呈现了弥勒佛这一品格。在第六十六回中，弥勒佛祖面前司磬的黄眉童儿逃离下界，假佛成精，虚设小雷音寺，阻拦取经队伍，加之其宝物神通，久久不能制服，终弥勒佛下界帮其收服。只见他：“大耳横颐方面相，肩查腹满身躯胖。一腔春意喜盈盈，两眼秋波光荡荡。敞袖飘然福气多，芒鞋洒落精神壮。极乐场中第一尊，南无弥勒笑和尚。”不过，在佛教中，弥勒修炼成佛后，上生到兜率天，享各种珍宝妙乐。但在《西游记》中，兜率天宫反被借用为太上老君的宫殿，成其居住和炼丹之地。

（二）菩萨

菩萨，菩提萨埵的音译略写，是地位仅次于佛的修行者，是“上求菩提，下化众生”之人，为世人解除烦恼，度至极乐。佛教自东汉时期传至我国，经汉化后，民间有四大菩萨之说，即文殊菩萨、普贤菩萨、观世音菩萨和地藏菩萨，四大菩萨各自拥有单独道场及坐骑，以方便行道说法。菩萨原没有性别之分，大多于唐代之前为男身女相，于宋代以后为女身女相。《西游记》第六十五回，师徒四人抵达小雷音寺，唐僧执意进去参拜，说："经上言三千诸佛，想是不在一方：似观音在南海，普贤在峨眉，文殊在五台。这不知是那一位佛祖的道场。"唐僧师徒陷落狮驼岭狮驼洞，其中三个毒魔，便为青色狮王、白色象王和金色大鹏，让取经队伍受汤火之灾，唯有悟空出逃至灵山请求援助。于是如来派阿傩、迦叶引文殊、普贤菩萨来见。如来感慨，菩萨之兽，山中七日，世上便千年，定需收服，三人至下界，念动真言，妖怪现了本相，泯耳皈依。

文殊菩萨，释迦佛的左胁侍，专司"智慧"，表"大智"，意指圆明智慧，能断万千烦恼。文殊菩萨享有山西省五台县的五台山文殊道场，其坐骑为一头青色狮子。狮子威武，吼声震天，后为佛教吸收，象征佛法智慧，可震伏一切邪魔。在小说第三十九回中，取经队伍过乌鸡国，遇青毛狮怪，后文殊菩萨降世，使用照妖镜，终助力渡劫。小说中这样描写狮王："眼似琉璃盏，头若炼砂缸。浑身三伏靛，四爪九秋霜。搭拉两个耳，一尾扫帚长。青毛生锐气，红眼放金光。匾牙排玉板，圆须挺硬枪。镜里观真像，原是文殊一个狮猁王。"而其下界作孽，竟是由佛旨差来的。原是这乌鸡国王，不识文殊菩萨凡僧相，后者受佛祖嘱托，想度其归西，哪知他受不了菩萨几句言语相难，将菩萨捆了浸入了河中三天三夜。于是，如来要狮怪推其掉下水井，水浸三年，以报文殊菩萨三日之恨，"一饮一啄"，情节有趣。

普贤菩萨，释迦佛的右胁侍，专司"理德"，表"大行"，意指发菩提心，利益众生，遍一切处，作无量功德。普贤菩萨享有四川省峨眉县的峨眉山普贤道场，坐骑为六牙白象，六牙表示修行般若智慧的六种方法，即布施、持戒、忍辱、精进、禅定、智慧，以现威灵。在四圣试禅心一难中，普贤菩萨与观世音菩萨、文殊菩萨以及黎山老母一起试了唐僧师徒的禅心，考验了他们的取经意志。

观音菩萨表"大慈"，拥有更为深厚的民间信仰基础，浙江省普陀县普陀山为其道场。她慈悲心念，法力无边，慧眼遥观，运心三界。在《西游记》中，更是作为取经队伍的"直接经纪人"，帮助唐僧师徒度过重重劫难。

地藏菩萨表"大愿"，他发愿拯救六道众生，直到地狱为空，安徽省青阳县的九华山为其道场。地藏菩萨"安忍不动犹如大地，静虑深密犹如地藏”，肃穆沉稳，像大地一样含藏无数善根种子，导人向善。地藏王菩萨坐骑为一头像狮子的怪兽，名为“谛听”。此坐骑神通广大，在《西游记》真假美猴王故事中，南海观音、天庭玉帝、师父唐僧均不能识出谁为真正的悟空，最终闹到阴界，地藏王菩萨便让谛听来辨个真假，只见：“他若伏在地下，一霎时，将四大部洲山川社稷，洞天福地之间，蠃虫、鳞虫、毛虫、羽虫、昆虫、天仙、地仙、神仙、人仙、鬼仙可以照鉴善恶，察听贤愚。”谛听知晓真假，但恐地府无力擒拿，便为美猴王们指路去西天雷音寺释迦如来处再定乾坤。

此外，唐僧师徒西行路上还有灵吉菩萨、毗蓝婆菩萨和国师王菩萨等，亦帮助取经队伍降伏妖魔。灵吉菩萨出现两次，其一是力降黄风怪，其二是助悟空斗铁扇公主。而这与灵吉菩萨的两件宝物有关。黄风怪有“三昧神风”之能，“能吹天地怪，善刮鬼神愁。裂石崩崖恶，吹人命即休”，悟空经太白金星点化，赴小须弥山寻灵吉菩萨。至山中，钟磬悠扬，香烟缥缈，悟空说明来意，菩萨道：“我受了如来法令，在此镇押黄风怪。如来赐了我一颗‘定风丹’，一柄‘飞龙宝杖’。当时被我拿住，饶了他的性命，放他去隐性归山，不许伤生造孽，不知他今日欲害令师。有违教令，我之罪也。”之后便与悟空驾云前去，用飞龙宝杖收治了妖怪，“只见那半空里，灵吉菩萨将飞龙宝杖丢将下来，不知念了些甚么咒语，却是一条八爪金龙，拨喇的抡开两爪，一把抓住妖精，提着头，两三捽，捽在山石崖边，现了本相，却是一个黄毛貂鼠”。此为飞龙宝杖之能，定风丹之强则出现在火焰山一回。铁扇公主持芭蕉扇，此扇为混沌开辟以来的灵宝，是太阴之精叶，能灭火气，若扇着人，能飘八万四千里。幸好悟空有留云之能，略微止住些，被吹到了小须弥山，正好得见灵吉菩萨，求取良方，灵吉菩萨便取出定风丹赠予悟空。悟空与铁扇公主相战五七个回合，铁扇公主取扇扇风，哪知悟空巍然不动，急收宝贝，返回洞中。相对于灵吉菩萨的主动积极，毗蓝婆菩萨较为避世宁静。她用一根小小绣花针破了多目怪的千只眼、万道金光，帮助停歇于黄花观身中剧毒的唐僧师徒，并赠送解毒丹，救了师徒性命。

（三）罗汉

罗汉，是“阿罗汉”的简称。佛教修行中，成就阿罗汉果位是小乘佛教追求自身解脱的最高修行。不过，在以佛法渡世间、解脱众人为大的大乘佛教中，罗汉并不是最高果位，其上还有菩萨、佛。据《弥勒下生经》中说，在释迦牟尼涅槃之时，指派有四位弟子“住世不涅槃，流通我法”，此即为四大罗汉。之后在流传过程中，逐渐形成多个版本，有十六罗汉、十八罗汉、五百罗汉以及八百罗汉等。

在《西游记》中，罗汉偶有出现。比如唐僧师徒遇一恶魔头，名唤独角兕大王，神通广大，有宝物金刚琢，不仅将除了悟空的师徒几人全部摄入洞内，还将孙悟空的金箍棒、李天王父子的兵器、火德星君的火具等一并吸走。无奈之下，悟空西走灵山，请求支援，如来令十八罗汉携带“金丹砂”助力对抗，下灵山前：“行者又谢了如来。一路查看，止有十六尊罗汉，行者嚷道：‘这是那个去处，却卖放人！’众罗汉道：‘那个卖放？’行者道：‘原差十八尊，今怎么只得十六尊？’说不了，里边走出降龙、伏虎二尊，上前道：‘悟空，怎么就这等放刁？我两个在后听如来吩咐话的。’”罗汉们也如常人一般幽默，十分有趣。

（四）金刚

佛教中还有众多护法神，四大天王最为世人所熟悉。四大天王，又称“四大金刚”，分别为东方持国天王、南方增长天王、西方广目天王、北方多闻天王，各自护持一方世界。而在《西游记》中，他们则成了天界南天门的守护者，灵山金刚另有他人。当唐僧师徒经狮驼岭狮驼洞，师父及师弟们被妖怪抓走了，无力得胜的孙悟空听说师父被吃，极度苦闷，一个跟头便到了灵山。“忽抬头，见四大金刚挡住道：‘那里走？’行者施礼道：‘有事要见如来。’”当头又有昆仑山金霞岭不坏尊王永住金刚喝道：“这泼猴甚是粗狂！前者大困牛魔，我等为汝努力，今日面见，全不为礼！有事且待先奏，奉召方行。这里比南天门不同，教你进去出来，两边乱走！咄！还不靠开！”大圣正是烦恼，听此言，更是吼哮如雷，早已惊动了如来。只言片语间，尽显护法神性情。

除此之外，《西游记》中还有传授唐僧《多心经》的乌巢禅师，唐僧一路持颂《多心经》，取经路上各色妖魔的来去，就是“心生种种法生，心灭种种法灭”的最好诠释。还有善财童子、比丘尼尊者等。西天世界，好不热闹。

第二节 如来与观音

如来与观音是《西游记》中的重要形象，如来佛祖降服了孙悟空，把孙悟空镇压在五指山下五百年，最终使其成为取经路上的主力。观音的身影贯穿《西游记》的始终，孙悟空大闹天宫，她向玉皇大帝举荐二郎神，佛祖找取经人，她主动请缨，后来取经途中遇到的各种困难也都是她出面解决的。

一、如来佛祖

如来，即“佛”。“如”之意为“如实”，即真知真如，是佛所证道的“绝对真理”，寓意循此真如便可觉悟成佛。《成实论》便记载：“如来者，乘如实道来成正觉，故曰如来。”其名号还有应供、正遍知、明行足、善逝、世间解、调御丈夫、天人师、佛、世尊等。

（一）如来身份

如来，也就是释迦牟尼，释迦牟尼为尊称，指“释迦族的圣人”，其本名为乔答摩·悉达多，意为“义成就者”。关于悉达多，据传说记载，其父为迦毗罗卫国国王，汉译净饭王。其母为摩诃摩耶，为天臂国善觉王之长女。根据当时风俗，摩耶夫人在回母家分娩途中，经蓝毗尼花园生下了悉达多。七天之后，生母去世，由姨母摩诃波阇波提养育。十六岁（另说十七、十八岁）娶表妹耶输陀罗为妃，生有儿子罗睺罗。悉达多生性敏感慈悲，时常为古印度各国各邦间的讨伐征战、不同种姓等级间的矛盾以及人生无常、众生皆苦的境况而困扰，决意舍弃王位，出家寻求解脱，度世间人，于二十九岁（一说十九岁）离家修行。出家后，他曾多处访学，修习过六年苦行，以求解脱，但未得真谛。后抛弃了这种修行方式，于菩提伽耶一棵毕波罗树下，静坐冥想，进入禅定，终经七天七夜（另有四十九天之说）觉悟成道，洞悉真如，获得解脱。此时他三十五岁，之后便开始了长达四十五年的传教活动。他传教的主要区域为恒河流域的中印度，在拘萨罗国的舍卫城祇园精舍和摩揭陀国的王舍城竹林精舍居住最久，对众人说法布教，传法四谛、八正道、十二因缘、五蕴等真如妙见，点悉众生。之后，形成十大弟子群体：舍利弗，智慧第一；目犍连，神通第一；摩诃迦叶，头陀第一；阿那律，天眼第一；须菩提，解空第一；富楼那，说法第一；迦旃延，论义第一；优婆离，持律第一；罗睺罗，密行第一；阿难，多闻第一。佛陀八十岁时，传教至拘尸那迦城附近希拉尼耶伐底河边的娑罗林，于两棵娑罗树间，右胁而卧，半夜入灭。他生前反对祭祀，不拜偶像，以众生觉悟、自我修养和自我完善为修行之要。

（二）如来生活

《西游记》中的如来不仅为佛界至尊，更是年岁资深，他于天地生成，万物初生时，在西牛贺洲天竺灵山鹫峰顶上修得丈六金身。他还向齐天大圣讲着玉皇大帝的故事："你那厮乃是个猴子成精，焉敢欺心，要夺玉皇上帝龙位？他自幼修持，苦历过一千七百五十劫。每劫该十二万九千六百年。你算，他该多少年数，方能享受此无极大道？"这弦外之音，如来比玉帝恐怕年岁更老成不少。

小说中的如来，居于西天灵山大雷音寺，常常讲经论法、传法弘法。七宝莲花座下三千诸佛、五百罗汉、八金刚、四菩萨、比丘尼、比丘僧、优婆塞、优婆夷诸多圣众等都曾聆听圣法。第八回对此描述道："众菩萨献毕。因请如来明示根本，指解源流。那如来微开善口，敷演大法，宣扬正果，讲的是三乘妙典，五蕴楞严。但见那天龙围绕，花雨缤纷。正是：禅心朗照千江月，真性清涵万里天。"而其所讲经典则有"经三藏，可以超脱苦恼，解释灾愆。三藏：有《法》一藏，谈天；有《论》一藏，说地；有《经》一藏，度鬼。共计三十五部，该一万五千一百四十四卷。真是修真之经，正善之门。凡天下四大部洲之天文、地理、人物、鸟兽、花木、器用、人事，无般不载"。而且，佛家禅语多含悟性，妙法轻灵，曾说法有："不有中有，不无中无。不色中色，不空中空。非有为有，非无为无。非色为色，非空为空。空即是空，色即是色。色无定色，色即是空。空无定空，空即是色。知空不空，知色不色。名为照了，始达妙音。"此外，佛祖还着意传法东土，度化那方众生，于是才有了唐僧师徒苦历千山，途经万水，求取真经，传法东土的故事。

（三）如来法力

如来神通广大，法力无边。齐天大圣大闹天宫，刀砍斧剁，火烧雷打，俱不能伤，李天王、哪吒太子未能擒获，十万天兵天将未能降服。玉帝急忙传旨游奕灵官同翊圣真君上西方请佛老降伏。如来听闻，即唤阿傩、迦叶相随，径至灵霄门外。一番口舌较量后，如来、悟空两人决定打个赌，悟空若翻得出如来右手掌，则玉帝让位天宫，否则悟空就下界为妖，再修几劫。结果大圣未能翻出如来手心，只是在其手指上留下了“齐天大圣，到此一游”的记号，并留下了猴尿臊气。大圣觉出怪异后，忙着纵身跳出，哪知佛祖仅仅只是翻掌一扑，便把猴子推出了西天门外，五指也化作了金、木、水、火、土五座联山，压住了不拘一格的齐天大圣，看似轻描淡写，却看得出如来法力精深。

如来具有全知之能，法力至尊，这在真假美猴王故事中得以显示。关于两猴子的真假之分，南海观音菩萨、西天玉皇大帝、随行的师父师弟都不曾辨识，唯有如来能识别且有力降服假悟空。小说中如来对此言道：“汝等法力广大，只能普阅周天之事，不能遍识周天之物，亦不能广会周天之种类也。……周天之内有五仙：乃天、地、神、人、鬼。有五虫：乃蠃、鳞、毛、羽、昆。这厮非天、非地、非神、非人、非鬼；亦非蠃、非鳞、非毛、非羽、非昆。又有四猴混世，不入十类之种。”原来这猴是六耳猕猴。可见如来真是悉皆洞晓，让他人难以望其项背。这在十八罗汉随悟空用金丹砂斗青牛怪的情节中亦可探知。降龙、伏虎二罗汉对行者道：“如来吩咐我们两个说：‘那妖魔神通广大，如失去了金丹砂，就教孙悟空上离恨天兜率宫太上老君处寻他的踪迹，庶几可一鼓而擒也。’”

如来还有预见之能，唐僧师徒过火焰山时遇阻，托塔李天王、哪吒等曾主动帮忙，原来：“愚父子昨日见佛如来，发檄奏闻玉帝，言唐僧路阻火焰山，孙大圣难伏牛魔王，玉帝传旨，特差我父王领众助力。”如来遥睁慧眼，过去、当下、未来之事悉皆知晓，实在是神通高深。

（四）如来行事

不仅法力神通，如来还思虑周全，处事周到。这在如来与悟空的较量中，可见一斑。天界诸神的九牛二虎之力，太上老君炉火猛烈的八卦炉，齐天大圣都不曾打从心底看得起，只有在如来这里，才第一次真真切切地摔了跟头。压于五行山下五百年，一边惩罚，一边召唤土地神等照顾大圣吃喝；一边让悟空服气，一边又识其能力，让观音对猴子通告西天取经队伍的消息。一硬一软，先兵后礼，让悟空自愿臣服，前去取经。此外，佛祖亦知晓悟空本性，谨慎地留有紧箍儿及咒给观音菩萨，说："假若路上撞见神通广大的妖魔，你须是劝他学好，跟那取经人做个徒弟。他若不伏使唤，可将此箍儿与他戴在头上，自然见肉生根。各依所用的咒语念一念，眼胀头痛，脑门皆裂，管教他入我门来。"慈悲与严厉共用，恩威并施，真是将悟空彻底笼络住了。

不过，在如来身上亦有极为世俗乃至反讽的一面。在如来将齐天大圣压于五指山下后，玉帝感念万分，望如来稍停一日，请诸仙一起坐宴奉谢。如来对此也是不敢违悖，合掌答谢道："老僧承大天尊宣命来此，有何法力？还是天尊与众神洪福。敢劳致谢？"在玉帝面前也是很委婉客气。众仙安坐，龙肝凤髓，玉液蟠桃，玄歌妙乐，明珠异宝，甚为欢喜。不一时，玉清元始天尊、上清灵宝天尊、太清道德天尊等众仙到佛前拜谢，请如来为此会立一名。如来领众神之托，将其定为"安天大会"，颇有气势，随后与众仙人一同祝贺交际，多见世俗人情往来之状，圆通却不招嫌。

小说中对如来亦多有调侃。对比南赡部洲的贪淫乐祸，多杀多争，如来曾自诩其所管理下的西牛贺洲不贪不杀，养气潜灵，故需南赡部洲东土之人"赴我西天听真言法门"。哪知，离近西天，有天竺国的玉兔精假扮公主陷害真公主，有铜台府地灵县的劫匪阻拦取经队伍，狮驼国的大鹏金翅雕伤害百姓，竟是如来母舅之亲。可见这西牛贺洲亦非如来所说的那么好。小说第九十八回，在悟空一行人发现取回的是无字经时，悟空质问如来："如来！我师徒们受了万蜇千魔，千辛万苦，自东土拜到此处，蒙如来吩咐传经，被阿傩、伽叶掯财不遂，通同作弊，故意将无字的白纸本儿教我们拿去，我们拿他去何用？望如来敕治！"佛祖笑道："你且休嚷。他两个问你要人事之情，我已知矣。但只是经不可轻传，亦不可以空取。向时众比丘圣僧下山，曾将此经在舍卫国赵长者家与他诵了一遍，保他家生者安全，亡者超脱，只讨得他三斗三升米粒黄金回来。我还说他们忒卖贱了，教后代儿孙没钱使用。”看来，就像作者留下的诗文“《大藏真经》滋味甜，如来造就甚精严。须知玄奘登山苦，可笑阿傩却爱钱”，颇为吊诡。

二、观音菩萨

观音菩萨为佛经梵文意译之名，常见中文译名有“观世音”“观自在”“观世自在”等。在唐代，因避太宗李世民讳，略去“世”字，简称“观音”，沿用至今。

（一）观音来历

观音菩萨，耳根圆通，擅音声。据《楞严经》云：“恒沙劫前，有佛住世，名观世音。由我所得，圆通根本，发妙耳门，然后身心，微妙含容，周遍法界。”佛教中，观音菩萨是通过耳根闻声熏习，不分动静二相，证得无上大道。因此，世人惊忧恐怖之时，若用心持念观音名号，菩萨即达。《法华经》云：“佛告无尽意菩萨，善男子：若有无量百千万亿众生，受诸苦恼，闻是观世音菩萨，一心称名，观世音菩萨，即时观其音声，皆得解脱。”也正因扶苦救难，才有“大慈大悲灵感观世音菩萨”之名号，才有“家家弥陀佛，户户观世音”的民间盛况。观音菩萨怜悯众生，拔除苦难，恒求善事，救世利他，深得民心。随着佛教的传入，结合本土世俗风情，北宋时期出现了观音成道的故事，记述有妙善公主一心向佛，矢志不二，困厄危怖后，于南海普陀山潮音洞终成正果的传奇。另传观音菩萨有三十二应身，随缘示现，救度世人。印度佛教中本为男身的观音在中国逐渐演化为女身，有着慈母之爱、女性之美，随喜世俗，这与中国自古以来的阴阳相生及女性信徒越来越多密切相关。在民间，女性观音形象得以风行，比如杨柳观音、白衣观音、鱼篮观音、送子观音、施药观音、千手观音等，深为世人所熟悉。

（二）观音生活

《西游记》中，观音菩萨较常出现，因其不仅仅是佛界代表，亦是取经队伍的“直接经纪人”，时而聪明干练，时而温柔慈悲，时而严词正色，时而亲近和善。观音的真实道场在浙江舟山群岛上的普陀山，小说中观音菩萨居住在南海落伽山普陀崖紫竹林内。在第十七回中，悟空与唐僧入住观音禅院，袈裟被盗，作案者是一只黑熊怪，悟空三上黑风洞与其交手，未有明显进展。于是他奔赴南海求助观音菩萨，当时所见：

> 汪洋海远，水势连天。祥光笼宇宙，瑞气照山川。千层雪浪吼青霄，万迭烟波滔白昼。水飞四野，浪滚周遭。水飞四野振轰雷，浪滚周遭鸣霹雳。休言水势，且看中间。五色朦胧宝迭山，红黄紫皂绿和蓝。才见观音真胜境，试看南海落伽山。好去处！山峰高耸，顶透虚空。中间有千样奇花，百般瑞草。风摇宝树，日映金莲。观音殿瓦盖琉璃，潮音洞门铺玳瑁。绿杨影里语鹦哥，紫竹林中啼孔雀。罗纹石上，护法威严；玛瑙滩前，木叉雄壮。①

观音的住所真是汇百川、合大洋的开阔之处，宝树瑶草，白鹤游鱼，好不自在。

关于观音菩萨，我们不只能闻其音声，也能想见其身貌。小说中这样写道：

> 理圆四德，智满金身。缨络垂珠翠，香环结宝明。乌云巧迭盘龙髻，绣带轻飘彩凤翎。碧玉纽，素罗袍，祥光笼罩；锦绒裙，金落索，瑞气遮迎。眉如小月，眼似双星。玉面天生喜，朱唇一点红。净瓶甘露年年盛，斜插垂杨岁岁青。②

小说中观音的外貌，温婉明慧，和善清丽。其中杨枝与甘露，前者在古代为僧人除垢洁齿的器具，后引申为涤除尘垢之物：沾取净瓶甘露，拂洒世间，清净世心，噬诸烦恼。观音菩萨身边常有善财童子、龙女、木叉等护法伴随，出行也是祥云遍布，宝莲生辉。小说中她示现身相，深得百姓喜爱，因此，文武百官、士人工商、僧尼道俗都感念、持颂“南无观世音菩萨”。

（三）观音行事

小说中的观音菩萨尽心负责。观音菩萨作为如来的代表，直接参

---

① 吴承恩：《西游记（上）》，人民文学出版社1980年版，第211页。

② 吴承恩：《西游记（上）》，人民文学出版社1980年版，第85页。

与了取经队伍人员的组建，并在长途跋涉中对降魔除妖给予必要协助。她曾化身癞头和尚亲赴长安访察有德行者，最终选择了本是佛祖二弟子的金蝉子转世之人。唐僧的四个徒弟中，孙悟空本领高超，勇敢无畏，上天入地，机敏聪灵；猪八戒本为天蓬元帅，虽自私好色，却也不忘本义；沙僧本为天界卷帘大将，失误犯了错误，被贬下界，却也老实憨厚；小白龙也是冒犯了天庭，却也尽心尽力。四人均是前世有罪之人，观音菩萨让他们止恶悔过，借此西行取经磨炼心性，改过向善，再修正果。而且，在取经队伍一路行进中，观音菩萨帮助他们在黑风山降服黑熊怪，在五庄观救活人参果树，在枯松涧火云洞收服红孩儿，在通天河捉获金鱼怪，在朱紫国降伏金毛犼，可谓全力以赴，护持周全。除此之外，观音菩萨还是队伍内部的"金牌调解员"，尤其是唐僧与悟空之间，菩萨亦处理得相对完满。相对于唐僧的肉眼凡胎，悟空总是能火眼识认妖精，于是任何化身都难逃悟空法眼，棍棒之下一招毙命，打死妖怪变身的少女、婆婆、老人，这让心怀慈悲的唐僧多次不忍，这样的矛盾在第五十五回又一次爆发。悟空打杀了草寇，草木凡人，让唐僧狠心念下紧箍咒，逼走了悟空，失望的悟空去普陀崖向观音菩萨哭诉，小说中这样写道：

> 行者望见菩萨，倒身下拜，止不住泪如泉涌，放声大哭。菩萨教木叉与善财扶起道："悟空，有甚伤感之事，明明说来。莫哭，莫哭，我与你救苦消灾也。"①

待悟空倾吐不满后，菩萨又细心开解，抚平悟空心中伤痕，一句一声，像极了母亲安慰在外吃亏的孩子。也正是在这唐僧与孙悟空矛盾爆发之时，六耳猕猴假扮悟空的样子棒打了唐僧。观音菩萨也是慈悲心肠，真假美猴王之后，亲自下界见了唐僧，说道："唐僧，前日打你的，乃'假行者'六耳猕猴也。幸如来知识，已被悟空打死。你今须是收留悟空。一路上魔障未消，必得他保护你，才得到灵山，见佛取经。再休嗔怪。"真是善解人意，处事周到，化解了孙悟空、唐僧之间的再见尴尬。

观音菩萨慈悲心怀，这在降伏并起用黑风山黑熊精与号山枯松涧

① 吴承恩：《西游记（下）》，人民文学出版社1980年版，第692页。

火云洞红孩儿的环节十分明显。黑风山黑熊精法力非常，与孙悟空大战多次，仍不落下风。观音菩萨下界协助，收服后让他去做了守山大神。就像孙悟空所言："诚然是个救苦慈尊，一灵不损。"这种大爱胸怀，在第四十二回亦可发现，原来观音菩萨决定用水淹号山，降伏红孩儿。不过，在水淹之前，她还叮嘱土地众神："汝等俱莫惊张。我今来擒此魔王。你与我把这团围打扫干净，要三百里远近地方，不许一个生灵在地。将那窝中小兽，窟内雏虫，都送在巅峰之上安生。"孙悟空评说道："果然是一个大慈大悲的菩萨！若老孙有此法力，将瓶儿望山一倒，管甚么禽兽蛇虫哩！"在观音菩萨智斗红孩儿的过程中，面对红孩儿的痞性，观音答应收服后让他做善财童子，可红孩儿一见身体无恙，又暗讽菩萨。菩萨对此并没有多作计较，自有定策地拿出了"金箍儿"，又一次让红孩儿心服口服。在第五十七回，孙悟空再见善财童子，此时童子这样评说菩萨："我菩萨是个大慈大悲，大愿大乘，救苦救难，无边无量的圣善菩萨，有甚不是处，你要告他？"可见，观音菩萨的确是超凡脱俗，悲天悯人。

小说中的观音菩萨性格亦时变化，亲切中多一分平等的随性，严慈中多一丝金刚怒目。小说中孙悟空甚至有时和观音菩萨开起了玩笑："妙啊！妙啊！还是妖精菩萨，还是菩萨妖精？"对此，菩萨笑着回复道："悟空，菩萨、妖精，总是一念；若论本来，皆属无有。"而在听闻红孩儿曾变作菩萨的样貌为非作歹时，菩萨"恨了一声，将手中宝珠净瓶往海心里扑的一掼，唬得那行者毛骨竦然，即起身侍立下面"。一颦一笑颜，一眉一怒目，菩萨也是一个性情中人。

佛教文化博大精深，对中国文化和文学，甚至中国人的生活方式、行事理念都有很大影响，通过《西游记》了解佛教文化和相关民俗可能比较肤浅，但毕竟也是一种途径。

思考与探究

1. 观音在《西游记》中起到了什么样的作用？

2. 你知道有哪些佛教故事或人物进入中国后发生了中国化、本土化改造？

第六讲

《西游记》中的妖怪想象

“刚擒住了几个妖，又降住了几个魔，魑魅魍魉，怎么它就这么多。”几句歌词，唱出了唐僧西游途中妖怪之众多。虎、象、熊、狮、大鹏鸟、金鱼、蜈蚣、蜘蛛，天地水陆之物幻化成各路妖怪，它们或是自发修炼，或是下界成妖，或是因缘所致，一路磨炼着取经师徒，奇思妙想，亦真亦幻，奇幻风趣。

第一节　妖 怪 种 种

妖怪往往是指由动物、植物、器物等幻化而成的精怪或怪物。作为民间信仰的组成部分，在原始时代拟人化思维、“自然崇拜”、“万物有灵”及“物老成精”等多维观念作用下，妖怪精灵与民间生活互动演绎，虎豹鱼鳖、飞鸟游鱼、花草百树、山石海流以及白骨等无生命之物，均能历漫长岁月，成精成怪，掌握神通变化能力。汉代王充的《论衡·订鬼》中写道：“夫物之老者，其精为人；亦有未老，性能变化，象人之形。”说的就是我们常说的妖精或妖怪。

一、妖怪类别

一般来说，妖怪可分为动物怪、植物怪、器物怪以及无生命之物几类。《西游记》中动物怪最多，只提到少量的植物怪和无生命之物成精作害。

（一）动物怪

《西游记》中动物怪多达二十多种，包括猪、牛、羊、兔子等家畜动物，猴、鹿、熊、狼、狮子、象、豹子、犀牛等野生动物，鱼、白鼋等水生动物，蝎子、蜘蛛、蛇等爬行动物，龙、九头虫、大鹏、金毛犼等奇异动物。

《西游记》中的动物怪们能力有强有弱，品级有高有低，结局有悲有喜，来路也各不一样。《西游记》中写得最多的是久经修炼、自然成精的妖怪，包括车迟国的虎力大仙（黄毛虎）、鹿力大仙（白毛角鹿）、羊力大仙（羚羊），西梁国毒敌山琵琶洞中的琵琶精（蝎子），六耳猕猴（猴），盘丝洞的七个蜘蛛精（蜘蛛），隐雾山折岳连环洞的艾叶花皮豹子精（豹子），驼罗庄的巨蟒怪（蛇），青龙山玄英洞的辟寒大王、辟暑大王、辟尘大王（都为犀牛）等。其中，颇有禅性的黑风洞黑风怪（熊罴）、能力了得的号山枯松涧火云洞红孩儿（牛）受观音菩萨点化得以善终，其余均葬身于孙悟空、猪八戒的武器之下。

除了自然成精的动物怪，还有一些动物怪是从天上而来的下凡者，它们武力高强，有法宝法术加持，结局都没有伤及性命，而是重返天上“回炉重造”。它们有的是神佛的坐骑，如朱紫国金毛犼（观音菩萨）、狮驼岭青狮（文殊菩萨）、白象（普贤菩萨）、金岘山青牛怪（太上老君）、比丘国鹿怪（寿星）、豹头山九曲盘垣洞九头狮子（太乙救苦天尊）；有的是神佛的宠物，如通天河金鱼怪（观音菩萨莲花池里的金鱼）、天竺国玉兔精（太阴星君的玉兔）、黄风岭黄风怪（佛祖灵山脚下的老鼠精）；有的则是天上神佛的亲属，如大鹏鸟（如来的舅舅）、九头鸟（乱石山碧波潭万圣龙王的女婿）、黑水河龟精（东海龙王的外甥）。

（二）植物怪

《西游记》中还有一些植物怪，它们主要出现于第六十四回《荆棘岭悟能努力 木仙庵三藏谈诗》中，分别是柏树精——孤直公、桧树精——凌空子、老竹精——拂云叟、松树精——劲节十八公、杏树精——杏仙。相比于动物怪的打打杀杀，植物怪的世界颇为超逸，它们谈禅讲诗，坐而论道，劫走唐僧并不是要吃唐僧肉，只是劝说唐僧与杏仙成婚，被孙悟空、猪八戒发现后也没有任何的反抗。它们的本领及神通也极为有限，猪八戒只需“一顿钉钯，三五长嘴，连拱带筑”就都铲除了。

（三）无生物怪

《西游记》中无生命之物炼化成精，最典型的莫过于白骨精。白骨精又称白骨夫人、尸魔，《西游记》第二十七回《尸魔三戏唐三藏 圣僧恨逐美猴王》专门用一回的篇目塑造了白骨精这一经典形象。它本是白虎岭上一具化为白骨的女尸，采天地之灵气，吸日月之精华，幻化为人形，并习得化尸大法。白骨精变化无定，擅用迷人的外貌及动听的语言迷惑人，它一心想吃唐僧肉以求长生不老，先变作给丈夫送饭的美貌女儿，再变为老妇人，第三次再变作老翁，不想都被孙悟空识破。白骨精诡计多端，离间唐僧、八戒和孙悟空的关系并得逞，但最终还是成为孙悟空的棒下游魂。

二、妖怪特性

妖怪具有集物性、人性、神性与妖性一体的特征，《西游记》中的妖怪们各色各样，形象立体，充分体现了人们的妖怪想象。

（一）物性

妖怪由具体之物变化而来，仍会保留其原型的某种特性。这一方面表现在妖怪的长相上。如第五十回描写金兜山金兜洞兕怪“独角参差，双眸幌亮。顶上粗皮突，耳根黑肉光。舌长时搅鼻，口阔版牙黄。毛皮青似靛，筋挛硬如钢。比犀难照水，像牯不耕荒”，这妖怪的长相明显具有牛的特征，原来它就是太上老君的坐骑青牛精。

妖怪的物性还体现在妖怪的生理特征上。《西游记》第七十二、七十三回所描写的七个女妖是七只蜘蛛修炼而成的妖怪，它们住在盘丝洞中，最擅长的莫过于用肚脐喷吐蛛丝了。唐僧化斋错坠盘丝洞，被它们拿住，后皆被悟空铲除。

妖怪的物性还体现在妖怪的个性习惯上。《西游记》中有两只富有名气的“偷吃”老鼠精，一只是灵山脚下得道的黄毛貂鼠，因偷琉璃盏内清油，畏罪潜逃到八百里黄风岭黄风洞里做“黄风怪”，另外一只是陷空山无底洞的金鼻白毛老鼠精，因偷吃灵山如来的香花宝烛，下界为妖。二妖怪均有怕人、动作警觉、“偷吃”特性。此外，好吃懒做、呆头呆脑的猪八戒，聪明机智、爱吃桃的急性子孙悟空，无一不凸显着动物们的本真特色。

（二）人性

《西游记》中的妖怪具有各自“物”的本性，同时又具有人性。鲁迅曾评论《西游记》：“神魔皆有人情，精魅亦通世故。”《西游记》中的妖精们熟悉世间人情，于人世中往来自在，有着与人相似的欲望与情性。细看《西游记》中的众妖魔，有的为争功争胜而赌斗，如虎力大仙、鹿力大仙、羊力大仙；有的为报私仇而作乱，如如意真仙、铁扇公主、牛魔王、九灵元圣等；有的机关算尽，为吃唐僧肉以期长生不老，如红孩儿、蜘蛛精、大鹏鸟等。妖怪们的行事，无不显露人间世的贪念、傲气与执念。

人性点绘丰富的妖精则莫过于猪八戒。猪八戒原本是天蓬元帅，因为酒后调戏嫦娥被贬下凡，不想错投猪胎，嘴脸与猪相似，皈依佛门之前在福陵山为妖，吃人度日。猪八戒身上既有人的吃苦耐劳、憨厚率直，同时又有贪婪自私的本性；他有神的本领，同时还有猪的外形，充分体现了人性、神性、猪性的完美结合。在《西游记》第二十六回中，因推倒人参果树，孙悟空向福禄寿三仙寻方不得后想起为期三天的时限，恳请福禄寿三仙至五庄观转告师父唐僧暂等，福禄寿到访五庄观，自然一番热闹，猪八戒最为欢闹：

> 正说处，八戒又跑进来，扯住福星，要讨果子吃。他去袖里乱摸，腰里乱吞，不住的揭他衣服搜检。三藏笑道：“那八戒是甚么规矩！”八戒道：“不是没规矩，此叫做‘番番是福’。”三藏又叱令出去。那呆子蹿出门，瞅着福星，眼不转睛的发狠。福星道：“夯货！我那里恼了你来，你这等恨我？”八戒道：“不是恨你，这叫‘回头望福’。”那呆子出得门来，只见一个小童，拿了四把茶匙，方去寻钟取果看茶；被他一把夺过，跑上殿，拿着小磬儿，用手乱敲乱打，两头玩耍。大仙道：“这个和尚，越发不尊重了！”八戒笑道：“不是不尊重，这叫做‘四时吉庆’。”[①]

① 吴承恩：《西游记（上）》，人民文学出版社1980年版，第316页。

“番番是福”“回头望福”“四时吉庆”，嬉闹玩笑间，满满吉祥，句句喜庆。憨八戒用自己的言谈举止诠释民间吉祥词语，将下层人民对生活的美好愿望倾心表达，让人在忍俊不禁间触探到生活的底色。

猪八戒在一些场合也颇为识礼。第二十九回中，猪八戒辞别宝象国国王前去捉妖时，国王礼敬八戒一杯水酒，不同往日的粗俗，八戒此时言辞得当，温文尔雅。他对着师父说道：“师父，这酒本该从你饮起；但君王赐我，不敢违背，让老猪先吃了，助助兴头，好捉妖怪。”随后一饮而尽，接着才置水酒再递师父。这里其实隐藏着一种礼俗：在古代家宴中，应礼敬师长，吃饭与敬酒应以师父为上。但小说此处为宝象国的宴会，国礼应置于家礼前，故八戒先饮了国王的酒后再敬师父，极为讲究，俨然一个人情练达的书生。

猪八戒身上人情味十足，书中的鼠妖也重情重义。《太平广记》中说：“鼠故微物，尚能识恩而知报。”陷空山无底洞金鼻白毛老鼠精修炼三百年之久，偷食如来香花宝烛后下界为妖，李靖与哪吒将其擒拿，如来饶它性命，老鼠精为此拜李靖为父、哪吒为兄，下界时亦供奉其二人香火，以表感恩。

《西游记》中还有一些小妖富有正义感，心地善良，另类得可爱。第七十回中，小妖“有来有去”在赴朱紫国下战书的途中，自言自语地念叨了这样一番话：

> 我家大王，忒也心毒。三年前到朱紫国强夺了金圣皇后，一向无缘，未得沾身，只苦了要来的宫女顶缸。两个来弄杀了，四个来也弄杀了。前年要了，去年又要，今年又要；今年还要，却撞个对头来了。那个要宫女的先锋被个甚么孙行者打败了，不发宫女。我大王因此发怒，要与他国争持，教我去下甚么战书。这一去，那国王不战则可，战必不利。我大王使烟火飞沙，那国王君臣百姓等，莫想一个得活。那时我等占了他的城池，大王称帝，我等称臣，——虽然也有个大小官爵，只是天理难容也！[①]

小妖虽为妖，人情世故，桩桩件件，心里门清，这番自言自语的说辞，将妖的别样人情细致展现出来。

---

① 吴承恩：《西游记（下）》，人民文学出版社1980年版，第845页。

（三）神性

妖身上绝不止人性的一面，妖之为妖，还在于其神幻的一面。起初的志怪小说中，妖怪并无特别的奇异之处，它们擅长变化，但并无多大神通，在随后的发展中，妖怪的神通变得强大，只有具有一定修炼的道士才能降妖除魔。

《西游记》中的妖怪，无一不能腾云驾雾，无一不是变化多端，更有几位妖精具有呼风唤雨、移山倒海、七十二变之神力：黄风怪擅三昧神风，吹天地暗，刮鬼神愁，石裂山崩，人神受困；红孩儿以三昧真火为强，口里喷火，鼻子冒烟，眨眨眼便火焰齐生，浓烟熏得孙悟空泪落如雨；车迟国三妖能呼风唤雨，能指水为油，点石成金；银角大王能移山倒海，用计移来须弥山、峨眉山、泰山三座大山力压孙悟空，首战胜利；白骨精会解尸法，三次幻变，都能于孙悟空的金箍棒下逃生，神通不一般；牛魔王与孙悟空一样，掌握七十二变之法，可大可小，飞禽野兽，随意变化，法力与悟空不相上下；蝎子精的倒马毒桩与百眼魔君蜈蚣精的百目金光，可谓破坏力一流，前者就连如来的金身、孙悟空的金刚不坏之身都无法抵抗，后者更是使齐天大圣孙悟空在金光中扑得跌了一个倒栽葱，浑身疼痛，力软筋麻，远非一般神通所能。

（四）妖性

当然，妖怪之所以是妖怪，更因为它们身上的妖性，它们大都是不信奉人间伦常的异类，长相奇特，为非作恶，对人具有危害性，妖邪之气重。《西游记》中的妖怪有的以吃唐僧为目标，有的伤害妇女，有的无故霸占他人财产，有的残害一国生灵，为害一方。妖怪的各种行径，充满邪恶，违反世间人类所遵循、信守的规则。与这些妖怪的“斗战”，正好也成为取经队伍除恶扬善、磨炼心性的方式。

取经途中最为艰难的险关莫过于狮驼岭。师徒四人刚进狮驼岭地界，太白金星就幻化成老者来报信，说山上有一伙妖魔，吃尽阎浮世上人，城内也到处都是妖怪，斑驳大虎、万丈长蛇。原来在五百年前，有一妖怪金翅大鹏雕血口一张，吃尽了一城人，不论男女老少，片甲不留。它还有极为厉害的同类，大妖青狮精曾闹过南天门，吓退十万天兵；二妖白象精鼻似蛟龙，若被卷住无法逃命；金翅大鹏作为三妖飞速极快，有法宝阴阳二气瓶护身，更是贴近不得。这三个妖魔作威作福，文中这样写道：

> 骷髅若岭，骸骨如林。人头发蹰成毡片，人皮肉烂作泥尘。人筋缠在树上，干焦晃亮如银。真个是尸山血海，果然腥臭难闻。东边小妖，将活人拿了剐肉；西下泼魔，把人肉鲜煮鲜烹，若非美猴王如此英雄胆，第二个凡夫也进不得他门。[①]

吃人肉，抽人筋，剥人皮，骸骨骷髅，尸山血海，种种惨状，桩桩罪行，妖精的罪恶简直罄竹难书。

在第六十七回中，一条大红蟒常在七绝山稀柿衕兴妖作怪，吞吃人畜不吐骨头，出现时“村舍人家皆闭户，满庄儿女尽藏头。黑云漠漠遮星汉，灯火无光遍地幽”。这条眼如灯笼的巨蟒，靠一对蛇信子作乱村庄，被孙悟空打死后，才消了危难，安抚了众生。

《西游记》是以佛教为主导思想的，因此书中妖怪除了物性、人性、神性、妖性之外，有的还有点佛性，这主要体现在一些动物怪身上。佛祖释迦牟尼传法时，为使众生晓畅佛理，常用譬喻手法使其所讲内容形象生动，在这比喻传法的过程中便涉及许多动物，以有趣的故事、简易的佛理教化众生。熊罴在佛经中较少出现，因其曾为魔王眷属扰佛，生性“贪婪、嫉妒、易躁”，因此《西游记》中借其秉性塑造了经典的黑风怪一妖。小说中熊罴颇追求品位，不像别的妖怪一样想吃唐僧肉，而是独独贪恋他的袈裟，于是便盗取了袈裟开设佛衣大会供人赏观。或许正是因为这份喜爱充满着佛门禅趣，最终被观音收服，皈依佛门做了守山大臣，消弭了贪取之心。

第二节 妖怪生活

《西游记》中上天入地、作恶作妖的妖怪们都居住在哪里，又有着怎样的非常生活呢？

---

① 吴承恩：《西游记（下）》，人民文学出版社1980年版，第905页。

一、妖怪居所

正如《西游记》第二十七回所言："山高必有怪，岭峻却生精。"《西游记》中形形色色的妖精们如浮世绘般刻镂了浓墨重彩的妖界。通观全书，妖精的山林洞穴、水中魔窟达二十多处，包括麒麟山獬豸洞（赛太岁）、陷空山无底洞（白毛老鼠精）、毒敌山琵琶洞（蝎子精）、号山火云洞（红孩儿）、黑风山黑风洞（黑熊精）、黄风岭黄风洞（黄风怪）、碗子山波月洞（黄袍怪）、平顶山莲花洞（金角、银角大王）、金兜山金兜洞（青牛怪独角兕大王）、翠云山芭蕉洞（铁扇公主）、盘丝岭盘丝洞（蜘蛛精）、狮驼岭狮驼洞（青毛狮子怪、黄牙老象、大鹏金翅雕）、柳林坡清华洞（鹿精）、隐雾山折岳连环洞（花皮艾叶豹子精）、豹头山虎口洞（黄狮精）、竹节山九曲盘桓洞（九头狮子精）、青龙山玄英洞（犀牛精）、通天河水鼋之宅（金鱼精灵感大王）、黑水河神府（鼍龙怪）、乱石山碧波潭（九头虫）、荆棘岭木仙庵（树精）、七绝山稀柿衕（红鳞巨蟒怪）、白骨山（白骨夫人）等。

一部《西游记》，除了充斥全书的各色妖魔，还写到天宫的仙界、西天的佛界、地狱的鬼界。书中不仅对妖精们的住所有具体描绘，对仙界、佛界、鬼界的场景也都有详细展现。

我们先来看看小说是如何描写仙界的。仙界分为天上仙宫、凡间仙窟、海中仙岛。天上仙宫主要是玉皇大帝、王母娘娘、太上老君等天仙的住处。《西游记》第四回中，孙悟空受太白金星招安，初上天宫，领略到了至尊天界的华美：

> 初登上界，乍入天堂。金光万道滚红霓，瑞气千条喷紫雾。只见那南天门，碧沉沉，琉璃造就；明幌幌，宝玉妆成。两边摆数十员镇天元帅，一员员顶梁靠柱，持铣拥旄；四下列十数个金甲神人，一个个执戟悬鞭，持刀仗剑。外厢犹可，入内惊人：里壁厢有几根大柱，柱上缠绕着金鳞耀日赤须龙；又有几座长桥，桥上盘旋着彩羽凌空丹顶凤。明霞幌幌映天光，碧雾蒙蒙遮斗口。这天上有三十三座天宫，乃遣云宫、毗沙宫、五明宫、太阳宫、化乐宫，……一宫宫脊吞金稳兽；又有七十二重宝殿，乃朝会殿、凌虚殿、宝光殿、天王殿、灵官殿，……一殿殿柱列玉麒麟。寿星台上，有千千年不卸的名花；炼药炉边，有万万载常青的瑞草。

又至那朝圣楼前，绛纱衣，星辰灿烂；芙蓉冠，金璧辉煌。玉簪珠履，紫绶金章。金钟撞动，三曹神表进丹墀；天鼓鸣时，万圣朝王参玉帝。又至那灵霄宝殿，金钉攒玉户，彩凤舞朱门。复道回廊，处处玲珑剔透；三檐四簇，层层龙凤翱翔。上面有个紫巍巍，明幌幌，圆丢丢，亮灼灼，大金葫芦顶；下面有天妃悬掌扇，玉女捧仙巾。恶狠狠，掌朝的天将；气昂昂，护驾的仙卿。正中间，琉璃盘内，放许多重重迭迭太乙丹；玛瑙瓶中，插几枝弯弯曲曲珊瑚树。正是天宫异物般般有，世上如他件件无。金阙银銮并紫府，琪花瑶草暨琼葩。朝王玉兔坛边过，参圣金乌着底飞。[①]

小说以人间帝王宫廷的华美庄严想象了天上仙宫的景象，整体建筑礼制分明，威严有序，重重叠叠，富丽壮观。宫殿亭廊，层层幢幢，名花妙草，仙雾迷蒙，游龙彩凤，朱门金壁，传递着天宫的庄严华贵。陆地上的神仙则生活在高耸入云、景色壮丽的大山之上，小说第二十四回对镇元大仙的万寿山五庄观进行了细致描画，山接昆仑脉，顶摩霄汉中，白鹤玄猿，红雾彩云，奇花异草，峻峰怪石，龙吟虎啸，鹤舞猿啼，一派仙山福地景象。海上仙岛是十洲三岛的神仙居住的地方，一般在大海之上或滨海之地，这类仙境虽然比不上天宫的富丽，也比不上凡间仙窟的峻拔，但却有海中仙岛的别样风情。《西游记》第二十六回，孙悟空因损坏镇元大仙的人参果树而去三岛（蓬莱、方丈、瀛洲）寻求医术良方时看到的海中仙境，霞光照海，波涛阵阵，秀丽清幽，万物和谐，怡然共生，福星、寿星、禄星等诸位神仙就在这里修行，和天上仙宫、凡间仙窟比起来，少了一份威严，多了一份雄阔。

唐僧师徒历经九九八十一难才到达西天，那么西天又是什么景象呢？《西游记》第九十八回写如来居住的雷音古刹：

顶摩霄汉中，根接须弥脉。巧峰排列，怪石参差。悬崖下瑶草琪花，曲径旁紫芝香蕙。仙猿摘果入桃林，却似火烧金；白鹤栖松立枝头，浑如烟捧玉。彩凤双双，青鸾对对。彩凤双双，向日一鸣天下瑞；青鸾对对，迎风耀舞世间稀。又见那黄森森金瓦迭鸳鸯，明幌幌花砖铺玛瑙。东一行，西一行，尽都是蕊宫珠阙；

---

① 吴承恩：《西游记（上）》，人民文学出版社1980年版，第39-40页。

南一带，北一带，看不了宝阁珍楼。天王殿上放霞光，护法堂前喷紫焰。浮屠塔显，优钵花香。正是地胜疑天别，云闲觉昼长。红尘不到诸缘尽，万劫无亏大法堂。[①]

这么美妙的环境，难免让凡尘中人心生向往，难怪历代都有帝王将相崇拜佛教的，梁武帝萧衍甚至做出“舍身入寺”的举动。和天宫相比，小说中呈现的西天世界少了一份华丽庄严，多了一份超凡脱俗。天宫也好，西天也好，都是美好景象的极致，地狱则不一样，完全是另一番情形，《西游记》第十回写地狱的鬼界：

那里山也有，峰也有，岭也有，洞也有，涧也有；只是山不生草，峰不插天，岭不行客，洞不纳云，涧不流水。[②]

比较而言，妖怪领地不如天宫庄严华丽，不如西天超凡出尘，但也不像鬼界那般毫无生气。比如黄风岭黄风洞，小说中的描写自然野趣十足，作者这样写道：

迭障尖峰，回峦古道。青松翠竹依依，绿柳碧梧冉冉。崖前有怪石双双，林内有幽禽对对。涧水远流冲石壁，山泉细滴漫沙堤。野云片片，瑶草芊芊。妖狐狡兔乱撺梭，角鹿香獐齐斗勇。劈崖斜挂万年藤，深壑半悬千岁柏。奕奕巍巍欺华岳，落花啼鸟赛天台。[③]

虽然自然环境也不亚于仙宫和西天，但是毕竟是妖精属地，“妖狐狡兔乱撺梭，角鹿香獐齐斗勇”，一派邪气。

蜘蛛精们生活的盘丝洞独立成院，远离人群，多一份荒僻寂寥之感。文中写道：

门近石桥，九曲九湾流水顾；园栽桃李，千株千颗斗秾华。藤薜挂悬三五树，芝兰香散万千花。远观洞府欺蓬岛，近睹山林压太华。正是妖仙寻隐处，更无邻舍独成家。[④]

---

① 吴承恩：《西游记（下）》，人民文学出版社1980年版，第1170页。
② 吴承恩：《西游记（上）》，人民文学出版社1980年版，第125页。
③ 吴承恩：《西游记（上）》，人民文学出版社1980年版，第247页。
④ 吴承恩：《西游记（下）》，人民文学出版社1980年版，第869页。

而生活于陷空山无底洞的金鼻白毛老鼠精的处所则是分外妖邪，令人生畏。第八十一回写道：

> 顶摩碧汉，峰接青霄。周围杂树万万千，来往飞禽喳喳噪。虎豹成阵走，獐鹿打丛行。向阳处，琪花瑶草馨香；背阴方，腊雪顽冰不化。崎岖峻岭，削壁悬崖。直立高峰，湾环深涧。松郁郁，石磷磷，行人见了悚其心。打柴樵子全无影，采药仙童不见踪。眼前虎豹能兴雾，遍地狐狸乱弄风。①

看这地方，高山峻岭间，飞禽喳喳噪，虎豹成阵走，虎豹兴雾，狐狸弄风，崎岖峻岭峭，雪顽冰不化，没有打柴樵子，不见采药仙童，让人毛骨悚然。

不过，妖精们的住处并非均是荒山野岭，也有的洞府格外高级。比如柳林坡清华洞府处于地下，极为注重隐蔽性和“安保”，而且洞窟精美：

> 烟霞幌亮，日月偷。白云常出洞，翠藓乱漫庭。一径奇花争艳丽，遍阶瑶草斗芳荣。温暖气，景常春，浑如阆苑，不亚蓬瀛。滑凳攀长蔓，平桥挂乱藤。蜂衔红蕊来岩窟，蝶戏幽兰过石屏。②

这“地下别墅”式的妖精洞府，进洞还需“密码”，需找到一棵九叉枝的杨树，绕树根，左转三转，右转三转，用两手齐扑树上，连叫三声“开门”。

为什么妖怪会择分散的深山老林、洞窟河谷定居呢？据《山海经》载，古时百兽与人类普遍群居，天地五方都满布着神秘的精怪和凶横的猛兽。可能古人认为，随着社会发展，人类逐步提升了能力与认知，对自身和他世界进行改造，在具有一定优势的自然条件下定居生存。渐渐地，精怪们被放逐到了广漠之野，它们只能流浪至远离人居的青林黑塞间，野山茂林、洞穴山谷从此成了民俗信仰中精怪们居住的典型环境。

---

① 吴承恩：《西游记（下）》，人民文学出版社 1980 年版，第 985 页。

② 吴承恩：《西游记（下）》，人民文学出版社 1980 年版，第 958 页。

二、妖怪法术

《西游记》中的妖怪，基本都有各自的法术，主要有普遍法术、变化法术、咒语法术三类。孙悟空常使用的隐身法、遁身法、定身法、解锁法、瞌睡虫法、卯醒法、起风法、抓风法、避水法（诀）、避火法（诀）、闭水法等，其他妖怪所使用的禳星法、祈雨法、五雷法、移山倒海法、黑眼定身法等都属于普遍法术。变化法术指通过变化为他物或他人，取得相应目的，如孙悟空、牛魔王的七十二变，猪八戒的三十六变等。咒语法术是指念动某些言语词句来达到施法目的的法术，《西游记》中威力最大的咒语应该是如来贴在五行山上的“唵嘛呢叭咪吽”了，短短六字，压了孙悟空五百多年。还有唐僧的紧箍咒，只要一念，孙悟空就头疼欲裂，眼花脑涨，生不如死。《西游记》中很多妖怪都擅长咒语法术，芭蕉洞铁扇公主的芭蕉扇，平时都是像一块小杏叶一样藏在嘴里，念一声“呬嘘呵吸嘻吹呼”就会变大，一把就能把人扇到八万四千里外去；车迟国的妖道虎力大仙掌握了“五雷法”咒语，只要念了这个咒语，就连玉皇大帝也得听他的指挥，下令龙王降雨。

一般来说，动物怪神通法术高于植物怪及无生命怪，且因动物的种属不同，食物链高低有别，法术威力亦有区别。在《西游记》中，牛魔王是本事可与孙悟空比拼的妖怪，它自称“平天大圣”，与孙悟空等六个妖王结拜为兄弟，力大无穷，能战惯斗，颇有智谋，其一代妖王的风采在唐僧师徒取经路上得到充分展现。唐僧师徒路过火焰山，孙悟空借芭蕉扇不成，寻昔日好兄弟牛魔王帮忙，哪知牛魔王记恨孙悟空伤害其儿红孩儿，一怒之下拿起混铁棒与孙悟空大战。此后，牛魔王和孙悟空亦有几场大战，两人打得难解难分，不分上下，其中一场法术比斗格外有趣，文中这样写道：

> 这大圣收了金箍棒，捻诀念咒，摇身一变，变作一个海东青，飕的一翅，钻在云眼里，倒飞下来，落在天鹅身上，抱住颈项嗛眼。那牛王也知是孙行者变化，急忙抖抖翅，变作一只黄鹰，返来嗛海东青。行者又变作一个乌凤，专一赶黄鹰。牛王识得，又变作一只白鹤，长唳一声，向南飞去。行者立定，抖抖翎毛，又变作一只丹凤，高鸣一声。那白鹤见凤是鸟王，诸禽不敢妄动，

> 刷的一翅，淬下山崖，将身一变，变作一只香獐，乜乜些些，在崖前吃草。行者认得，也就落下翅来，变作一只饿虎，剪尾跑蹄，要来赶獐作食。魔王慌了手脚，又变作一只金钱花斑的大豹，要伤饿虎。行者见了，迎着风，把头一幌，又变作一只金眼狻猊，声如霹雳，铁额铜头，复转身要食大豹。牛王着了急，又变作一个人熊，放开脚，就来擒那狻猊。行者打个滚，就变作一只赖象，鼻似长蛇，牙如竹笋，撒开鼻子，要去卷那人熊。
>
> 牛王嘻嘻的笑了一笑，现出原身，——一只大白牛。头如峻岭，眼若闪光，两只角，似两座铁塔。牙排利刃。连头至尾，有千馀丈长短；自蹄至背，有八百丈高下。——对行者高叫道："泼猢狲！你如今将奈我何？"行者也就现了原身，抽出金箍棒来，把腰一躬，喝声叫"长！"长得身高万丈，头如泰山，眼如日月，口似血池，牙似门扇，手执一条铁棒，着头就打。那牛王硬着头，使角来触。这一场，真个是撼岭摇山，惊天动地！[①]

这一场撼岭摇山、惊天动地的斗法大战真是有声有色，精彩纷呈。若统计孙悟空在全书里的变化，远不止号称的"七十二变"，除了天上飞的、地上跑的、水里游的，孙悟空亦可变作毛笔、麻绳、铜钱、石狮等无生命物体，能力不一般。牛魔王不仅刚直勇猛、力大无穷，还可与孙悟空比变化之法，实属本领高强之妖。不过，大多数妖怪的法术更多地用于逃跑、隐匿。陷空山无底洞的老鼠精于危急时刻，脱下花鞋念咒变作其本身，真身随之一晃，化一阵风，逃之夭夭。白骨精也会在被孙悟空识破后，抽身飘去。

当然，根据中华民族"邪不压正"的理念，邪恶方的妖怪不管法术有多高明，总是敌不过象征正义的人、神。在《西游记》中，除了被孙悟空、猪八戒打死，妖怪们大概只有两种下场，一种被其他有神通之力的人制服，如第五十回的蝎子精，蝎子精法术手段高超，掳走了唐僧，后被昴日星官（本相大公鸡）降服，因为公鸡与蝎是天生对头。类似的情况亦出现在第七十三回中，蜈蚣精的法术让孙悟空无能为力，哪知毗蓝婆菩萨一到便举手投降了，原来毗蓝婆菩萨乃母鸡修炼而成，蜈蚣怕鸡，一物降一物而已。妖怪的另一种下场则为见到主

① 吴承恩：《西游记（下）》，人民文学出版社 1980 年版，第 741-742 页。

人主动投降，如朱紫国的赛太岁，乃是观音菩萨的坐骑金毛犼，狮驼岭青狮、白象则分别为文殊菩萨、普贤菩萨的坐骑，比丘国鹿怪国丈是南极老人寿星的坐骑，九灵元圣则是太乙真人的坐骑，天竺国的玉兔精则是太阴星君广寒宫捣玄霜仙药的玉兔，等等，这些妖怪的法术，在它们的神仙主人面前不攻自破。神仙们相助取经队伍，多半是为了留下坐骑性命，唯恐孙悟空手下不留情。

三、妖怪法宝

《西游记》中妖怪们的法宝多样又神奇。按功能来分，有对抗型法宝，如朱紫国麒麟山金毛犼精赛太岁的紫金铃。紫金铃原是太上老君八卦炉中炼制的法宝，后来送给了观音菩萨，被坐骑金毛犼偷走。紫金铃由三个铃铛组成，第一个可以放毒，第二个能够喷毒砂，第三个可以喷出烈火。火攻加毒攻，孙悟空也奈何不得。有囚敌型法宝，如水火不侵、能套诸物的金刚琢，本是太上老君的宝物，被坐骑板角青牛偷走，并用它套取孙悟空的金箍棒、哪吒太子以及众天神天将的兵器法宝等；又如底儿朝天、口儿朝地，叫敌一声，应声入内，化为脓水的紫金葫芦等。还有防护型法宝，如广目天王的辟火罩，保所罩之物不会被烧。

很多法宝虽在凡间为妖精们使用，却是属于天上仙佛之物品。其中来自太上老君的法宝最多，炼丹的八卦炉、盛丹的葫芦、盛水的净瓶、炼魔的宝剑、扇火的芭蕉扇、炼丹时束腰的绳子、拴牛的金刚琢等分别成了各路妖怪的法宝。

来自佛家的法宝也不少，如前面提到的广目天王的辟火罩，还有弥勒佛祖的金铙，后者装人入铙，三昼夜内必化为脓血。同是弥勒佛祖之物的人种袋更为厉害，一个旧白布搭包儿，只需往天上一抛，就可把大大小小的人、物都装进去，并且一旦入内就骨软筋麻，皮肤起皱，直至耗死。替弥勒佛司磬的黄眉童儿趁他赴元始会之机，带着人种袋以及敲磬的槌儿和金铙下凡成妖，将唐僧、猪八戒、沙和尚、小白龙全部收走，最后才被弥勒佛收服。

法宝与法术一样，具有物随其主、相生相克的特性。收走悟空、哪吒、李天王、龙王、火德星君等人兵器的金刚琢，就连如来相送的十八粒金刚砂都无法抵抗，可见其功力之威猛，但老君手持芭蕉扇，它便失灵了。类似的法宝还有铁扇公主的芭蕉扇，此扇为混沌开辟以来的灵宝，是太阴之精叶，能灭火气，若扇着人，能飘八万四千里，悟空被铁扇公主扇到小须弥山，得到灵吉菩萨赠送的定风丹，与铁扇公主再战，便能在铁扇之下岿然不动，定风丹与芭蕉扇，也是“一物降一物”。

此外，《西游记》中妖怪的法宝大多为日常生活中的用品，如葫芦、净瓶、芭蕉、敲磬槌、金铙等，作者取材简易通俗，想象却别具一格，神幻幽默。那些私逃下凡的妖魔们的法宝常常就是它们于天宫工作、劳动时的日常工具，例如黄眉怪的狼牙棒，原是个敲磬的槌儿，玉兔精的短棍，原是广寒宫的捣药杵。

思考与探究

1. 你的家乡风物传说中有没有涉及妖怪的？请做评介。
2. 你觉得《西游记》中哪个妖怪最可爱？

第七讲

《水浒传》中的江湖文化

《水浒传》是英雄传奇小说的巅峰之作，其中所述英雄并非当朝政界将门的活跃力量，相反却是一众江湖绿林好汉。他们以宋江为首，被逼上梁山，悬旗聚义，从相抗到招安，从快意生活到奉诏征讨，风风火火，豪情热血。虽是兄弟离散，曲终悲凉，但那浩瀚八百里水泊却不曾泯灭好汉们曾经的至刚至强，是恩怨是情仇、是忠是义、是荣是辱，是非善恶，几相糅合，尽显江湖本色。本讲即以水浒江湖为中心，一方面，以江湖、江湖人、江湖情为视点，泛泛地荡漾出江湖社会的圈圈点点，英雄与游民的生存情态；另一方面，则以江湖之上的风习事物如投名状、结义、蒙汗药等为要点，细致地回望这个拼杀且义气赤裸的江湖，探触宋元社会民间风习镜像。

第一节　江湖、江湖人、江湖情

一般认为，《水浒传》成书于明代中叶，其中故事的发展演变迭经百年，它们多由“书会先生”、民间文士以及书坊主人等加工孕育，饱含着民间喧哗与江湖凛冽。小说内容庞杂，既有历史风云，又有世俗情仇；既有神魔法术，又有平凡现实，但归根结底则是以众底层好汉同聚义终离散为逻辑的江湖闯荡交响曲，众英雄多重合奏，风风火火，热烈不屈，以至曲终时，众星暗淡，苍茫叹尽，惹人悲凉。而这就是《水浒传》中的江湖，绘声绘色，起伏波荡。

一、江湖

江湖，最初是指江河湖海的自然景观，这一词汇在先秦时便已出现。庄子在其寓言文章中便写道："泉涸，鱼相与处于陆，相呴以湿，相濡以沫，不如相忘于江湖。"这里回归纵横四海的江湖，是以广阔自然寓意重获自由的潇洒。后来江湖一词多有引申，较多出现于文人士大夫口中。士大夫的江湖，一般是文人及官员在仕途受挫后，或是失望不甘，或是厌倦放弃，或是洒脱平畅，种种情绪心态，难以抚平，于是退至山林田野，鱼塘人家，修身养性，避世修身，抚慰内心不平。文人士大夫的江湖，实则是取江湖浩渺广博、清净荒僻之境，以衬进取入世时的世事繁乱、人情世故，宋代文人范仲淹在其名篇《岳阳楼记》中便写道："居庙堂之高则忧其民，处江湖之远则忧其君。是进亦忧，退亦忧。然则何时而乐耶？"可见，即使退归江湖，亦存有留恋，而这正是中国传统在野士人的独特状态。无业游民与赤胆武侠的江湖则是较为本色的江湖：刀枪棍棒、谋略诡计，好汉笑谈、侠骨柔情，酒楼村落间，恩义酿作酒，纵是风云起落，也肆意快活。《水浒传》便有如此江湖，不同的人、不同的职业、不同的行帮规训、不同的道义信仰，彼此结合，创造出一座成瓮吃酒、大块吃肉，替天行道、扶危济困的水泊梁山。而这聚义梁山，则是万千奔波江湖、寻讨生计的游民们的理想处所，芸芸流民，落脚处即为江湖一隅。

江湖的形成有广泛而久远的社会基础。古代社会强调宗法关系，古人的亲缘、地缘、职缘关系大多均以宗法为核心而连片成网。其中成员既受保护又受限制，而一旦因一定原因被驱逐或脱离网络，就只能流落成游民。为了谋生存，游民们走马扬鞭，翻山过河，在交流交往中彼此认同相似的命运、共同的价值与行事规则，无形间形成了活动的江湖场，显示着游民阶层特有的精神风貌与文化品格。当然也有游民自觉或不自觉地寻找伙伴，闯荡江湖，他们有的结义为兄弟，有的组合成会社，人多势众，以有形的团体争取着属于自己或不属于自己的利益，《水浒传》中梁山泊、二龙山、少华山、清风山的"草寇"等便是这种。

总体来说，游民的江湖社会大大不同于得到统治阶层认可的士农工商阶层的社会，其活动相对较为隐蔽，不太公开，是古代社会中极易被忽视的边缘力量。一般来说，他们大多从事着运输、经纪、娱乐、算命行医、看家护院等合法活动。当然江湖也定少不了非法活动，有杀人越货的劫匪、暴力非法的歹徒、蒙人的黑店以及盗人财物的小偷，等等。在《水浒传》中，各色江湖活动表现为郓城县勾栏里白秀英演唱诸宫调，渭州街头打虎将李忠耍把式卖膏药，落草少华山的头领朱武、陈达、杨春，开黑店的张清和孙二娘，浔阳江上“稳善买卖”的张横、李俊、童威、童猛以及小偷时迁等。他们不仅广布于京城闹市、市井民巷、茶楼酒肆，更活动于山村僻壤、道路湖海、三教九流中。

江湖社会亦独有一番规则，黑话便是一例。在《水浒传》中，江湖黑话暗语时有出现，其中“下拜”被称作“剪拂”，因“拜”字音同“败”，不甚吉利。黑话正是江湖中人隐蔽身份、内部沟通的常见手段。行走江湖，信息渠道的往来必不可缺，向晁盖传递押运生辰纲消息的刘唐、吴用，受到王伦排挤打压的禁军教头林冲，无论信息是否隐秘，总能为江湖人所知，这大概是基于混江湖的游民频繁流动、世事传播迅速的原因，但主要还是归功于外人无法理解，只有江湖人士才明白其中真意的黑话暗语。此外，江湖中更有相对一致的舆论评价认同标准，在吴用说服阮小二、阮小五、阮小七入伙劫取生辰纲时，三阮曾吐槽梁山泊抢人饭碗，不准打鱼。对此吴用接道：“你们三个敢上梁山泊捉这伙贼么?”阮小七道：“便捉的他们，那里去请赏？也吃江湖上好汉们笑话!”可见，纵使梁山泊霸道禁打鱼，一身武力绝技的三阮也不屑于将其告发，当然一是受限于自身实力，二是即使是“捕盗官司的人，那里敢下乡村来！若是那上司官员差他们缉捕人来，都吓得尿屎齐流，怎敢正眼儿看他!”，对无能官府的怨气无奈中，透出对梁山泊好汉纵是打家劫舍，但不怕天、不怕地、快活人生的羡慕。这种道德评价标准与主流社会的宣扬可谓大相径庭。

二、江湖人

江湖场既有原始生猛的热切劲儿，也有江湖道上游戏人生的行规。江湖人身在其中，进取对抗，一番帮派义气。作为江湖主体的游民，他们在混世中逐渐收敛性格，适应生存。但就实际来说，他们人散力弱，真正能成为江湖中坚力量的则往往是其他阶层的社会边缘人，有财有权或有智，一呼百应，风起云涌。

这里所谓的社会边缘人，在《水浒传》中基本有三种成因。首先，他们原来身处主流社会，后由于生活经历的不畅，流落江湖，林冲便是典型代表。林冲，东京禁军教头，因其妻被当今太尉高俅的螟蛉之子、混世魔王高衙内看中，被设计陷害，先是东岳庙调戏其妻，后竟淫心不改，利用林冲好友陆虞候特地设宴，以乘林冲饮酒之际对张氏施暴，幸亏侍女机灵，林冲才得以赶回营救。但事情就此一发不可收拾，高太尉环环设计林冲，先是提前命人将自己的宝刀卖与林冲，后以看刀名义要林冲入太尉府，知林冲不识路，让他踏入商议军机大事之地——白虎堂，触犯军规，真是“恰似皂雕追紫燕，浑如猛虎啖羊羔”。林冲入狱百口莫辩，幸得开封府尹周旋，被判误入白虎堂，刺配沧州。但高太尉并未放过林冲，差董超、薛霸二人在押解途中将其解决，幸有花和尚鲁智深一路相随，大闹野猪林才将二人制服。可林冲的悲惨命运仍尚未结束，原来那个背义的陆谦与牢城官营合计火烧林冲所在的草料场，被逼无奈的林冲终于在风雪夜血洗山神庙报仇雪恨，后经柴进推荐投奔梁山泊。纵有“天理昭昭不可诬，莫将奸恶作良图”的公正畅快，但亦有一份“最怜万死逃生地，真是瑰奇伟丈夫”的悲凉沧桑，真可谓是“逼上梁山”。

其次，《水浒传》中亦有一拨主流社会之人是被统治者政策推向社会边缘的，上层意志指向性地影响着不同社会阶层人物的发展，代表人物有宋江、花荣、秦明、黄信等。宋江，人称“及时雨”。面黑身矮，仗义疏财，有“孝义黑三郎”之美称。其职为郓城县押司，在晁盖生辰纲事发后，宋江及时通气，帮众人脱险。后刘唐携礼答谢，却被宋江之妾阎婆惜发现，宋江被要挟之下怒杀阎婆惜逃亡，后被缉拿，发配江州，与李逵、戴宗等人相识，终上得梁山水泊。虽有一系列事出缘由，但在宋江内心深处，那做官的渴求与其本身为“吏”的身份一直是其不忿之处，即使沦为黥面囚徒，亦畅想着光明再起，入仕为官。他多次因上梁山与否挣扎纠结，可见其内心对做官的执着。宋代的官与吏有绝对区别，官是国家机构的主体，吏是有文化的庶人，薪水微薄，地位贫贱，且宋代开始禁止吏参加科举考试，这对于心怀大志的宋江来说完全是断了奋斗前路。因此，生活在州县地方的吏胥与江湖结交是难免的事情，脚踩黑白两道，逐渐滑落至社会边缘，受主流社会眼光审视。

而花荣、秦明、黄信则是宋代重文轻武政策的直接受害者。花荣，人称“小李广”，箭法高超，百步穿杨，驻扎清风寨。听闻宋江杀了阎婆惜，便屡次寄书请宋江至清风寨暂住。宋江一到清风寨，便听人介绍：“清风寨衙门在镇市中间。南边有个小寨，是文官刘知寨住宅；北边那个小寨，正是武官花知寨住宅。”这文武相对、一正一副的设定，一开始便奠定了清风寨的权力格局。果然，花荣在听到宋江是看他的面才救了刘知寨恭人后，皱着眉大吐苦水道：“这清风寨还是青州紧要去处，若还是小弟独自在这里守把时，远近强人怎敢把青州搅得粉碎！近日除将这个穷酸饿醋来做个正知寨，这厮又是文官，又没本事，自从到任，把此乡间些少上户诈骗，乱行法度，无所不为。小弟是个武官副知寨，每每被这厮呕气，恨不得杀了这滥污贼禽兽！”而这积压的怒气，也终因刘高妻恩将仇报，于上元夜观灯唆使其夫抓捕宋江严刑拷打而彻底爆发，由此花荣亦向着水泊梁山靠近了一步。此事之后，“镇三山”黄信、“霹雳火”秦明均代表官府与花荣、宋江作战，不敌败退之后，秦统制被押上梁山。对此，燕顺道：“总管差矣。你既是引了青州五百兵马都没了，如何回得州去？慕容知府如何不见你罪责？不如权在荒山草寨住几时。本不堪歇马，权就此间落草，论秤分金银，整套穿衣服，不强似受那大头巾的气？”后面劝服黄信时也亦是。可见，当时重文轻武的政治趋向使得一众武官愤愤不平。而“假文墨”“大头巾”（高级文官）等称呼，更是体现了底层将官的不满心声，尤其是在他们受挫后，便更容易滑向苍茫江湖中去了。

除此之外，《水浒传》中亦有些才智人物相对自愿或被排挤至社会边缘，各怀目的，结交江湖人物闯荡江湖，晁盖、柴进等人便是。晁盖，东溪村保正，本乡富户，平生仗义疏财，广结天下好汉。因西溪村传说闹鬼，村人便凿刻青石宝塔于溪边，意图将鬼怪赶至东溪村，晁盖大怒，只身一人夺了青石宝塔放在东溪村，此事使晁盖名声大震，江湖得名“托塔天王”，颇受过路英雄敬重。后因其与刘唐、吴用、公孙胜、阮氏三雄合谋智取“不义之财，取之无碍”的生辰纲一事被查到后，官府通缉，不得已落草梁山泊。林冲火并王伦后，成为梁山泊的寨主。晁盖是一位爱弄枪使棒、不娶妻室的快意好汉，其一行人的抢劫活动虽有强烈的社会批判色彩，却也难掩他们“大家图个一世快活”的宗旨。柴进，后周皇族后裔，人称柴大官人，绰号“小旋风”，家有太祖皇帝御赐丹书铁券，结纳四方豪杰，仗义疏财，有“柴进千金，都是侠气”之评，被誉为当世孟尝君。其虽身属贵族一员，但善交江湖人士，这与当朝权贵之人志向大不相同，且因其有“亡国之后”的敏感身份，更是让他的江湖结交多了一份成为“话柄”的风险。柴进终因李逵打死殷天锡，被高廉拘捕打入死牢，最终为梁山好汉救出，入伙梁山。不过，除了以上种种，也还有一些沦为社会边缘人的特殊情况，那就是为梁山好汉设计，进退不得，落草江湖的情况，最为典型的便是卢俊义、朱仝。

当然，江湖好汉并不只有有才能的领导者，还因为有了身怀绝技的众弟兄，才有了万山果实皆共享，四海好汉赴盟约的梁山泊山寨。这一百零八将的身份职业各不同，却均有独门手艺。智谋法术方面，吴用与公孙胜为胜。吴用，道号“加亮先生”，梁山泊上的智慧军师。小说中一首《临江仙》这样评价他道：“万卷经书曾读过，平生机巧心灵。六韬三略究来精。胸中藏战将，腹内隐雄兵。谋略敢欺诸葛亮，陈平岂敌才能。略施小计鬼神惊。名称吴学究，人号智多星。”公孙胜，绰号“入云龙”，习得一身道术，呼风唤雨，驾雾腾云，石碣村之战、高唐斗法等都是他的光辉时刻。这二人一为乡村教师，一为江湖术士，沉沦于社会底层、奔走于城乡之间，是游民中的“知识分子”，为行军出谋划策，为团体凝聚力量，是组织中不可或缺的积极力量。各种技能方面，有能日行八百里的“神行太保”戴宗、“神医”安道全、“圣手书生”萧让、“浪里白条”张顺等。其中萧让擅书法，能摹写当时苏、黄、米、蔡四种字体。因此在宋江被黄文炳、蔡得章二人陷害关押处死时，梁山截获禀报蔡京的书信，吴用便献计伪造蔡京回信，支使将宋江押往东京，以便梁山人士中途夺下。萧让正是这书信的“伪造者”，虽最终留有瑕疵未成，但却差点蒙混过关。张顺，浑身像雪一样白，水下可伏七天七夜，熟悉水性，穿梭极快，曾凿沉高俅大战船并活捉高俅，一战威震天下。不过，江湖好汉中也有一些说不出口的技能，比如为盗贼的“鼓上蚤”时迁，盗卖马匹的“金毛犬”段景住等。时迁以偷盗为业，生活不济时甚至偷坟盗墓，但其轻功卓越，可飞檐走壁。在祝家庄时，时迁偷吃报晓公鸡被活捉，由此引出了梁山好汉“三打祝家庄”之事，虽有的好汉看不起这种低下手段，不过后来时迁也屡立大功，曾盗出徐宁家中宝甲，以诱徐宁上山等，其能力不容小觑。总之，这些人走上江湖原因多样，或者因个人危机，或者因生活变故，或者因犯了官司逃命，或者因折了本钱浪荡江湖，真是生存无奈，生活困苦，蓝天白日下，诸色江湖。

当然，泛泛江湖之中仍有无数小人物的身影，他们并非好汉，有无奈到酒店陪唱、被迫讨生活的金翠莲父女，有郓城勾栏里说唱诸般品调、色艺双绝的白秀英，有脸上搽墨、手持两把板斧打劫的假“李逵”李鬼，有冒宋江、鲁智深名号劫掠妇女的王江和董海，还有为西门庆设计勾引潘金莲、害死武大郎的茶馆王婆，东京城专在街上撒泼、行凶撞闹的市井无赖泼皮牛二，亦还有陪伴在高衙内、殷天锡身边“拿着弹弓、吹筒、粘竿”不务正业的闲汉们。他们混迹江湖，为求在现实社会中获取生存的机会与保障，或一味忍让，或艰苦求生，或见风使舵，或结伙营私，或钻营逐利，或强盗逻辑、无赖情性，种种情状，不仅陪衬着梁山好汉，也是社会场中有机构成的一部分。

三、江湖情

行走江湖，豪气与侠义多为英雄好汉称赞，也正是这种惺惺相惜的欣赏，使得水浒众兄弟豪杰壮士影叠叠，山寨如家胜似家。

《水浒传》中好汉们十分讲究义气。全书第一个出现的英雄史进，便是因朱武、杨春二人为救陈达施苦计的结拜义气感动，放了少华山强人陈达，即便得罪官府，也仗义行事，最终自己火烧庄园，背井离乡。晁盖、宋江、柴进三人更不用说，他们热心扶助，广施钱财，引得天下好汉追随，才有了智取生辰纲、江州劫法场、攻打高唐州的义气之举，这种仗义豪气的同道互助，体现的正是好汉之间知遇、知音的江湖义气。

除了义气，《水浒传》中绿林豪杰亦侠义万分。歌词“路见不平一声吼，该出手时就出手”便是鲁达的直接写照，不论是三拳打死镇关西救助金氏父女，还是教训小霸王周通，抑或是路经瓦罐寺与史进除掉生铁佛崔道成、道人丘小乙等作害之人，都毫不畏惧，坚持“杀人须见血，救人须救彻”的精神信条。这种鲁达式的扶助弱小、对抗黑暗的精神，成为《水浒传》中豪杰好汉的行为准则。不过这种侠义仍需经过慎思，才可更大程度造福于人，否则便会有李逵劫法场时，杀人放火，不问官兵、百姓，杀得尸横遍野、血流成渠的后果。虽说是仗义出手解救囚徒宋江，但却实有过分之处。不过议及李逵寿张县审案，也可发现他亦是朴实厚道，憨直却一身正气，可见好汉们性格也是较为多面的。当然，《水浒传》能广受欢迎，其中忠君报国的价值基准可谓是中国传统文化精神标尺的重要指标，是古人追求的理想风骨气象。宋江坐镇梁山，悬杏黄旗号召“替天行道”、改聚义厅为忠义堂、多次恳请招安之，以及招安事成之后四处征讨护卫大宋，更是为国效力的表现。由此也可见，传统儒家忠义文化在讲究义气、侠气的江湖人心中也确是相对难以舍弃的情结。

第二节 结义、落草、投名状

茫茫尘世，浩渺江湖，梁山好汉们走走闯闯，逢家世变幻或前途暗淡时退后，落草青山，混迹江湖。在那黄芦苦竹、碧水青山中，水浒英雄们干着江湖行当，举动之中饱含民间伦理与人情世态，结义、投名状、蒙汗药等民间事象便是其中典型代表，说来就有一些豪气，夹一些义气，杂一些匪气、流气、行帮气，彰显着江湖真味。

一、结义

结义礼俗作为江湖重义色彩的表现，在《水浒传》中得到了充分展现。小说中主要有两种结义：一是两好汉结为异姓兄弟，一是众好汉同拜为兄弟。就前者而言，可以武松为例。武松曾与宋江结义，时宋江避难柴进庄上，偶遇武松，二人相处甚欢，时常饮酒。后武松思乡甚切，欲返家探望兄长，宋江闻之不舍相送，竟送了一程又一程。武松感念记挂二人情义，临别之际提议与宋江结拜为兄弟。文中这样写道：“天色将晚，哥哥不弃武二时，就此受武二四拜，拜为义兄。”宋江大喜，武松纳头拜了四拜，宋江又取了些碎银子不容推却地递给武松，说是“你若推却，我便不认你做兄弟”。此后，武松经景阳冈打虎、为兄报仇大杀潘金莲、西门庆，发配过十字坡后抵达孟州。在孟州牢城营，武松受到小管营施恩的礼遇，又是美食，又是免除劳作，无功不受禄，武松享受了几日忍不住直问施恩其中缘故。原来施恩在快活林开有一酒肉店，但被身手强健的蒋门神蒋忠强占，无奈只能咽下怨气。他知武松是天下硬汉，便礼待武松以求复仇，虽其为罪犯却招待至家中，甚至有施父作陪，可见待遇之厚。施父在席中感慨道："非义士英雄，不能报仇雪恨。义士不弃愚男，满饮此杯，受愚男四拜，拜为长兄，以表恭敬之心。"武松感恩，施恩便纳头拜了四拜，两人结拜为兄弟。这里两处都写到"四拜"，是指跪下磕头。其实在宋代，普通民众中兄弟之间的大礼就是拜四拜。好汉结拜异姓兄弟，年幼者向年长者拜上四拜，这是确认"兄弟"关系的必要仪式。

除了武松，小说中还有很多这样双人结拜的情况，如鲁智深与林冲于东京菜园子相遇时便相识结义为兄弟。也正是这样的交情，鲁智深在林冲受难发配途中，不辞辛劳地一路相随护送，尽到了做哥哥的情分。此外还有宋江与晁盖的结义，在第十八回中宋江闻知晁盖事发，便着急骑马给其通气儿，使晁盖七人顺利逃脱。事后，晁盖向吴用等人介绍："他和我心腹相交，结义弟兄，……结义得这个兄弟，也不枉了。"这种生死不相忘的厚重情谊是结义兄弟的仗义表现。另外，这种结义兄弟一旦确立后，兄长对弟弟便有了支配的权力。年龄小的向年龄大的磕上四个头，便是等于承认了"义兄"的支配权。而这也正是宋江为人钦佩并最终被推举为首领的重要原因。

至于众好汉结为兄弟的情况，《水浒传》中也多有涉及。在《吴学究说三阮撞筹 公孙胜应七星聚义》一回中，吴用带三阮到晁天王庄上去商量劫取生辰纲之事，真是"只因不义金珠去，致使群雄聚义来"。大家相见恨晚，于是便决定结拜为兄弟：

> 次日天晓，去后堂前面，列了金钱纸马，摆了夜来煮的猪羊、烧纸。三阮见晁盖如此志诚，排列香花灯烛面前，个个说誓道："梁中书在北京害民，诈得钱物，却把去东京与蔡太师庆生辰，此一等正是不义之财。我等六人中，但有私意者，天诛地灭，神明鉴察。"六人都说誓了，烧化钱纸。[①]

这种结义形式相对较为正式，不仅有上供神灵的祭品，还有六人的起誓，既有一定仪式的庄严性，又有情义相结的诚心盟约，为劫取生辰纲过程中没有人告密或撤退提供保证。毕竟，打劫当朝命官的财

① 施耐庵、罗贯中：《水浒传（上）》，人民文学出版社 1997 年版，第 193 页。

物是一件掉脑袋的大事，此次结义含有鲜明的团体意味，是大家有福同享、有难同当的义气。同时，“入云龙”公孙胜的来访，也正好应了“金帛多藏祸有基，英雄聚会本无期。一时豪侠欺黄屋，七宿光芒动紫微”。为劫取生辰纲配备了一行壮心刚烈之人。

除了这种小团体聚义，梁山泊上不缺大型聚义，小说中大型聚义有六七次，现以一百零八员英雄聚集梁山泊盟誓排座次为例，细看结义仪式之隆重。时宋江一打东平，两打东昌，圆满归来，心中甚喜，为众兄弟按石碣排了座次，分调众头领领了兵符印信后便决定在忠义堂共起盟誓：

> 宋江拣了吉日良时，焚一炉香，鸣鼓聚众，都到堂上。宋江对众道：“今非昔比，我有片言。今日既是天罡地曜相会，必须对天盟誓，各无异心，死生相托，吉凶相救，患难相扶，一同保国安民。”众皆大喜。各人拈香已罢，一齐跪在堂上。宋江为首誓曰：“宋江鄙猥小吏，无学无能，荷天地之盖载，感日月之照临，聚弟兄于梁山，结英雄于水泊，共一百八人，上符天数，下合人心。自今已后，若是各人存心不仁，削绝大义，万望天地行诛，神人共戮，万世不得人身，亿载永沉末劫。但愿共存忠义之心，同著功勋于国，替天行道，保境安民。神天察鉴，报应昭彰。”誓毕，众皆同声共愿，但愿生生相会，世世相逢，永无断阻。当日歃血誓盟，尽醉方散。①

良辰吉日、焚香鸣鼓、首誓及众愿、歃血为盟的步骤显示了众英雄聚义梁山泊的坚定与忠心。誓词所言，表述了梁山众义士们虽来自八方，但不惧千里，朝夕相见，三教九流无问亲疏，各有偏长，上符天数，下合人心。大家期望众兄弟好汉能替天行道，保家护国，生死可同，肝胆相照，忠信永无差。众人在那壮气豪阔的气氛下缔结了信任，托付了深情。结义反映了民间江湖人士追求安全感与认同感的心态。

---

① 施耐庵、罗贯中：《水浒传（下）》，人民文学出版社 1997 年版，第 933 页。

二、落草

《红楼梦》第八回描写贾宝玉："颈上挂着长命锁，记名符，另外有那一块落草时衔下来的宝玉。"《三侠五义》第二回有这样的句子："曾记六年前产生一子，正在昏迷之时，不知怎么落草就死了。"很明显，这些地方所说的"落草"都是指婴儿出生。"落草"还可以指小殓。甘肃民间亲人死后要停尸在上房地上，亲属也要在地上守灵，因此在地上铺有一层厚麦草，故称小殓为"落草"。

《水浒传》中，好汉们将上山当强盗称为"落草"：第二回陈达为史进所擒，杨春、朱武向史进负荆请罪，朱武哭道："小人等三个，累被官司逼迫，不得已上山落草"；第二十八回武松首次发配孟州，张青劝武松道："若是都头肯去落草时，小人亲自送至二龙山宝珠寺与鲁智深相聚入伙，如何？"；第十二回回目即为"梁山泊林冲落草 汴京城杨志卖刀"。现代小说沈从文的《萧萧》中也有这样的用法："花狗不辞而行……走哪儿去？是上山落草，还是作薛仁贵投军？"

水浒好汉何以把上山为寇叫作"落草"呢？《宋稗类钞·忠义》篇记载：

> 苏叔党过，坡公季子也。翰墨文章，能世其家，士大夫以小坡目之。靖康中，得莅真定，赴官次河北，道遇绿林，胁使相从。叔党曰："若曹知世有苏内翰乎？吾即其子也。肯随尔辈求活草间耶？"通夕痛饮。翌日视之，卒矣。惜乎世不知其此节也。

苏东坡的三儿子苏过，翰墨文章，能继家学，人称"小坡"，上任途中遇绿林强盗胁迫，苏过不肯与贼"求活草间"，痛饮而死。《隋书·李密传》中，李密以"岂可求食草间，常为小盗而已？"劝隋末草莽领袖翟让图谋大举。"求活草间""求食草间"都是做强盗的委婉说法。

水浒好汉们落草就是逃入山野，草间求活。《水浒传》中绿林好汉们落草之处都是官兵不易到达的荒僻之地，除了大聚义的梁山，还有桃花山、二龙山、白虎山、少华山、清风山等。第五十八回的回目是"三山聚义打青州 众虎同心归水泊"，所说的三山即指桃花山、二龙山、白虎山，三山各有英雄好汉把守。

桃花山上最早的寨主是周通，周通下山劫道时遇到了打虎将李忠，抵挡不过，就留李忠做了桃花山的大头领，自己做二头领。二龙山寨主本为邓龙，杨志生辰纲被劫，投靠二龙山途中遇上鲁智深，得知邓龙不欢迎外客，曹正用计，鲁智深杀了邓龙，策反了邓龙手下兄弟，和杨志做了寨主。武松血溅鸳鸯楼后，在张青、孙二娘夫妇帮助下，也投奔二龙山，成为三位主要头领之一，后施恩、张青、孙二娘也因为武松来到二龙山入伙。孔明、孔亮是白虎山寨主，二人本为白虎山下孔太公的儿子，早年曾收留宋江，后因和本乡财主发生争执，杀了财主，带领手下占领白虎山，打家劫舍。宋江大破呼延灼的连环马后，呼延灼骑着御赐的踢雪乌骓独自逃命，不想马匹被桃花山小喽啰盗走。呼延灼去青州投慕容知府，借得青州兵马二千攻打桃花山。周通与李忠向二龙山求救，鲁智深、杨志、武松亲自引人支援，争斗不下时，慕容知府使人唤回呼延灼攻打白虎山，呼延灼活捉孔明，孔亮逃至二龙山，于是三山人马同去攻打青州。后孔亮又去梁山请得宋江大队人马。此后，桃花山、二龙山、白虎山共十一名头领加入梁山泊。

小说中呈现的梁山既有现实的基础，又有作者的虚构。梁山位于山东省西南部梁山县境内，由梁山、青龙山、凤凰山、龟山四主峰和虎头峰、雪山峰、郝山峰、小黄山等七支脉组成，占地面积 3.5 平方公里。唐宋时黄河多次溃决，形成港汊纵横、山水交错的八百里水泊，梁山成为湖中的孤山。《水浒传》的故事主要发生在这里，小说第十一回这样描述梁山水泊：“山东济州管下一个水乡，地名梁山泊，方圆八百馀里……山排巨浪，水接遥天……阻当官军，有无限断头港陌；遮拦盗贼，是许多绝径林峦。鹅卵石叠叠如山，苦竹枪森森如雨……断金亭上愁云起，聚义厅前杀气生。”

小说还写到少华山，少华山位于华州华阴县，山上有喽啰六七百人，神机军师朱武、跳涧虎陈达和白花蛇杨春三人在山上当寨主。陈达带领喽啰往史家庄借道，被史进活捉，朱武和杨春来到史家庄请罪，史进释放了陈达，还与朱武等人成了好友。后史进与朱武一起杀退官兵，一把火烧掉史家庄，前往少华山落草，朱武让史进做了少华山的大寨主，自己甘居次席。

好汉们落难时选择上山落草，也是无奈之举，宋江等主事后，“落草”改成“上山同聚大义”。从“落草”到“聚义”，格局便不一样了。

三、投名状

投名状是古代加入非法团体时表示忠心的保证书，投名状表达着对个人及组织的忠心，用于增强团体内聚力。在江湖中，但凡好汉落草成匪，便需递交投名状，此举相当于正常社会加入组织时履行一定手续，具结文状以示遵守规章的行为。投名状，即要去杀人或劫财，示其已变成“不干净之人”，基本失去反悔可能，而能摆脱投名状的方法，只有接受官府招安。

在《水浒传》中，林冲就有交投名状的憋屈经历。林冲风雪山神庙，怒杀陆谦等人后，其“悲风透骨寒”的遭遇让人悲叹，幸逢柴大官人收留，保其性命。但因官府沿乡历邑、道店村坊张贴其画像，排家搜捉，终是柴进庄园也不可多留，于是柴进便手书一封推荐信，送其至梁山泊，落草为寇，躲灾避难。当林冲带着柴进书信雪夜上梁山后，梁山寨主王伦却妒其才能不肯收留。王伦邀众领袖一起吃酒，叫小喽啰拿一个盘子，五十两白银、两匹纻劝林冲收下再投新处，表面说小寨屋宇不整，人力寡薄，恐耽误教头，实则驱逐。得亏朱贵、杜迁、宋万等人再三相劝，王伦才被迫说：“你若真心入伙时，把一个投名状来。”林冲便道：“小人颇识几字，乞纸笔来便写。”朱贵笑道：“教头，你错了。但凡好汉们入伙，须要纳投名状。是教你下山去杀得一个人，将头献纳，他便无疑心。这个便谓之投名状。”林冲明白后，王伦许其三日上交，堂堂教头，还需再证，真是一个愁闷，林冲直至第三天才劫取一担财帛，虽没杀人，也算交了一份差。交“投名状”虽原是规矩，不单为林冲而设，但是，林冲犯下大罪，沦为罪犯，且有梁山泊恩人柴进的亲笔书信，其实就不应再让林冲交“投名状”了，而王伦的坚持则表明其不讲江湖义气，度量实在太小。

此外，晁盖七人在劫生辰纲事发后，也想至梁山泊避难，吴用当时便表示大家可将所持金银送献些于山寨，就能算入了伙。此处金银便是他们的投名状。不过，此后林冲火并王伦，先后有晁盖、宋江做头领，那时的梁山泊入伙似乎不需要办理什么手续，尤其不再需要入伙者再提着人头当“投名状”了。这举动的背后，是晁盖、宋江的气度，是二人在江湖上的威望，是无须提防新入伙者的自信。

人说“老不读《三国》，少不读《水浒》”，是因为少年血气方刚，易于冲动，担心《水浒传》里好汉们的莽撞行事，江湖结义的风气会使年轻人效仿，形成不良习性，但是《水浒传》毕竟只是一本小说，不是教科书，我们只要正确理解，合理把握，是并无妨害的，而且书中所写这些民俗，也是我们了解传统文化的良好媒介。

思考与探究

1. 如何正确理解《水浒传》中的江湖文化？
2. 如何正确理解《水浒传》中的结义风气？

第八讲

《水浒传》中的好汉侠风

一曲《好汉歌》，惊回水浒梦。豺狼当道，奸邪丛生，水浒好汉路见不平，侠义出手，风火闯九州。他们于黄土地上寻乐土，梁山泊上同饮酒，一个个热血孤身上路，敢挡千百刀，国恨情愁在肚，不惧万里路。但奈何命运多舛，世事无常，聚散两分，众星陨落，无尽苍凉。不过局促的落幕抵不住步履的风光。水浒好汉一百零八，性情、气质、形体、声口各各相异，作者依托丰富的俗世经验，创作出的人物精彩细腻，直抵性灵。本讲将从武艺与饮食、诨号与文身四方面走进江湖，从好汉们的称呼外形，举手投足，人物的精神依止，再奏壮士们替天行道、正义长留的好汉侠风曲。

第一节　武艺与饮食

《水浒传》中好汉们响当当的江湖声名，主要与武艺高强有关。好汉们从各处闯荡江湖至梁山相聚，从与朝廷对抗到领命征讨，无论是江湖游民，还是将领英雄，留有很多武艺“名场面”，成为好汉们行走江湖的“名片”。同时，好汉闯荡江湖，怎么少得了美酒的加持？《水浒传》中，“酒”这一元素时常出现，不论男女老少、市民农夫，还是达官细民，不管是饮酒宴请，还是稀松平常之日，作者通过一巡、一旋，一碗、一桶，描绘出了“武松打虎”“武松醉打蒋门神”“浔阳楼上宋江吟反诗”“智取生辰纲”“鲁智深拳打镇关西”“鲁智深醉打山门”等一众华丽场面，多彩且丰富，背后反映的是宋元时期商业经济的繁荣与市民阶层的兴起，以及饮食业的发展。

一、武艺

《水浒传》中常使用“武艺”一词。“武艺”，《三国志·魏书·袁涣传》中载有“徽弟敏，有武艺而好水功，官至河堤谒者”。《辞源》中对其解释为“指骑、射、击、刺等军事技术”。小说中，王进便每天在庄上为史进“指导武艺”。宋江更是除了精通刀笔，还兼爱习枪棒，学得“武艺多般”。而且，小说中“武艺高强”“好武艺”等词也时常出现。有时“武艺”也称“本事”“手段”，《水浒传》第十一回王伦不愿接纳林冲入伙，寻思道：“我又没十分本事，杜迁、宋万武艺也只平常。如今不争添了这个人，他是京师禁军教头，必然好武艺。倘若被他识破我们手段，他须占强，我们如何迎敌。”这里“武艺”“本事”“手段”混用，均指武术功夫。论及《水浒传》中的武艺，可分为战阵上弓马功夫与江湖上拳脚器械功夫，前者一般是以马战为主的战斗模式，后者是以豪侠步战为主的短打类搏斗场面。

（一）战阵弓马功夫

战阵之上的功夫，在人物林冲、花荣身上可见一斑。林冲，诨号“豹子头”，东京八十万禁军枪棒教头，武器为“蛇矛”，擅长刺枪使棒，功夫突出。他作为梁山的主要战将，参与了祝家庄之战、高唐州之战、迎击呼延灼之战、曾头市之战、迎击关胜之战、凌州之战、东昌府之战等，战功赫赫。而且，在招安之后，更是追随宋江南征北战，征讨辽国、河北田虎、淮西王庆、江南方腊，屡立战功。就其武艺而言，在攻打情况复杂的祝家庄时，面对王英、欧鹏等人战一丈青扈三娘不得，秦明又中了祝龙、栾廷玉的计谋，梁山将领拥护着宋江只得且战且退，而扈三娘驾马驰骋，追至跟前的情况，林冲出现了，挺丈八矛迎敌。两人斗了不到十个回合，林冲诱敌，卖了个破绽，“林冲把蛇矛逼个住，两口刀逼斜了，赶拢去，轻舒猿臂，款扭狼腰，把一丈青只一拽，活挟过马来”。对此，文中有诗赞道：“丈八蛇矛紧挺，霜花骏马频嘶。满山都唤小张飞，豹子头林冲便是。”真不愧为梁山五虎上将。

此外，在古代战场上，远射本领不能忽视，具有重要地位，花荣便有“小李广”“神臂将军”等名，其“梁山射雁”的场景让人震撼。

时宋江与花荣奔赴梁山，途中遇吕方、郭盛比武，两柄画戟上豹尾绒绦纠结不开，花荣一箭射断绒绦，分开了画戟。晁盖听闻还略有些不信，后来众人共去山上游览，正值鸟飞过，花荣决定一展身手，便对众人言，要射中雁行内第三只雁的头。果然，“鹊画弓弯满月，雕翎箭迸飞星。挽手既强，离弦甚疾。雁排空如张皮鹄，人发矢似展胶竿。影落云中，声在草内。天汉雁行惊折断，英雄雁序喜相联。”果然射中第三只雁的雁头，此后满山无人不敬佩花荣。同样在攻打祝家庄时，面对被围得团团转转的梁山兵将，石秀提供了祝家庄以“烛灯为号”的作战信息，花荣便“拈弓搭箭，纵马向前，望着影中只一箭，不端不正，恰好把那碗红灯射将下来。四下里埋伏军兵，不见了那碗红灯，便都自乱撺起来”。另外，花荣对战秦明时，箭射秦明盔缨，此后还分别在攻打高唐州、大名府、曾头市时，射死了薛元辉、李成副将以及曾涂，担得起马军八骠骑兼先锋使之首。

（二）拳脚器械功夫

在以步战为主的场面中，江湖人物的功夫更为出彩，朴刀杆棒，拳脚功夫，使人眼前一亮。小说中朴刀是极为常见的兵器，为长柄刀，常与腰刀搭配，后者为短柄刀，一长一短，刀法凶悍泼辣，主要用于步战和单打独斗中。小说中林冲落草，拦路打劫青面兽杨志，两人“挺着朴刀便战”；赤发鬼刘唐怨恨雷横吊了自己一夜，平白骗了晁盖十两银子，便追来与雷横相斗，二人朴刀相持五十多回合不分胜败；还有卢俊义擒拿史文恭时，使用朴刀，一刀便搠在史文恭腿股上，将其刺下马来；行者武松也曾手使朴刀，几下便砍了蒋门神两个徒弟。书中宋江、杨雄、石秀、王英、许宁、穆弘、朱武、陈达、杨春、朱贵、朱福、李云、邓飞、孟康、汤隆等也都使用过朴刀。李逵探母，用朴刀砍杀老虎也是经典场面之一。时值李逵背母亲至山岭一青石上，为其至溪边打水，回来时却不见母亲身影。一路追踪下，发现有老虎正在吃人，李逵手中朴刀一挥，便砍了两个小虎，此后又用腰刀砍了母大虫，怎知又有一只吊睛白额虎跳了出来。李逵手拿朴刀，待大虫猛扑过来之时，手起一刀，正中大虫颔下，大虫死在了岩下。可见，朴刀在当时确是使用普遍。此外，携带朴刀也自有一层身份表示。一般来说，军官和公人可以公开佩刀行走，而对于其他人则属违禁之举。所以，若是好汉们携带朴刀，一般就暗示着他已落草或者是一个凶徒。

棒也是水浒好汉们频繁使用的兵器。据说，宋代的开国皇帝赵匡胤便擅长杆棒。对棒的掌握在江湖生存中很重要，流行有“诸艺宗于棍”的说法。明代程宗猷在《耕余剩技·少林棍法阐宗》中有“凡武备众器，非无妙用，但身手足法，多不能外乎棍”的说法。此中“棍”常在古代南方使用，北方常称“棒”。小说中，“玉麒麟”卢俊义武艺高强，棍棒天下无双，江湖人称“河北三绝”，临敌能扫退千军。第三十二回便写孔明找武松的麻烦，“手里拿着一条梢棒，背后十数个人跟着，都拿木杷白棍”；鲁智深拳打镇关西时，也是“提了一条齐眉短棒，奔出南门，一道烟走了”；还有武松返乡看望兄长，也只是“提了梢棒”，便走上路。由此可以看出，携带棒并不为官府所禁，而且还在江湖中受到广泛追捧。《水浒传》中出现的兵器还有团牌、流星锤、金钩套锁、挠钩、暗器等，各有功用，也是水浒武术文化中的绚丽一笔。

江湖好汉的拳脚功夫也是值得称奇的。“鲁提辖拳打镇关西”“武松醉打蒋门神”“燕青智扑擎天柱”等便是经典场面。在第三回中，热心好义的鲁提辖与史进、李忠喝酒，听到有人哭泣，原来是金氏父女，问了缘由，才知本府有一个屠户，自称“镇关西”的郑大官人，见金翠莲有些姿色，就强行娶了做妾，写了三千贯彩礼钱的文书，可这三千贯钱，一文都没有给，甚至不到两个月，金翠莲还被他老婆赶了出来。但镇关西还讨要那彩礼钱，于是金翠莲不得不到酒店卖唱。鲁达听后决定为二人撑腰，第二天，送走了金氏父女，鲁达来到郑屠店前，故意刁难他切肉，被激怒的郑屠右手拿刀，左手揪鲁达，鲁达按住他左手，向其小腹踢了一脚。他攥着拳头打了三次：头一次“正打在鼻子上，打得鲜血迸流，鼻子歪在半边，却便似开了个油酱铺，咸的、酸的、辣的，一发都滚出来”；第二次“提起拳头来就眼眶际眉梢只一拳，打得眼睖缝裂，乌珠迸出，也似开了个彩帛铺的，红的、黑的、绛的，都滚将出来”；第三次，“又只一拳，太阳上正着，却似做了一个全堂水陆的道场，磬儿、钹儿、铙儿一齐响”。就三拳，从鼻子、眼睛到太阳穴，打死了镇关西，真是拳头了得！作者从味觉、视觉、听觉给以铺排描画，场面令人难忘。行者武松亦是人中豪杰，在醉打蒋门神时真是别有风采：

说时迟，那时快，武松先把两个拳头去蒋门神脸上虚影一影，忽地转身便走。蒋门神大怒，抢将来，被武松一飞脚踢起，踢中蒋门神小腹上，双手按了，便蹲下去。武松一踅，踅将过来，那只右脚早踢起，直飞在蒋门神额角上，踢着正中，望后便倒。武松追入一步，踏住胸脯，提起这醋钵儿大小拳头，望蒋门神脸上便打。原来说过的打蒋门神扑手：先把拳头虚影一影，便转身，却先飞起左脚，踢中了，便转过身来，再飞起右脚。这一扑有名，唤作“玉环步，鸳鸯脚”。这是武松平生的真才实学，非同小可！打的蒋门神在地下叫饶。[①]

这般英武，不同凡响。作者借宋江之口评价武松：“胸脯横阔，有万夫难敌之威风；语话轩昂，吐千丈凌云之志气。心雄胆大，似撼天狮子下云端；骨健筋强，如摇地貔貅临座上。如同天上降魔主，真是人间太岁神。”

不过总体而言，相比于一些剑侠小说，《水浒传》中的武斗场面较为接近原始打斗状况，风格泼辣狠硬，生猛凶悍，涌动着一股活生生的热切劲儿，格外地有生命力。也正是在武术能量的加持下，豪侠好汉武松、鲁智深等，凭身上一股正气，刚正勇猛，满怀侠义又重情重义，终成为受人崇拜的英雄。

二、饮食

小说除了展现英雄们的出色武艺，还用很多篇幅描写好汉们饮酒吃肉的生活细节，这些细节既体现了江湖人物独特的个性，又于不经意处展现了宋元市民生活图景。水浒英雄们的生活理想便是“论秤分金银，异样穿绸锦。成瓮吃酒，大块吃肉”，他们武艺高强，饮食也非同一般，这主要体现在英雄们惊人的食量和令人不可思议的酒量上。

（一）大块吃肉

《水浒传》很少写到好汉吃饭的场景，而热衷于写他们吃肉。例如第四回写鲁智深吃肉饮酒的情节：

---

① 施耐庵、罗贯中：《水浒传（上）》，人民文学出版社 1997 年版，第 383 页。

> 智深问道："有甚肉，把一盘来吃。"庄家道："早来有些牛肉，都卖没了，只有些菜蔬在此。"智深猛闻见一阵肉香，走出空地上看时，只见墙边沙锅里煮着一只狗在那里。智深便道："你家见有狗肉，如何不卖与俺吃？"……那庄家连忙取半只熟狗肉，捣些蒜泥，将来放在智深面前。智深大喜，用手扯那狗肉，蘸着蒜泥吃，一连又吃了十来碗酒。[①]

临走，鲁智深还把剩下的狗腿揣在怀里带走。第五回又写鲁智深在刘太公庄上吃掉一盘牛肉、一只肥鹅。第二十三回武松在景阳冈下饮酒，店家先切了两斤熟牛肉，后又切了两斤熟牛肉，算下来一共吃了四斤牛肉。第十五回阮氏三兄弟请吴用到村里酒店饮酒，阮小七问店家："有甚么下口？"小二哥道："新宰得一头黄牛，花糕也相似好肥肉。"阮小二便要小二"大块切十斤来"。吴用是学究先生，吃了几块便不吃了，三兄弟便"狼餐虎食，吃了一回"。吴用回请阮氏兄弟时，买了二十斤生熟牛肉，一对大鸡。

《水浒传》写好汉大块吃肉场面的用意很明显——以人物的非凡食量突出人物的勇力与豪气。古代社会，考察一个人身体状况的一个很重要的指标就是是否能吃饭，辛弃疾在《永遇乐·京口北固亭怀古》里用"廉颇老矣，尚能饭否？"来表达自己报国无门的惆怅无奈，其实用的是《史记》里的一个典故：战国时，因屡受秦国入侵，赵王想起用老将军廉颇，于是派使者请老将军出山，廉颇为表明自己尚能为赵国出力，在接待使者时，"为之一饭斗米，肉十斤"，然而使者受了奸臣郭开的贿赂，说廉颇吃一顿饭的工夫就要多次上厕所，打消了赵王起用廉颇老将军的念头。"大块吃肉"一方面体现了好汉们的豪气，另一方面也暗示了好汉们处于社会底层，衣食无着的生活处境。

好汉们吃肉，第一爱吃的是牛肉。第三十八回，宋江在琵琶亭上请李逵等人：

> 宋江……便叫酒保来分付道："我这大哥，想是肚饥。你可去大块肉切二斤来与他吃，少刻一发算钱还你。"酒保道："小人这里只卖羊肉，却没牛肉。要肥羊尽有。"李逵听了，便把鱼汁劈脸

① 施耐庵、罗贯中：《水浒传（上）》，人民文学出版社 1997 年版，第 69 页。

泼将去，淋那酒保一身。戴宗喝道："你又做甚么？"李逵应道："叵耐这厮无礼，欺负我只吃牛肉，不卖羊肉与我吃！"[①]

中国人有吃什么补什么的观念，因为核桃的形状像人脑，人们就认为吃核桃补脑。牛以力大著称，第七回鲁智深使禅杖，众泼皮咋舌："两臂膊没水牛大小气力，怎使得动!"人们自然地认为吃牛肉必然力气大。宋人洪迈《夷坚志·支癸卷八》里记载过"东武赵恬季和之子十七总干，壮岁梦吞一牛，自是膂力过人百倍"，赵十七总干因梦中吞下一头牛就力气大增，更何况真的吃牛！好汉们爱吃牛肉正是这种观念的体现。当然，《水浒传》里描写好汉吃牛肉一方面表现出好汉们的尚武尚力，另一方面也是借此写出好汉们反社会的一面。在以农耕为主的古代中国，牛对于人们的衣食起着重要作用，因此不但不主张随意杀牛，屠牛还被视为违法，但水浒好汉们不仅吃牛肉，还屠牛。第十三回说插翅虎雷横"原是本县打铁匠人出身，后来开张碓坊，杀牛放赌"，第十九回说母大虫顾大嫂"开张酒店，家里又杀牛开赌"，杀牛放赌并列，都是违法的事情。

（二）大碗喝酒

酒与侠客似乎有不某种解之缘，李白的《侠客行》写道："三杯吐然诺，五岳倒为轻。眼花耳热后，意气素霓生。"三杯下肚，一诺千金，义气重五岳，酒后眼花耳热，意气勃发吞虹霓。在中国人的观念中，能豪饮的人都不平凡，要么勇猛，要么豪情，多半是个好汉。《史记》记载，郦食其自称"高阳酒徒"方得刘邦接见，颇能说明问题。《水浒传》中好汉们饮酒极为常见，他们有的是独自饮酒，有的是结伴饮酒，有的则是聚众饮酒，酒于他们，极为日常。他们饮酒也各有能耐，有的较为节制，多数嗜酒如命，豪饮不停。《水浒传》中众多饮酒场面的书写，典型地展现了江湖饮酒民俗。

《水浒传》饮酒的名目颇多：在渭州潘家酒楼，鲁智深欣赏史进，邀史进与其师父李忠一同吃酒，此为见面酒；在梁山水寨亭上，王伦设宴招待晁盖、吴用等七人，此为送客酒；在青州，秦明奉命出征，

① 施耐庵、罗贯中：《水浒传（上）》，人民文学出版社 1997 年版，第 500-501 页。

慕容知府出城与军把盏，此为壮行酒；在郓州，宋江三打祝家庄胜利后，分化三家联盟，下山迎接李应、杜兴，把酒言欢，此为接风酒；在江州城牢狱里，宋江、戴宗被判死刑，刑前有长休饭和永别酒，此为上路酒；在沧州柴进家，宋江结识武松，惺惺相惜，结为兄弟，此为金兰酒；在阳谷县景阳冈，武松打死吊睛白额虎，猎户们盛情招待武松，此为犒赏酒；在青州清风山，王英等好汉从黄信、刘高手里劫回了宋江、花荣，细心款待，此为压惊酒；在青州府清风寨，黄信奉命缉拿花荣，暗自与人约定摔酒为号，拿倒花荣，此为信号酒；在梁山忠义堂，天罡地煞，重阳相会，觥筹交错，此为聚义酒；还有赢童贯，败高俅，大臣奉旨宣诏，赏赐黄封御酒，此为招安酒。除此之外，《水浒传》中还有多种饮酒场面，如利用酒宴设下埋伏，或藏毒药于酒中，致所饮之人或麻醉或中毒以达目的；或是成为人们的公关手段，借酒成事，沟通往来。当然也有好酒贪杯以致误事的马虎行径，或是酒色之下的风流艳事等，不一而足，各具特色。

水浒英雄们饮酒的地点各不一样，有档次较高东京樊楼、浔阳酒楼以及潘家酒楼，也有一般的村野小店。第七回提到的东京樊楼又名丰乐楼，是当时最负盛名的高级酒店，规模大，装饰华丽，酒肴丰盛，非一般绿林好汉能进入，林冲未遭陷害前曾和陆谦到此饮酒。宋江发配江州，闷闷不乐，从浔阳酒楼前面经过，小说借宋江的眼睛，细致地描述了浔阳酒楼，仰面看时："旁边竖着一根望竿，悬挂着一个青布酒旆子，上写道'浔阳江正库'，雕檐外一面牌额，上有苏东坡大书'浔阳楼'三字"，酒店门边朱红华表柱上，还写着"世间无比酒，天下有名楼"字样，可见非同一般。第三回鲁智深请史进、李忠饮酒的潘家酒楼也是一座高级酒楼，里面有类似今天"包厢"的小阁子，客人可以从容饮酒，私密交谈。好汉们更多的在是各种村野小酒店饮酒，这种村野小店的情形，小说在鲁智深大闹五台山那一回中有具体描述："傍村酒肆已多年，斜插桑麻古道边。白板凳铺宾客坐，矮篱笆用棘荆编。破瓮榨成黄米酒，柴门挑出布青帘。更有一般堪笑处，牛屎泥墙画酒仙。"和高档酒楼比起来确实寒碜，倒也实在，鲁智深就是在这样的小店里一连"吃了十来碗"，就着狗肉"一连又吃了十来碗"，吃完二十多碗叫庄家"再打一桶来"，最后这一桶也吃下去了，才有了大闹五台山之举。

《水浒传》涉及的酒类品种也不少。《水浒传》中武松一腔英气于景阳冈打虎，喝的是“透瓶香”。时武松告别宋江，到达阳谷县，见一酒店挂有招旗，上面写着“三碗不过冈”。店家为武松筛了三碗酒，配着熟牛肉。三碗后，武松叫着要继续倒酒，酒家解释说，他家的酒为村酒，比老酒更有滋味，常人最多喝三碗，因此此酒叫“透瓶香”，也叫“出门倒”。武松喝了赞道：“这酒好生有气力!”“好酒!”武松不听酒家言，一连吆喝，最终一共喝了十八碗，手提梢棒，徒手打死一只吊睛白额大虎。小说中还提到一种“头脑酒”：第五十一回，闲汉李小二得知新来了个卖艺的女伎白秀英，到了勾栏里，他就“撇了雷横，自出外面赶碗头脑去了”。关于“头脑酒”，清代褚人获《坚瓠集·乙集卷三》有“头脑酒”词条，并对这种酒有详细的介绍，应该是一种在酒里放上肉和其他作料的酒，适宜冬日进补。第三十八回宋江请戴宗、李逵饮酒，喝的是“玉壶春酒”，书中说“此是江州有名的上色好酒”。第三十九回宋江在浔阳酒楼伤怀畅饮，喝的是“一樽蓝桥风月美酒”，这一风雅别致的酒名列名南宋周密《武林旧事》卷六“诸色酒名”中，此酒产于吴府，为吴府名酒。

《水浒传》中好汉饮酒，多以“碗”计。英雄们总是“大碗喝酒”，李逵初见宋江，便一再声明：“不奈烦小盏吃，换个大碗来筛”，“酒把大碗来筛，不奈烦小盏价吃”，而且一喝很多碗，武松在景阳冈喝下十八碗，鲁智深在五台山喝下二十多碗外加一桶，这样的酒量让人不可思议。其实，蒸馏酒法在宋代还没出现，好汉们所饮之酒多是以谷物为原料加酒曲酿成的，现在仍有这种土法酿造的酒，北方称为醪糟，南方叫作米酒、黄酒、甜酒等，其中的酒精含量都比较低，所以《水浒传》中的英雄们都能喝个十碗八碗、甚至十数碗都不会醉。

第二节　诨号与花绣

绿林豪杰行走江湖，诨号震四方，花绣显魄力，声名与妆饰，凸显着英雄的个性，彰显着民间的活力，留下了美谈，点染着趣味。

一、诨号

鲁迅曾在其文《五论“文人相轻”——明术》中谈到：“创作难，就是给人起一个称号或诨名也不易。假如有谁能起颠扑不破的诨名的罢，那么他……倘若创作，一定也是深刻博大的作者。”[①] 《水浒传》的作者便如是，小说中一百零八人各有诨号，特征鲜明，简练精辟，听来便使人物立体感十足。且诨号不同于姓名，戏谑、幽默、讽刺等评价色彩自然地蕴含其中，其本身便是一个沉浸着种种经历的溶洞，闪烁着众人的过往“高光”。《水浒传》中人物诨号是作者结合历代民间传说、话本故事等创造而来的，颇具特色。作为一种姓名文化，诨号承载着的英雄文化以及江湖文化既传达着作者的文化审美，也反映了一定时期社会心理与道德趋向。

在中国，姓名文化早已成为一种内涵丰富的文化现象。不过就其现实功用来说，姓名其实是供人们在社会交往中彼此区别的符号，诨号亦如是。在古代，人们的姓名一般由姓、名、字、号组成。姓是家族的象征，名是出生时父母长辈的命名，字是初入学或进入社会时起的学名，而号则是古人自己表达兴趣爱好，不受家族、礼法和行辈限制的称谓，可以说古人的“号”凝聚着他们的才情与真性情。“号”原本是氏族的标记之一，后来内涵不断扩延，得到了丰富发展。为大众所熟知的便有国家的国号、帝王大臣的谥号以及各式封号、庙号等，而个人亦有自号和他号。所谓自号，即自己取给自己的名字，他号，即他人取给自己的名字。他号分为两种类型：一种是雅号，亦称美号；一种是俗号，也称诨号、绰号、外号。其类型之别全在措辞文雅与否。《水浒传》中人物的诨号便属他号，用语较为俗野，是作者基于人物外貌、性格、特长、嗜好、生理特征、特殊经历等特点而命名的一种称谓符号。具体而言，《水浒传》中的人物诨号数量众多，可分为以下五类。

---

① 鲁迅：《五论“文人相轻”——明术》，《鲁迅全集》第六卷，人民文学出版社 1981 年版，第 383 页。

（一）用物体名称取的诨号

以物体名称取的诨号涉及兵器、乐器、天文物体三种。《水浒传》中有些诨号来自人物擅用的兵器，例如徐宁善使钩镰枪，被称“金枪手”；关胜善使青龙偃月刀，被称“大刀”关胜；张清飞石打人百发百中，得名“没羽箭”；呼延灼挥舞铜鞭，英勇凶猛，得名“双鞭”呼延灼；董平善使双枪，技艺高超，得名“双枪将”。这些诨号借人物武艺之长标定其杰出之处，饱含赞美之意。也有以乐器名作诨号的，如“铁笛仙”马麟、“铁叫子”乐和等，二人音乐才艺出色，为人称赞。此外，也有借天文气象而作的诨号，如“毛头星”孔明、“独火星”孔亮、“及时雨”宋江等。

（二）用动物名取的诨号

小说中有些诨号是取动物之象来形容人物，借以为名的，例如“入云龙”公孙胜、“混江龙”李俊、“出林龙”邹渊、“九纹龙”史进、“太湖蛟”卜青、“锦毛虎”燕顺、“矮脚虎”王英、“跳涧虎”陈达、“插翅虎”雷横、“玉麒麟”卢俊义、“豹子头”林冲、“金钱豹子”汤隆、“锦豹子”杨林、“通臂猿”侯健、“瘦脸熊”狄成、“旱地忽律”（鳄鱼）朱贵、“扑天雕”李应、“白花蛇”杨春、“两头蛇”解珍、“九尾龟”陶宗旺、“金毛犬”段景住、“白日鼠”白胜、“双尾蝎”解宝、“鼓上蚤”时迁，等等。其中不仅有大型动物龙、虎、豹、熊等，还有天上的鸟、地上的蛇、水里的龟以及古代生活中常见的犬、鼠、蝎子和跳蚤等。动物多样，特征多变，龙之腾跃、虎之威猛、豹之沉稳，不一而足，取其特点为人物命名，人物个性得到了生动的展现。

（三）用历史人物、神魔人物名字取的诨号

小说中也有一部分是借历史人物、神魔人物的名字而作的诨号。比如“小李广”花荣、“病尉迟”孙立、“小尉迟”孙新、“小霸王”周通、“病关索”杨雄、“小温侯”吕方、“赛仁贵”郭盛、“托塔天王”晁盖、“立地太岁”阮小二、“活阎罗”阮小七、“李天王”李成、“八臂哪吒”项充、“母夜叉”孙二娘，等等。花荣诨号取自西汉名将李

广，杨雄诨号取自蜀国将领关羽之子关索，孙立和孙新诨号取自唐初名将尉迟恭，周通诨号取自秦末霸王项羽，吕方诨号取自汉末“飞将”温侯吕布，郭盛诨号取自唐初名将薛仁贵，英雄霸主，种种不一，一众仙佛也是诨号创造的“加工原料”。这种做法表达出作者对历史英雄及仙佛的崇拜，进而也是对梁山好汉的肯定。

（四）根据身份、职业取的诨号

小说中以人物身份、职业技能而作的诨号也有很多，此类诨号有鼠肚鸡肠的“白衣秀士”王伦、足智多谋的“智多星”吴用、大德佛性之人“花和尚”鲁智深、棍棒艺人“打虎将”李忠、经营十字坡黑店的“菜园子”张青、日行百里的奇人“神行太保”戴宗、医术高明的“神医”安道全、精通书算的“神算子”蒋敬、能写诸家字体的“圣手书生”萧让、写得石碑文剔得好玉石的“玉臂匠”金大坚，以及行刑手段高超，是两院押狱兼行刑刽子手的“铁臂膊”蔡福，还有“杀得好牲口，挑筋剐骨，开剥推剥”的“操刀鬼”屠户曹正，等等。好汉们各个技能卓越，特色鲜明。

（五）根据外形、性格特征取的诨号

小说中还有不少诨号是借助人物的外在相貌与性格特征而作的。例如“美髯公”朱仝、“紫髯伯”皇甫端、“赤发鬼”刘唐、“白面郎君”郑天寿、“鬼脸儿”杜兴、“一枝花”蔡庆、“一丈青”扈三娘、“霹雳火”秦明、“小旋风”柴进、“急先锋”索超、“黑旋风”李逵、“拼命三郎”石秀，等等。正如金圣叹所评价：“三十六个人，便有三十六样出身，三十六样面孔，三十六样性格。”

与《三国演义》人物出场时称谓以家族世系、祖籍郡望或姓名表字在前，处于突出地位的处理方式不同，《水浒传》中的人物大部分诨号与姓名并置，成了人物最为亮眼的符号。比如，在八十万禁军教头王进和史进的比拼后，史太公欣喜地说道：“师父如此高强，必是个教头，小儿有眼不识泰山。”进而又说道：“……老汉只得随他性子，不知使了多少钱财，投师父教他。又请高手匠人，与他刺了这身花绣，肩臂胸膛总有九条龙，满县人口顺，都叫他做九纹龙史进。”还有吴用在与晁盖商量生辰纲事宜中，推荐了三阮：“这三个人是弟兄三个，在

济州梁山泊边石碣村住，日常只打渔为生，亦曾在泊子里做私商勾当。本身姓阮，弟兄三人：一个唤做立地太岁阮小二，一个唤做短命二郎阮小五，一个唤做活阎罗阮小七。”可见，来历、身份及诨号已成为行走江湖人士的社会定位标配。不同于主流文化视野中的表字雅号的书写方式，诨号的流行远甚姓名，成为江湖文化的典型代表。而这种社会情状的出现，突出反映了宋元时期以来人的主体意识的新一次觉醒，是宋元以来市民文学关注普通人的抱负、尊严和人格魅力的新成就。

二、花绣

《水浒传》中的英雄好汉多有花绣，花绣又称“刺青”“雕青”“锦体”等，也就是现在所说的文身，是在身体上纹刺花纹图案的一种习俗，其产生与原始图腾崇拜有关。在古代，越民族有“断发文身”的习俗，后来渐渐成为人们身体的一种妆饰。

马可·波罗《马可波罗行纪·金齿州下》中记载了花绣之法：“男子刺黑线于臂腿下。刺之法，结五针为一束，刺肉出血，然后用一种黑色颜料擦其上，既擦，永不磨灭。”在将要纹饰的部位上先绘画作图，然后用竹刺作针，拍刺勾画，使颜料制成的纹水渗入皮肤，将刺纹保留，并最终成形。在《水浒传》里，作者将花绣文身作为烘托人物形象的艺术手段，使好汉们通过文身更加具有个性色彩。

（一）燕青的花绣锦体

在《水浒传》中，燕青、史进、鲁智深、杨雄、阮小五、解宝、龚旺等人刺有文身，所刺的花纹、部位各有不同，描述或详或略，但却自有风格。其中，最为典型且出彩的便是燕青与史进。

燕青，诨号浪子，是北京富户卢俊义的心腹家仆，后随卢俊义上了梁山。燕青有过人之才，智足以辨奸料敌，勇足以冲锋陷阵，善用弩箭，精通相扑，吹弹唱舞，无有不精。不过，更为吸睛的则是他遍体的文身，似玉亭柱上铺着软翠，这使他的俊俏与风流又多一分。小说中写道：“若赛锦体，由你是谁，都输与他。”不过燕青的文身究竟如何呢？这在第七十四回中燕青智扑擎天柱任原中得到明确展现。时有一个扑手任原，口出狂言，放话众人：“相扑世间无对手，争跤天下我为魁。”燕青闻之，说与宋江，自去献台。在比赛开始时，燕青脱了草鞋，将布衫脱了下来，见此，“庙里的看官，如搅海翻江相似，迭头价喝采，众人惊呆了”。而这定是燕青花绣的“震动效果”，同时这也使对手任原心里多了几分胆怯。对于燕青的花绣，作者曾作有古诗写道：“中有一人名燕青，花绣遍身光闪烁。凤凰踏碎玉玲珑，孔雀斜穿花错落。一团俊俏真堪夸，万种风流谁可学。锦体社内夺头筹，东岳庙中相赛博。”果然，这一身花绣的燕青体格虽弱于任原，但他心灵机巧，胆智双绝，终在擂台上以“鹁鸽旋”之技扑倒了任原。

燕青的文身更是吸引了宋徽宗的宠妓李师师。时宋江急于招安事宜，燕青、戴宗等人赴东京推进此事。燕青在与李师师交谈饮酒后，李师师笑道：“闻知哥哥好身文绣，愿求一观如何？”燕青推脱几次不得，只得脱下衣衫，李师师看后，十分欢喜，尖尖玉手摸着他身上。燕青恐怕她动手动脚，难以回避，便心生一计，以姐弟结拜，以求日后为招安之事能多行方便。由此观之，燕青确是有凌云之气，资禀聪明，就像其对戴宗所发的誓言：“大丈夫处世，若为酒色而忘其本，此与禽兽何异？燕青但有此心，死于万剑之下！”真是一天然磊落、多见广识的绝世浪子。

（二）“九纹龙”史进

作为小说开篇的水浒英雄，史进是华州华阴县人，自小不务农业，痴迷枪棒武艺、江湖义气。史父老来得子，万般怜爱，为其延请名师，其花绣刺青便是借八十万禁军教头王进之眼来描写的。“只见空地上一个后生，脱膊着，刺着一身青龙，银盘也似一个面皮，约有十八九岁，拿条棒在那里使。”小小年纪，肩臂胸膛纹有九龙，个性不羁，英武之力喷发。江湖人因其声名对史进保有一份赏识。在少华山强盗攻打史家庄之际，强盗头目杨春便认为，“那个九纹龙史进是个大虫，不可去撩拨他”。朱武也认为史进“十分英雄”，有真本事。唯独草莽陈达不以为然，最终却是被史进生擒活捉。可见，“九纹龙”可不是少年意气。此后，上了梁山的史进任马军八虎骑兼先锋使，作战豪武，英勇无比，宣称“手提三尺龙泉剑，不斩奸佞誓不休”，最终阵亡于征讨方腊的战争中，自在飒爽地走过了“体挂连环铁铠，战袍风飐猩红。雕青镌玉更玲珑”的风光一生。此外，为显示史进斗争不屈的气象，小说回目多次嵌进了其诨号“九纹龙”，如第二回的“九纹龙大闹史家村”、第六回的“九纹龙剪径赤松林”、第六十九回的“东平府误陷九纹龙”。“大闹”“误陷”等词的点题，将“九纹龙”的豪爽侠义与鲁莽之气尽显，纹龙之下，年轻无畏，生猛英气。

（三）“花和尚”鲁智深

相对于众好汉，小说中花和尚鲁智深的刺青花绣描述得极为简练，几处描写，或是正面或是侧面，但均不知其具体“花”样。第四回鲁智深大闹五台山后，下山于亭中歇息。“下得亭子，松树根边又坐了半歇，酒越涌上来。智深把皂直裰褪膊下来，把两只袖子缠在腰里，露出脊背上花绣来。”此处只是点明了所在部位。而第十七回中，借青面兽杨志之眼，读者可以看到一个“脱的赤条条的，背上刺着花绣，坐在松树根头乘凉”的胖大和尚鲁智深，赤条条与满背的花绣两相对比，足够耀眼。同样，鲁智深身上的花绣也是多次被镶嵌在回目中，如第五回的“花和尚大闹桃花村”、第七回的“花和尚倒拔垂杨柳”、第十七回的“花和尚单打二龙山”。不过，“花和尚”除了文身之“花”意，作者借其“花”还诠释着鲁智深性格上的放荡不羁、率性洒脱。虽有不遵守佛教戒律处，欺佛祖，喝观音，扛鼎杀人，但他也捍守正气，路见不平一声吼。虽是“花和尚”，不看经卷，乱吃酒肉，但最终却能坐化成佛，被明代文学家李卓吾评为“仁人，智人，勇人，圣人，神人，菩萨，罗汉，佛”，可谓“花亦不花”的空性觉悟之人。

浪子燕青、青年史进、和尚鲁智深的花绣凸显着他们的英勇、俊美与不羁，但刺青花绣于江湖亦不止这些人，风格亦不止这几种。身为穷苦渔民的阮小五也有着自己的生活情趣，他“斜戴着一顶破头巾，鬓边插朵石榴花，披着一领旧布衫，露出胸前刺着的青郁郁一个豹子来”。这个一边用耳边石榴花美化自己，一边又选用豹子作为纹饰的阮小五，真是豪爽中不缺可爱。而猎户“双尾蝎”解宝亦如是，“两腿上刺着两个飞天夜叉”，看起来便格外凶猛骁勇，其纹饰集中表达着美、力、勇，极富生命活力。

武艺与饮食，诨号与花绣在《水浒传》中体现了英雄好汉们的侠义之风，这些内容的书写丰富了文学的表现内容，也向我们提供了解传统民俗的载体。

思考与探究

1. 了解现实中的诨号文化。
2. 了解中国饮食文化、武术文化。

第九讲

“三言二拍”中的市商民情

“三言二拍”是明代白话短篇小说集“三言”与“二拍”的合称。“三言”由冯梦龙编纂，包括《喻世明言》《警世通言》《醒世恒言》三部小说集，共120篇。“二拍”由凌蒙初编著，包括《初刻拍案惊奇》《二刻拍案惊奇》两部小说集，共80篇。“三言二拍”创作于明代晚期，以描写日益活跃的市民生活为主要内容，题材广泛，人物众多，内容通俗。小说落笔浮世民情，从官场政治、世商巨擘、市井小贩到僧道游侠、瓦舍勾栏，现实却不失超拔，通俗亦不掩趣味。小说对尘世民俗的叙写颇多，现仅以小说中尤为突出的商业民俗为例，走进城市经济发展、市场热闹繁荣的晚明社会。

第一节 行商、坐商、中间商

唐代诗人吴融作有《商人》一诗：

百尺竿头五两斜，此生何处不为家。
北抛衡岳南过雁，朝发襄阳暮看花。
蹭蹬也应无陆地，团圆应觉有天涯。
随风逐浪年年别，却笑如期八月槎。

相隔的空间、等待的时间、不懈的追逐与闯荡的艰苦，成了商人群体的生活主旋律，往来交易间，织就了古代中国的欣欣向荣。古人经商的形式多样，有艰苦跋涉的行商，有固定经营的坐商，也有专做买卖中间人的中间商。下面结合“三言二拍”的相关篇目，对这三种经商形式做一些粗浅的探讨。

一、行商

行商，是从“市”的交易发展起来的一种游动性交易方式。行商分为两类。一类是资本雄厚，进行长途贩运的大宗交易商队，如古代奔走于“丝绸之路”的驼商、活跃于云贵高原的马帮商队，以及往来于内地、边疆的大型贩运商队等。所贩商品以布帛、丝绸、茶叶、手工艺制品等为主。另一类是小本经营，多见于日常生活的货郎小贩，他们上山下乡，肩挑背扛，以贩卖工业品、手工业品以及刀剪、火柴等日常用品为主，赚取薄利。而在城市里走街串巷的小商贩们，则挑担推车，挎篮背筐，常以农产品、土特产以及竹藤编织物等日常用具贩卖为主，给人们生活提供便利。在“三言二拍”中，所涉行商众多，经营多样，现择选典型篇目罗列如下表（表9-1）。

表9-1　“三言二拍”中行商概览

篇目	经商人物	生活年代（人物）	行业	商业地点	籍贯
《蒋兴哥重会珍珠衫》（喻世明言，以下简称“喻”，第一卷）	陈商		贩籴米豆	襄阳府	徽州新安县
	薛婆		卖珠子	襄阳府枣阳县大市街东巷	
《杨八老越国奇逢》（喻，第十八卷）	杨八老	元代至大年间	买办货物	漳州、越国	西安府
《李秀卿义结黄贞女》（喻，第二十八卷）	黄善聪	明代弘治年间	贩线香等	庐州府	应天府上元县

续表

篇目	经商人物	生活年代（人物）	行业	商业地点	籍贯
《乔彦杰一妾破家》（警世通言，以下简称“警”，第三十三卷）	乔俊	宋代明道元年	长安崇德收丝，往东京贩卖，并贩枣子、胡桃、杂货回家卖	长安、东京、临安	浙江路
《张廷秀逃生救父》（醒世恒言，以下简称“醒”，第二十卷）	褚卫		贩布	江南地区	河南府
《转运汉遇巧洞庭红 波斯胡指破鼍龙壳》（初刻拍案惊奇，以下简称“初刻”，卷一）	文若虚、张大等四十余人	明代成化年间	走海贩货	海外吉零国	苏州府长洲县
	玛宝哈		换海货	福建港口城市	波斯
《刘东山夸技顺城门 十八兄奇踪村酒肆》（初刻，卷三）	刘东山	明代嘉靖年间	贩驴马	京师	北直隶河间府交河县
《程元玉店肆代偿钱 十一娘云冈纵谭侠》（初刻，卷四）	程元玉	明代成化年间	行商	川、陕地区	徽州

续表

篇目	经商人物	生活年代（人物）	行业	商业地点	籍贯
《赠芝麻识破假形 撷草药巧谐真偶》（二刻拍案惊奇，以下简称“二刻”，卷二十九）	蒋驸马、夏良策	明代天顺年间	客商	湖广、江西、汉口马月溪	浙江
《叠居奇程客得助 三救厄海神显灵》（二刻，卷三十七）	程宰	明代嘉靖年间	贩卖人参	辽东地区	徽州

以上“三言二拍”所列行商，有从事海上贸易的文若虚，有走街串巷卖珠子的薛婆；有“三五万贯”的大资本商人乔俊，有“凑些资本”的杨八老；有果敢孝义的商业女性黄善聪，有弃文从商的蒋驸马。他们既贩布贩驴马，又贩米豆、杂货用品，来往跋涉间，传播信息，贯通商路，交流互通，活跃经济。总体来看，较之拥有大资本的商人，“三言二拍”中所写市井商贩更多，其所经营品类不一，尤以江南地区为盛。以“二拍”为例，小说提及的江南城市主要有南京、苏州、徽州、扬州和湖州等。其中，“徽商”这一区域性商业团体，也正是从晚明起逐渐壮大，留下的商旅印记遍布中国。

对于货郎小贩来说，“市声”是其传递信息、招徕生意的有效途径。市声也称“货声”，分“叫卖声”和“敲击声”两种，相当于民间的一种流动的广告形式，叫卖声的内容带有极大的宣传性、诱惑性，形式上多有节奏感、音乐感。比如：“挂拉枣儿，酥又脆，大把抓的呱呱丢儿！”敲击声，又称“代声”，是指敲击器物发出声音，代替叫卖声，形成特殊标记，如敲拨浪鼓、摇铃、打竹板、敲锣等。《任孝子烈性为神》（喻，第三十八卷）一文便提及，受妻子梁氏一家蒙骗的任珪气愤万分，于丈人家门外等待下手，隔十数家，黑地里立在屋檐下，任珪思量道：“好却好了，怎地得他门开？”踌躇不决。只见卖烧饼的王公，挑着烧饼担儿，手里敲着小小竹筒过来。忽然丈人家门开，走出婢女，叫住王公，拿钱买烧饼。可见，对于熟悉这些敲击声的居民，听到便知道是什么货物。

对于长途奔波的行商来说，交通运输很重要，手段也多有不同。在“三言二拍”中，涉及的交通工具以车马、船只为主。通常北方行商多用车马，如《程元玉店肆代偿钱 十一娘云冈纵谭侠》（初刻，卷四）中程元玉在川、陕间骑马经商，《许察院感梦擒僧 王氏子因风获盗》（二刻，卷二十一）中王氏兄弟雇了车运送货物。南方行商，则多用船只，如《张廷秀逃生救父》（醒，第二十卷）一文中，“且说河南府有一人唤作褚卫……并无儿女，专在江南贩布营生。一日正装着一大船布匹，出了镇江，望河南进发”。《杨八老越国奇逢》（喻，第十八卷）、《转运汉遇巧洞庭红 波斯胡指破鼍龙壳》（初刻，卷一）还讲到驳船奇遇。正是这颠簸着的漫漫行商路，使商人们的生活于冒险中艰难行进，《杨八老越国奇逢》一文作有诗文，诉说行商之苦：

人生最苦为行商，抛妻弃子离家乡。
餐风宿水多劳役，披星戴月时奔忙。
水路风波殊未稳，陆程鸡犬惊安寝。
平生豪气顿消磨，歌不发声酒不饮。
少资利薄多资累，匹夫怀璧将为罪。
偶然小恙卧床帏，乡关万里书谁寄？
一年三载不回程，梦魂颠倒妻孥惊。
灯花忽报行人至，阖门相庆如更生。
男儿远游虽得意，不如骨肉长相聚。
请看江上信天翁，拙守何曾阙生计？①

二、坐商

“行商坐贾”是我国由来已久的一种说法。相对于行商，“坐贾”即指坐商，一种从“市”的交易发展起来的固定性交易方式，具体表现为商人拥有固定摊位或店铺，按规定时间营业，且专营一种固定的

---

① 冯梦龙：《三言——喻世明言、警世通言、醒世恒言》，齐鲁书社 1993 年版，第 152 页。

商品形式，规模有大有小，经营的货物种类有多有少。“三言二拍”中写到许多坐商，现择选代表，罗列如下表（表 9-2）。

表 9-2　“三言二拍”中坐商概览

篇目	经商人物	生活年代（人物）	行业	商业地点	籍贯
《新桥市韩五卖春情》（喻，第三卷）	韩五	宋朝	丝绵铺	临安府新桥市五里地灰桥市上	临安府
	沈二郎	宋朝	杂货铺	临安府	
《吕大郎还金完骨肉》（警，第五卷）	王三郎	无	点心铺子		
	陈某	无	粮食铺子	扬州	徽州
《乐小舍拚生觅偶》（警，第二十三卷）	乐美善	南宋	杂色货铺子	临安府钱塘江边	临安府
《张廷秀逃生救父》（醒，第二十卷）	张权	无	木工店	苏州阊门外皇华亭侧	江西南昌进贤县
《卖油郎独占花魁》（醒，第三卷）	莘善	宋朝	六陈铺儿（粮食铺）	汴梁城外安乐村	
	朱十老	南宋	油店	临安城清波门外	
《韩秀才乘乱聘娇妻 吴太守怜才主姻簿》（初刻，卷十）	金朝奉	明代嘉靖年间	典当铺	台州	徽州
	程朝奉		典当铺	台州	徽州
《钱多处白丁横带 运退时刺史当稍》（初刻，卷二十二）	郭七郎	唐朝	江湘坐商	江陵	江陵
	张多宝		解典库、缎子铺	京都	

续表

篇目	经商人物	生活年代（人物）	行业	商业地点	籍贯
《迟取券毛烈赖原钱 失还魂牙僧索剩命》（二刻，卷十六）	夏和林两家	明代弘治年间	沽酒店	当地	明州
	毛烈		典当铺	当地	庐州合江县

一般来说，坐商大多为本地经营，但也有经行商发家，后定居一地经营买卖，转变为坐商的，这种趋势在明代中叶以后越发明显。在《转运汉遇巧洞庭红 波斯胡指破鼍龙壳》（初刻，卷一）中，本是苏州行商的海外归者文若虚便是赚钱后留于闽地经营生意；而在《卖油郎独占花魁》（醒，第三卷）一篇中，秦重亦有从街坊卖油郎转变为坐店的经历。“朱十老因年老无嗣，又新死了妈妈，把秦重做亲子看成，改名朱重，在店中学做卖油生理。初时父子坐店甚好。”但因邢权故意设计，朱重被冤枉打发出门，以秦重之名做了个卖油担子，后冤枉洗清，秦重与朱十老相见，“十老将所存囊橐，尽数交付秦重。秦重自家又有二十余两本钱，重整店面，坐柜卖油”。

坐商的经营种类丰富，既有综合类商铺，如杂货店、百货店等，又有专营类商铺，如点心铺、粮食铺、油店、缎子铺、丝绵铺、木工店、药店等。《卖油郎独占花魁》（醒，第三卷）中提及的“六陈铺儿”，实为一粮食专营铺，因米、大麦、小麦、大豆、小豆、芝麻等六种粮食可久藏，称作“六陈”。此外，该店“虽则粜米为生，一应麦豆茶酒油盐杂货，无所不备”。由此推测，其某种程度上亦可说是综合店铺。

就资金状况来看，小本钱的坐商多从事的是生活日常用品的经营，基本不涉及批发业务。而大资本的商人则常做典当铺等业务，《醒世恒言》第七卷《钱秀才错占凤凰俦》中的西洞庭高赞“少年惯走湖广，贩卖粮食。后来家道殷实了，开起两个解库（当铺）”。《宋小官团圆破毡笠》（警，第二十二卷）中的宋金得到强盗所积数千金后，“于南京仪凤门内买下一所大宅，改造厅堂园亭，制办日用家火，极其华整。门前开张典铺”。

当铺是从事典当业的专门机构，坐堂营业，一般都有看货、协商、开票、编号、上账、上架等程序。随着社会发展变化，当铺名称也有不同，在南北朝为“寺库”、唐代为“质库”、宋代为“解库”、辽为“质坊”、金为“流泉务”、元为“解典铺”、明为“典当铺”等，至明代中期才开始出现“当铺”称谓。就当铺经营类型而言，宓公干在《典当论》里称：“我国典当，通常分典、当、质、按、押五种。”《宋四公大闹禁魂张》（喻，第三十六卷）一文便有“质”这种形式：“听我道来：这富家姓张名富，家住东京开封府，积祖开质库，有名唤做张员外。”《卫朝奉狠心盘贵产 陈秀才巧计赚原房》（初刻，卷十五）中有“解铺”，“众人撺掇他（陈秀才）写了一纸文契，往那三山街开解铺的徽州卫朝奉处借银三百两”。“朝奉”在“三言二拍”中多次被提及，也与典当业有关，其原为宋代官名，明以来徽商四处经营典当业致富，借乡俗“朝奉”作为当商敬称，有“富翁”之意，如《韩秀才乘乱聘娇妻 吴太守怜才主姻簿》（初刻，卷十）中的程朝奉、金朝奉，《蒋兴哥重会珍珠衫》（喻，第一卷）中的汪朝奉等，久而久之，成为苏、浙、皖一带当铺主的称谓。典当作为一支金融力量，在古代社会生产、生活中占有重要地位。

坐商无论大商号还是小店铺都要使用幌子。“三言二拍”中，幌子样式颇为丰富，起着吸引视线、招徕顾客的作用。幌子，民间也称“望子”，取希望之意，图事业之利。它是一种悬挂物，展示所卖商品的形式或服务内容，长久地应用后形成某些特别标志，成为社会公认的商业广告形式。幌子大致可分为以下几种类型。

实物幌子，如修车铺外经常悬挂的轮胎。

模型幌子，一般为金属、木料等依实物制成的模型，通常可能较实物大一些，以达到宣传效果。如《张廷秀逃生救父》（醒，第二十卷）中王员外就被张廷秀之父张权的木工活吸引：“一日，正当午后，只见一人年纪五十以上，穿着一身绸绢，后边小厮跟随，在街上踱将过去。忽抬头看见张权门首，摆列许多家火，做得精致，就停住脚观看。”这些门口摆着的“家火”就是模型幌子。

旗帘幌子，常为酒家门前的酒旗。《宋四公大闹禁魂张》（喻，第三十六卷）一文中宋四公改换色服，“来到谟县前，见个小酒店，但见：云拂烟笼锦旆扬，太平时节日舒长”。此处的“锦旆”，便是画杆上悬挂的锦旗，迎风飘卷，招引过客。

文字牌匾幌子，所写内容一般传达经营品种、店铺规模、商品质量等信息，有的也标示着店主姓氏，精练简洁。比如《俞仲举题诗遇上皇》（警，第六卷）中出现的挂着一面朱红色“丰乐楼”字样招牌的酒楼、《崔待诏生死冤家》（警，第八卷）中“出着一家招牌，写着家装裱古今书画”的装裱铺，以及《卖油郎独占花魁》（醒，第三卷）中“一个卖油的，复姓之时，谁人晓得？他有个道理，把盛油的桶儿，一面大大写个‘秦’字，一面写‘汴梁’二字，将此桶做个标识，使人一览而知。以此临安市上，晓得他本姓，都呼他为秦卖油”。还有《宋四公大闹禁魂张》（喻，第三十六卷）中写着“本行侯家，上等馒头点心”的门牌、《张廷秀逃生救父》（醒，第二十卷）中写着“江西张仰望亭精造坚固小木家火，不误主顾”的木工店招牌，均宣传所营商品的价值定位。

象征性幌子，如酒店门前的大葫芦，典当行前巨大的钱币，《中国典当业》第四章记载：“北平颇为特异，其他之典当，墙上并不大书其当字，惟门前悬特制巨大之缗钱两贯，初至者，往往误以为钱铺，实则为典当之标记耳。”整体来说，象征物往往一目了然，起标示作用。

三、中间商

除了行商、坐商，还有一类中间商，又称“牙人”“代办商”等，是一种纯媒介式的商业类型。这种商人自身没有可买可卖的物品，他们只为交易双方充当中间人，以从中获得报酬或好处，促进商品流通以及市场繁荣。

“三言二拍”表现的社会生活正值晚明，中间商行业得到进一步发展，举凡市场交易，牙人必不可少。在当时各地商镇或集市，牙人越来越多，甚至出现了行业垄断组织——“牙行”。唐代称这种商家为“邸店”，明代称为“牙行”“过塘行”“行店”“过载行”等。在《施润泽滩阙遇友》（醒，第十八卷）一文中，记有“镇上居民稠广，土俗淳朴，俱以蚕桑为业。……那市上两岸绸丝牙行，约有千百余家”的繁盛景象。此外该文还记述了牙行交易的简易过程：“那大户人家，积得多的，便不上市，都是牙行引客商上门来买。”

中国自古是一个农业大国，历代朝廷都不太注重商业，但是从

“三言二拍”书写的内容来看，我国古代，至少是晚明时期，商业形式丰富，商业民俗多样。

第二节 财神信仰与买卖之道

商业作为社会发展的重要组成部分，大大小小的分散于繁华集市、偏远乡村，活跃的贸易活动与广布的交通往来，蔓蔓枝枝地牵起了古代中国的商业版图，书写着市井百姓的经商发财梦，演绎着一个个财与利、诚与信的现实剧目。本节以“三言二拍”为依据，探究古代中国的财神信仰与市场文化。

一、财神信仰

常言道：“天下熙熙，皆为利来；天下攘攘，皆为利往。”对金钱的渴求以及对富裕生活的向往是历代百姓最真实的心理。财神是中国民众最普遍的信仰对象之一，但所奉财神因时因地而异，在民间，财神是一个群体，各地所崇信的财神众多，总体来看，可以分为武财神、文财神两大类。

武财神有赵公明、关帝。赵公明在晋人干宝的《搜神记》中为取人性命的冥神，南朝时期陶弘景在《真诰》中则称其为致人疾病的瘟神，元无名氏《三教搜神大全》则说其“钦奉玉帝旨召为神霄副元帅”，司职“驱雷役电，唤雨呼风，除瘟剪疟，保病禳灾”等，明人小说《封神演义》中说姜太公奉元始天尊之命册封赵公明为“金龙如意正一龙虎玄坛真君”，统领招宝、纳珍、招财、利市四路神灵，如此，赵公明从冥神、瘟神成为被民间崇拜的财神，加上小说戏曲的推波助澜，逐渐成为民间供奉的对象了。至于关公何以成为财神，是由于中国传统一直信奉财富来源于道德，关羽一生最看重“忠、义、信、智、仁、勇”这些品质，这成为他化身财神的关键。

文财神有文昌帝君、范蠡等。文昌帝君即文曲星，是掌管文昌府事及人间禄籍的神，中国传统年画将其描绘成笑容满面，手持“如意棒”或“聚宝盆”，身边伴随“招财”“进宝”二童的长者，自然被人们奉为财神。范蠡是春秋末期著名的历史人物，也较早被道教奉为神仙，明清以来随着商品经济的发展，经商有术的范蠡成为商家奉祀的对象，加上民间传说的推动，范蠡也成了民间奉祀的财神。

民间供奉的财神除了上述文武财神，还有五显神与五通神。在小说集“三言二拍”中，出现最多的财神是五显神和五通神。五显神，是流行于宋代江西德兴、婺源一带的财神。据《三教搜神大全》所载，五显神本为五兄弟，最早活动于汉宣帝年间，唐末为其立庙，至宋代，民间发生若干五神显灵之事，朝廷便不断褒封，在宋理宗时，终加封为王：第一位为显聪王，第二位为显明王，第三位为显正王，第四位为显真王，第五位为显德王，均带有“显”字，故得名五显神。至于五通神，又称“五郎神”“五显灵公”等。传说五通神擅法术，淫占妇女，本为妖魔鬼怪中的一种。但在宋代，五通神成为财神的一员，亦名“独角五通”，被视为“盖魈”类的怪物。至明清，民间既有五通神实为唐时柳州之鬼之说，也有说五通神实为明太祖攻伐陈友谅后，祭战死者之亡灵，说法种种。

“三言二拍”中的五显神与五通神戏份不多，但却充满了趣味。《王渔翁舍镜崇三宝 白水僧盗物丧双生》（二刻，卷三十六）讲了一个五通神捉弄人的故事。宋朝年间，临安府市民沈一开了一家酒坊，生意好不热闹。一日二更，有五个贵公子头戴花帽，锦袍玉带，偕同数人到达酒坊。五人拥着歌童舞女口里直说着拿好酒来，酒钱不会亏待。不一会儿，店内百坛好酒喝尽，结账时均是雪花白银。沈一见他五人容止飘然，多有仙气，判定他们是五通神，心想财神既到我店，不可错过了，便叩拜五位贵公子道：“小人一生辛苦经纪，赶趁些微末利钱，只勾度日。不道十二分天幸，得遇尊神，真是夙世前缘，有此遭际，愿求赐一场小富贵。”五客笑着说：“与你些富贵也不难。”之后便叫一个黄巾力士背负一大布囊掷于地上，对沈一说：“此一囊金银器皿，尽以赏汝。然须到家始看，此外不可泄露！”一袋子财宝叮叮当当，沈一担心城门盘问，用锤敲打扁了，没有声音了，才背着回家。回家后叫醒妻子说有横财，妻子说道：“甚么横财！昨夜家中柜里头异常响声，疑心有贼，只得起来照看，不见甚么。为此一夜睡不着，至今未起。你且先去看看柜里着，再来寻秤不迟。”哪想到一开柜门，空空如也，再打开布袋，全是锤碎了的自家东西。五通神与沈一开了个金钱玩笑，教导世人不要贪他人之物，一念贪痴，妄想非分，终会落得笑话，这重含义在故事开头的诗里就说明了：“资财自有分定，贪谋枉费踌躇。假使取非其物，定为神鬼揶揄!”

《李克让竟达空函 刘元普双生贵子》（初刻，卷二十）讲述了五显神的故事，但是这个故事与财富关系不大。穷秀才萧王宾才分颇高，胸藏锦绣，笔走龙蛇，但家境贫寒，只能寄居于一酒肆旁的屋子中。酒肆店前一个小堂子里供奉着五显灵官，店主熊敬溪夜梦五位尊神对他说：“萧状元终日在此来往，吾等见了，坐立不安。可为吾等筑一堵短壁儿，在堂子前遮蔽遮蔽。”店主想这里只有一穷酸萧秀才，哪有什么萧状元？难不成他日后真成状元？想着“人不可貌相，海水不可斗量”，果然在堂子前面堆起一堵短墙，“遮了神圣”后萧秀才去往长洲探亲，有一家人要写休书，劳烦其帮忙，萧秀才为人热心，便举笔一挥写了休书。后来熊店主又夜梦五位尊神，此时尊神嘱托他拆了面前短壁，拦着十分郁闷，店主十分纳闷，灵官说道：“前日为萧秀才时常此间来往，他后日当中状元，我等见了他坐立不便，所以教你筑墙遮蔽。今他于某月某日替某人写了一纸休书，拆散了一家夫妇。上天鉴知，减其爵禄。今职在吾等之下，相见无碍，以此可拆。”果然，萧秀才几年后只是举孝廉，只做到知州地位。这并不是一个关于财神和财运的故事，故事中的五显神在状元面前自觉“坐立不便”，可见神格不高，而且所思所想，还有点俗世众生的势利，但毕竟贵为尊神，知晓前因后果与人的仕途命运。

除了这五显神与五通神的故事，“三言二拍”中还有些祭财神的风俗，比如在《金令史美婢酬秀童》（警，第十五卷）中，金令史的好友陆有恩借正月初五烧利市之日，到访金令史家，为其传递消息，文中还说到正月初五那天“苏州风俗，是日家家户户，祭献五路大神，谓之烧利市。吃过了利市饭，方才出门做买卖”。民间传说正月初五是财神爷的生日，于是商家们抢着在正月初五早开市，为“发利市”，得好彩头。这天商家们要早起，提前摆好香案，供奉牺牲，点香燃烛，然后敞开大门，敲锣打鼓，鸣放鞭炮，把财神从外面接进来。《顾阿秀喜舍檀那物 崔俊臣巧会芙蓉屏》（初刻，卷二十七）中写到苏州船家向崔俊臣求赏赐，说要买些福物纸钱，赛赛江湖之神，这也是祭神祈求发财之举。

二、买卖之道

商人们向财神祈财，但也深知财富不会从天而降，因此他们脚踏实地经营买卖，并形成了一套生意经。“三言二拍”作为通俗小说的古典作品，将明代商人及商业做了细致勾勒，一定程度上反映了那个时代重视货品、注重营销、讲究商业伦理的经营理念。

生意的基础是用以买卖的物品，也就是货品。“三言二拍”所叙写的明代，市场文化已十分发达，人们的货品意识已十分明显，这首先表现在商人们对货品独特性的重视。《转运汉遇巧洞庭红 波斯胡指破鼍龙壳》（初刻，卷一）中便记述了明成化年间的苏州商人文若虚出海行商，因商品独特赚了大钱的故事。文若虚心思慧巧，做着便能，学着便会，但在国内做扇子等普通生意屡遭失败，陷入穷困破产的境地，被人称作“倒运汉”。文若虚一身落魄，生计无着，跟着专门做海外生意、识得奇珍异宝的“张识货”出海。他没有本钱购置货物从事贸易，只花了一两银子买了一篓洞庭红（一种红橘）准备拿来在路上解渴。没想到洞庭红在途中所经的吉零国被当成稀罕物品抢购一空，一下赚到一千多两银子。回国途中他又偶然捡到一个硕大的龟壳，同行的众人笑：“他好货不置一件，要此何用？”没想到平平无奇的龟壳以其大成为稀有，回到福建后被一个波斯商人以五万两银子买走。他用这些钱在沿海重置家业，娶妻生子，从此家道殷富不绝。

以上是独特货品给个人带来的巨大商机，一个地方若拥有属于自己地方特色的货品，便能福泽一方。《醒世恒言》中讲到苏州府盛泽镇，此地居民以蚕桑为业，产量多，质量好，吸引“四方商贾来收买的，蜂攒蚁集，挨挤不开”，逐渐形成了特色丝绸市场，这样的集聚效果，得益于盛泽镇以专营丝绸为业的正确选择，可见那时的人们已经具有地理品牌意识。

除了货品的独特性，货品质量也很重要。“三言二拍”中有许多口碑好、人缘善的商人，他们商业的壮大无不依赖其货品质量的优秀。比如秦重的油、张仰亭的木工、施复夫妇的蚕丝，都是他们细细打磨，刻苦钻研，慢慢积淀出来的品牌，也正是因为深厚的功夫和过硬的质量，最终才得以卖得好价钱，扩大店铺规模。《醒世恒言》中所写的日常用品有些格外精致，让人惊叹，比如紫绡帐，此帐轻疏而薄，视之无所碍，虽属隆冬，风不能入，盛暑则清凉；再如神丝绣，此被不仅绣有三千鸳鸯，而且奇花异草满布，晶莹富贵，五色辉焕。可见，质量还是硬保证。

在长期的经商活动中，形成了两种主要的商业合作形式，一为行商与牙行合作，一为商人之间合作。一般来说，资本足、货量丰的商人在将货物运抵某地后，便委托给牙行，再由牙行售卖给当地小商户，这样做，既减少了联络当地市场的成本，亦相对专业化地把控了货物，且缩短了货物置换现银的周期，整体上利于获利再创造。《蒋兴哥重会珍珠衫》（喻，第一卷）中便提到三代行商的罗家与广东的牙行长期合作，相处和洽，关系非同一般。

商人之间的合作主要有三种形式：第一，共出资共盈亏，如《李秀卿义结黄贞女》（喻，第二十八卷）中的黄善聪和李秀卿的合作，两人出资轮流往南京贩货，剩一人住在庐州发货讨账；第二，两人出资一人经营，如《迟取券毛烈赖原钱 失还魂牙僧索剩命》（二刻，卷十六）中“明州有个夏主簿，与富民林氏共出本钱，买扑官酒坊地店，做那沽拍生理。夏家出得本钱多些，林家出得少些，却是经纪营运尽是林家家人主当，夏家只管在里头照本算帐，分些干利钱”；第三，主人出资雇人经营，如《钱秀才错占凤凰俦》（醒，第七卷）中的富家高赞，少年惯走湖广，贩卖粮食，家道殷实后，开了两家解库，雇有伙计照管，自己乐享时光。

除了成熟的商业合作模式，当时的商人还具有适应市场的灵活性，《转运汉遇巧洞庭红 波斯胡指破鼍龙壳》（初刻，卷一）中文若虚出海贩卖橘子便是一个极好的例证。文若虚在太湖洞庭山上见到“红如喷火，巨若悬星”的橘子，便思想道：“我一两银子买得百斤有余，在船可以解渴，又可分送一二，答众人助我之意。”后来船随风飘到吉零国，吉零国这个地方非同一般，中国货物拿到那边，“一倍就有三倍价。换了那边货物，带到中国也是如此。一往一回，却不便有八九倍利息？所以人都拚死走这条路”。文若虚定神一想，自己还有一篓红橘，索性搬将出来，问问价钱。哪知，这里不识红橘，竟然卖到了一钱一颗，众人千欢万喜，文若虚还赚了不少。

对市场的应变力还体现在搜集商业信息上，《徐老仆义愤成家》（警，第三十五卷）中，徐老仆不仅仗义，还极有商业头脑，他怀揣着女主人给他的十二两银子的本钱，买漆贩运至苏州，赚了一笔。后从苏州买了籼米运回杭州，正巧杭州米价腾涌，又赚了不少钱，他成功的秘诀就在于他善于打听“商情”，在请当地人喝酒的同时便搜集了市场信息，权衡决断，做出了不赔钱的生意。此外，“三言二拍”中成功的商人大都思虑周全，谋算精准，且做事主动积极，能寻找发现商机。

从事任何职业都需要适应职业规则，守持一定的行业精神和职业道德。从商在任何朝代首要的都是诚信精神，随着明代商业经济的发展与繁荣，承载信任的契约文化已与社会各阶层民众的生活密切关联。政府靠文书契约掌握全国土地占有情况，个人通过文书契约确定交易事宜，国家在公堂上承认这些文书契约所具有的合法性，进一步保证了契约内容的权威与法律效力。

《转运汉遇巧洞庭红 波斯胡指破鼍龙壳》（初刻，卷一）中文若虚于海外捡拾到的大龟壳被来自波斯的玛宝哈一眼相中，商议价格后和文若虚订立了契约：

> 立合同议单张乘运等，今有苏州客人文实，海外带来大龟壳一个，投至波斯玛宝哈店。愿出银五万两买成。议定立契之后，一家交货，一家交银，各无翻悔。有翻悔者，罚契上加一。合同为照。一样两纸，后边写了年月日，下写张乘运为头，一连把在坐客人十来个写去，褚中颖因自己执笔，写了落末。年月前边，空行中间，将两纸凑着，写了骑缝，一行两边各半，乃是“合同议约”四字。下写“客人文实，主人玛宝哈”，各押了花押。①

一个龟壳售卖五万银两，有些让人震惊，但其实在叫价过程中，文若虚的伙伴已经如实交代了龟壳的来历，以防买主自觉受骗或反悔。张大道：

> 实不瞒你说，这个是我的好朋友，同了海外玩耍的，故此不曾置货。适间此物，乃是避风海岛，偶然得来，不是出价置办的，故此不识得价钱。若果有这五万与他，勾他富贵一生，他也心满意足了。②

---

① 凌濛初：《二拍——拍案惊奇、二刻拍案惊奇》，齐鲁书社 1993 年版，第 13 页。

② 凌濛初：《二拍——拍案惊奇、二刻拍案惊奇》，齐鲁书社 1993 年版，第 12-13 页。

虽然价格不可思议，倒也两不相欺，诚信经营。

诚信意识、契约精神是“三言二拍”中所写商人的经商之道，也是那个时代朴素的商业伦理。此外，“三言二拍”中的商人普遍具有积极进取的开拓精神，勇闯海外的文若虚，精明能干、长途贩运的女中豪杰黄善聪，屡战屡败终成大富的苏州人王生，以及虽已是老仆却一身商业智慧，奋斗护主的阿寄，正是这种不畏艰难、勇敢挑战、灵活应变的态度与精神，使得明代商业呈现出欣欣向荣之貌。

“三言二拍”向我们展示了古代社会的经商方式，是我们了解古代商业民俗的一种途径。同时，财神不过是物质匮乏时代人们塑造出来满足财富愿望的形象，生活在新时代的我们，自然知道幸福是奋斗出来的，财富是创造出来的。

思考与探究

1. 关注、了解当下的商业门店是怎么招徕客户的。
2. 请对家乡的祈财民俗进行梳理和探究。

第十讲

“三言二拍”中的节日风俗

传统节日作为中华民族的代表性文化符号，以特定的时日及风俗走过了中国历史的年年岁岁。长久的岁月积淀也见证了传统节日的演变轨迹，它们于原始崇拜、神鬼迷信、禁忌习俗等民间信仰下产生，于社会、政治、经济、战争、科技、文化等诸多因素下融合发展，携带着神话传说、人物轶事、历史遗闻、风土旧传的独特印记，调节着传统生活的平淡日常，饱含着古人生存、生活之智慧。“三言二拍”结合节日特性的创作，触碰着民间生活的肌肤，让人领略世情悲欢，春节、元宵节、清明节、端午节、七夕节、中秋节、重阳节、浴佛节、盂兰盆节等，都在小说中有所叙写。本讲选取相关作品，以中国传统四大节日——春节、清明节、端午节、中秋节为视角，通过“三言二拍”中的节日书写观览当时的家宴街市、高台庭院、庙宇道观及旷野江川，于声声爆竹、华彩花灯、起落秋千、龙舟相逐等活动中，体悟古人团圆美满、相思相忆、向往美好、畅享欢娱的情绪。

第一节　春　　节

元日

王安石

爆竹声中一岁除，

春风送暖入屠苏。

千门万户曈曈日，

总把新桃换旧符。

春节是中国人最重视的传统节日，辞旧迎新，冬去春来，它标志着开始，蕴含着希望，是中华民族最富特色的传统节日，也是我国所有节俗中历史最悠久、持续时间最长、民俗现象最多的一个节日。春节起源于殷商时期年头岁尾的祭神活动，后来在汉代逐渐成型，从汉代的正旦到魏晋南北朝的元正、隋唐五代的元日、宋元明清的元旦，再到近代以来的春节，春节之名经历了许多变化。现在，春节俗称“过年”，相关民俗活动要持续一个月，从腊八开始，到小年祭灶、除夕团年，直到正月十五闹完元宵才算结束。春节是一种综合性的民俗文化，囊括精神、物质、文艺、体育、饮食、交往等各方面民俗事象，具有重要的历史和文化价值。

古代民间春节习俗颇多，所有美好愿望都在这个盛大的节日得到充分表达。所谓“爆竹声中一岁除”，春节期间，人们放爆竹、贴门神驱邪除晦，迎神纳吉。人们对福、寿、财、子的期盼和祈求从未间断，因而创造了福神、寿神、财神以及送子神来崇拜供奉。新的一年，人们对财富的期盼尤为强烈，因此形成正月初五迎财神的普遍习俗。人们在世间繁华热闹，也不会忘记逝去的先祖以及时时暗中护佑的神仙，祭祀活动贯穿春节民俗始终，从腊八的腊祭，到小年的祭灶，大年的祭祖，元宵节祭紫姑，祭祀不断。春节也是人际交往的大好时机，春节拜年礼仪从“朝正”到“团拜”，从“拜年帖”到“贺年片”，方式多样，连一贯被禁足的妇女都可在元宵节黄昏相约，幽会佳偶，走桥摸钉，祛病求子。节日总是和饮食习俗密切相关，腊八粥、饺子、年糕、汤圆等是春节的代表性食品，并有各自的象征意义和功能寓意。春节期间文化娱乐活动很多，人们借此机会娱神娱人，旱船花鼓、狮子龙灯、秧歌高跷等游艺竞技活动纷纷展演。春节还是民俗艺术的大汇展，年画、春联、花灯、灯谜竞相亮相。下面梳理几种主要的春节民俗活动。

一、除夕团年

春节在“三言二拍”的《黄秀才徼灵玉马坠》（醒，第三十二卷）、《懵教官爱女不受报 穷庠生助师得令终》（二刻，卷二十六）、《金令史美婢酬秀童》（警，第十五卷）、《简帖僧巧骗皇甫妻》（喻，第三十五卷）、《满少卿饥附饱飏 焦文姬生仇死报》（二刻，卷十一）中都有涉及，但书中一般称为“年节”。这些小说大多选用了年节突出的节日特征，营造节日场景气息，或以年节活动成就故事内容，关键处推进情节发展，或作为时间刻度，单纯提供时间背景，较少对年节风俗进行具体描述，唯有《金令史美婢酬秀童》（警，第十五卷）比较具体地写到当时的年节习俗。

《金令史美婢酬秀童》（警，第十五卷）讲述苏州府昆山人士金满，待人乖巧，做事周全，当上令史后又谋得库房管理这个略有油水的美差，怎知上任没两天便丢失了四锭元宝，知县限其十日内追查钱财，并拘捕了金令史的仆人秀童，秀童拒不认罪，受到了残酷的刑罚。这起疑案终于在年节前后得以最终告破：除夕夜，被留宿库房的张阴捕因团圆夜不能归家，闷从心来，多饮了几杯，脑子里金令史的话还回荡在耳边：“今夜除夜，来早是新年，多吃几杯，做个灵梦。”张阴捕果然在除夕夜做了灵梦，他两次梦到神道对他说：“银子有了，陈大寿将来，放在橱柜顶上葫芦内了。”第二天大年初一，众官拜牌贺节，去文庙行香，张阴捕则到处查询陈大寿，可并无其名。金令史的好友陆有恩提供了一条线索，说腊月下旬一日他老婆听得隔壁有斧凿之声，一连几日不断，留了心的陆有恩谎称正月初四去亲戚家拜年，实则偷偷返家，看到邻居胡美与卢智高在錾凿一元宝。于是，正月初五烧利市之日，陆有恩便到访金令史家，传递消息。最后作案人胡美（葫）定罪，卢智高（芦）落狱，包藏胡美得利的老者陈大寿受到处理。小说没有细描年节活动，但也提及很多年节习俗，除夕家人团圆、祭拜城隍神，初一众官拜牌贺节、文庙行香，初四去亲戚家拜年，正月初五烧利市等。

除夕作为年节的高潮，有许多习俗：清洁沐浴、装饰门户、压岁守岁、焰火鞭炮、敬神祭祖，最为隆重也最有代表性的是除夕团年。如今，作为一年中最盛大的节日，离乡游子、外出家人，不管路途多么遥远，不管交通多么拥挤，不管有钱没钱，都要回家过年。在古代，有人性的监狱官员甚至允许囚犯回家与家人团年，吃上一顿团年饭。所以当张二哥也就是张阴捕被金令史反锁在库房内时，叹口气道：“这节夜，那一家不夫妇团圆，偏我晦气，在这里替他们守库！”心中烦闷，只顾自斟自饮，不觉酩酊大醉，睡至四更，梦见神道用脚踢他起来道：“银子有了，陈大寿将来，放在厨柜顶上葫芦内了。”虽则失去和家人团年的机会，心有不快，但是却受到神人托梦，有了破案线索，也算是遗憾中有收获。

二、敬神祭祖

除夕的另外一项重要习俗是敬神祭祖。我国最早的农事历书《夏小正》中说：“初岁祭耒。”“祭耒”就是祭祀农具之神。《尚书·舜典》载“月正元日，舜格于文祖”，是说在正月的吉日，舜帝向帝尧的大祖祈祷，可见古人春节期间不仅有祭祀习俗，而且祭祀对象十分广泛，从农具到祖先，都是要祭祀的对象。其实春节期间的祭祀活动贯穿始终，从腊八的腊祭，到小年祭灶、大年祭祖以及元宵祭紫姑，不同时段所祭对象不同，祭祀目的却基本相同，都是希望各路神灵下界降吉祥，福佑其子民。文学作品对春节民俗多有叙述，曹雪芹《红楼梦》第五十三回《宁国府除夕祭宗祠 荣国府元宵开夜宴》就详细描述了除夕贾府祭拜先祖的情形：腊月离年日近之时，便“开了宗祠，着人打扫，收拾供器，请神主，又打扫上房，以备悬供遗真影像”，除夕之夜“灯烛辉煌，锦幛绣幕”中列着神像和荣宁二祖遗像，祭祀时“青衣乐奏，三献爵，拜兴毕，焚帛奠酒，礼毕，乐止，退出”。由贾府辈分和地位最高的贾母主祭：

> 众人围随着贾母至正堂上，影前锦幔高挂，彩屏张护，香烛辉煌。上面正居中悬着荣宁二祖遗像，皆是披蟒腰玉；两边还有几轴列祖遗影。贾荇贾芷等从内仪门挨次列站，直到正堂廊下。槛外方是贾敬贾赦，槛内是各女眷。众家人小厮皆在仪门之外。
>
> 每一道菜至，传至仪门，贾荇贾芷等便接了，按次传至阶上贾敬手中。贾蓉系长房长孙，独他随女眷在槛内，每贾敬捧菜至，传于贾蓉，贾蓉便传于他妻子，又传于凤姐尤氏诸人，直传至供桌前，方传于王夫人。王夫人传于贾母，贾母方捧放在桌上。邢夫人在供桌之西，东向立，同贾母供放。直至将菜饭汤点酒茶传完，贾蓉方退出下阶，归入贾芹阶位之首。
>
> 凡从文旁之名者，贾敬为首；下则从玉者，贾珍为首；再下从草头者，贾蓉为首；左昭右穆，男东女西。俟贾母拈香下拜，众人方一齐跪下，将五间大厅，三间抱厦，内外廊檐，阶上阶下

两丹墀内，花团锦簇，塞的无一隙空地。鸦雀无闻，只听铿锵叮当，金铃玉珮微微摇曳之声，并起跪靴履飒沓之响。[①]

长长的一段文字，细致地再现了贾府祭祖仪式中焚香、供奉酒菜、跪拜等场景。贾府祭祖是一桩隆重而盛大的典礼，从刚进腊月就开始准备，到除夕及元旦仪式进入高潮，再到正月十七日行礼，掩祠门，收影像，才算祭祖仪式结束。

《金令史美婢酬秀童》（警，第十五卷）中也讲到除夕祭祀习俗：

是夜，金满备下三牲香纸，携到库中，拜献城隍老爷，就将福物，请新库吏和张二哥同酌。三杯以后，新库吏说家中事忙，到央金满替他照管，自己要先别。金满为是大节夜，不敢强留。[②]

金令史金满因为四锭元宝的事，除夕夜赶到库房，不能好好过年。一般来说，除夕祭祀活动要么是家祭，即像贾府一样在家庙宗祠祭拜神仙先祖；要么是坟祭，即为祖先坟茔添土、烧香、放鞭炮、磕头、上供，金令史却是拿着“三牲香纸”去“拜献城隍老爷”。城隍是守护城池之神，城隍信仰兴起于南北朝，明清时期渐由守护神演变成与人间官员对应的“阴官”，负责地区阴间事务，金令史作为县令之属吏，是人间政府派遣的“阳官”，自然希望城隍老爷在阴间暗中相帮，协助管理好大小事务，更何况四锭元宝的官司正是一筹莫展之时，破案的事寄希望于张阴捕的“灵梦”上，城隍老爷万万不可得罪。

金满的祭品是“三牲”，所谓“三牲”是指用于祭祀的牛、羊、猪，也有说猪、鱼、鸡也叫三牲，前者为大三牲，后者为小三牲。民间也许并不那么讲究是哪三样，总之是某些肉食。文中还说“就将福物，请新库吏和张二哥同酌”，可见金满带去的“三牲”城隍老爷只是看了一看，就当作“福物”被金满请新库吏和张二哥下酒了。

金满拜献城隍还带了香纸，敬神拜祖，都有焚烧纸钱的仪式。纸钱，即剪纸为钱形者，又叫阴钱、寓钱、拟钱。纸钱在唐代已通行，出现不少花色品种。纸钱也是较常见的民俗物品，清明祭扫，人死咽

---

① 曹雪芹著，无名氏续：《红楼梦（上）》，人民文学出版社2008年版，第724页。

② 冯梦龙：《三言——喻世明言、警世通言、醒世恒言》，齐鲁书社1993年版，第124页。

气，都要焚烧纸钱。目前能见到的纸钱大抵有三种：一种是最古时候的打钱，即拿土纸在铁制的模子上打出钱的形状；一种是剪钱，即以土纸折成元宝状，或裁为方块，贴以金银色的纸箔；还有一种是印钱，即在纸上印上“冥通银行”以及各种数字的金额，宛如人世间流通的纸币。金满所带纸钱是哪一种，文中没有明说，我们不得而知，但总不过是这三种中的一种或者三者兼有。

三、拜年贺节

拜年是最能体现年味的春节习俗之一，是春节期间重要的人际互动礼俗。拜年习俗可以追溯至周代，春节期间，朝廷都要举行盛大的庆祝一年开始的“朝正”活动。《左传·文公四年》载：“昔诸侯朝正于王，王宴乐之。”四方诸侯朝正之时，天子乐舞招待。《论语·乡党》说：“吉月，必朝服而朝。”所谓“吉月”就是正月，意思是说孔子大年初一穿朝服去朝贺。汉代以降，朝正活动更加热烈，《后汉书·礼仪志中》记载：“每岁首正月，为大朝，受贺。”当时朝正会上皇帝安排有音乐舞蹈、杂技百戏，参加朝正的人向皇帝奉献礼品，皇帝也要向百官赐赠礼品。外地不能上朝的官员，则“拜牌贺节”。

《金令史美婢酬秀童》（警，第十五卷）中写张阴捕除夕夜得了“灵梦”，按照神道的指示并未找到赃物，蒙眬睡去，天微微亮：

> 少顷，听得外边人声热闹，鼓乐喧阗，乃是知县出来同众官拜牌贺节，去文庙行香。[①]

“拜牌贺节”是一种礼仪，明清时，外地官员逢节日、庆典不能亲自向皇帝朝贺，但需向皇帝龙牌跪拜行礼，《大清会典·礼部五·仪制清吏司四》里记载：“凡各省官，三大节则拜龙牌庆贺。各省三大节朝贺之礼……豫于公所正中，恭设‘皇帝万岁万万岁’龙牌于亭，南向，设香案于亭之南。”这种“拜龙牌庆贺”的仪式简称“拜牌”。清代道光年间苏州文士顾禄的《清嘉录》以十二月为序，记述了苏州及附近地区的节令习俗，其中也写到拜牌习俗：“绅士诣玄妙观三清殿，望阙

---

① 冯梦龙：《三言——喻世明言、警世通言、醒世恒言》，齐鲁书社 1993 年版，第 125 页。

遥贺，一如祝禧之仪，谓之拜牌。礼毕，盛服往来衙门交庆。”晚清四大谴责小说之一《二十年目睹之怪现状》第五十八回也写道：“已经挖成了隧道，直达万寿宫底下，装满了炸药，等万寿那天，阖城官员聚会拜牌时，便要施放。”

上文所说拜牌是官方的、集体的拜年形式，民间的、个人的拜年又是怎样的情形呢？清代诗人筱廷《拜年》诗写道：

自家翻历拣良辰，遍约诸亲与比邻。
今日娘家明日舅，预先分派配均匀。

诗中所写百姓的拜年欢乐祥和，温情满满，热闹非凡，确实是节日特色十分明显的民俗。《金令史美婢酬秀童》（警，第十五卷）中，金满的熟人，门子陆有恩知道金满四锭元宝的官司，偶然发现自家邻居举止怪异，于是“到初四日假做出门往亲戚家拜节，却远远站着，等间壁关门之后，悄地回来，藏在家里”。陆有恩谎称拜年，暗中调查，果然发现猫腻，帮金满了了官司。

四、初五祈财

中国有句俗话叫“人为财死”，简单直白地表明财富在人们心目中的重要性，因此祈财成为春节民俗中的重要一环。相传初五日是财神生日，所以每逢正月初五，都有一系列祭财神、接财神的活动。清代顾禄《清嘉录》云：“正月初五日，为路头神诞辰。金锣爆竹，牲醴毕陈，以争先为利市，必早起迎之，谓之接路头。”在上海，接财神又被叫作“接路头”，有人怕财神被别人家先接了去，初四晚上就开始了仪式，名曰“抢路头”。我国还有很多地方讲究“破五”，认为正月初五是正月里一个重要的日子，因为农历新年前几天的诸多禁忌过此日可破，故有该名。“破五”的主要习俗是“送穷”、接财神。“接路头”也好，“送穷”也好，都是在正月初五那天举行祈财仪式，所谓“五日财源五日求，一年心愿一时酬”。

《金令史美婢酬秀童》（警，第十五卷）中写到了苏州正月初五“祭献五路大神”的事情：

又过了两日，是正月初五。苏州风俗，是日家家户户，祭献五路大神，谓之烧利市。吃过了利市饭，方才出门做买卖。金满正在家中吃利市饭，忽见老门子陆有恩来拜年，叫道：“金阿叔恭喜了！有利市酒，请我吃碗！”金令史道：“兄弟，总是节物，不好特地来请得。今日来得极妙，且吃三杯。”即忙教嫂子暖一壶酒，安排些现成鱼肉之类，与陆门子对酌。[①]

当时苏州初五接财神又称“烧利市”，烧利市是指烧纸祭财神，以求财神赐财。“利市”，也称“利是”“利事”，该词早在《易经》中便有记载，元代《俗谚考》中有“为了吉兆，要向主家讨个利市”的说法，可见，“利市”亦有好运的意义，所以文中有“利市饭”“利市酒”之说。

陆有恩向金满透露了邻居的勾当，提供了破案信息，金满送给陆有恩一只两钱重的金挖耳，陆有恩道：“不该要金阿叔的，今日是初五，也得做兄弟的发个利市。”这相当于是陆有恩从金满手里拿了一个红包。宋代孟元老《东京梦华录·娶妇》载：“女家亲人有茶酒利市之类。至迎娶日，儿家以车子或花檐子发迎客引至女家门，女家管待迎客，与之彩段，作乐催妆上车檐，从人未肯起，炒咬利市，谓之‘起檐子’，与了然后行。”文中所说“茶酒利市”“炒咬利市”，应是指钱财之类的物品，类似于现在的红包。广州和香港春节都有发利是的风俗，亲朋相见，大人要给小孩利是，上班第一天，老板要给员工发利是，商场门口，也会在金橘树上挂满利是，以求吉利。

“三言二拍”中多篇涉及年节，《简帖僧巧骗皇甫妻》（喻，第三十五卷）通过正月初一正旦日相国寺烧香拜佛的节俗活动设置故事：和尚看中了皇甫殿直的妻子，故意让人将写有情书的简帖和首饰送到皇甫殿直手上，皇甫殿直大怒休弃了妻子，其妻走投无路，被一婆婆救下并为其“谋出路”，而这实是和尚的诡计。一年后的正月初一，皇甫殿直怀念与妻子双双赴相国寺烧香的情景，去寺进香的他遇到了同来烧香的和尚与前妻，一番细致打探底细后欲要追回妻子，和尚发现皇甫妻对前夫的留恋，便将当初离间计告诉了她。皇甫妻要向官府告发，和尚正意图杀人灭口之时，皇甫殿直救出妻子，二人再结夫妻。《满少卿饥附饱飏 焦文姬生仇死报》（二刻，卷十一）讲述流浪的满生借年

① 冯梦龙：《三言——喻世明言、警世通言、醒世恒言》，齐鲁书社1993年版，第125页。

节将近，祈求焦大郎收留，与其女私订终身，考取功名后却成了负心郎，焦女变鬼索仇的故事。《黄秀才徼灵玉马坠》（醒，第三十二卷）讲述了一则死生离合皆前定，不是姻缘莫强争的爱情故事，一对离散的有情人也是在年节得以再续前缘。“三言二拍”中既有对春节风俗的具体描述，也有作为人物活动背景对其的简略提及。春节作为中国人重要的节日，作者和作者创造的人物都无法避开。

五、观灯交游

青玉案·元夕

辛弃疾

东风夜放花千树，更吹落，星如雨。宝马雕车香满路，凤箫声动，玉壶光转，一夜鱼龙舞 。

蛾儿雪柳黄金缕，笑语盈盈暗香去。众里寻他千百度，蓦然回首，那人却在，灯火阑珊处。

作为中国人，很少有不知道南宋词人辛弃疾这首词的，这首词除了“众里寻他千百度，蓦然回首，那人却在，灯火阑珊处”带给我们的感动，最大的贡献还在于对元宵节节日风俗的呈现：花灯焰火、美人谈笑、宝马雕车、雾鬓云鬟、衣香暗影，辛弃疾在书写人生感怀的同时，还帮我们还原了宋朝元夕的节日记忆。元宵节是整个春节流程中的最后一个节点，节日内容丰富，节日民俗多样，民间“正月十五大似年”的说法正是元宵节在国人心目中重要性的证明。

元宵节在古代又称为上元、元夜、元夕和灯节。关于元宵节的起源，主要有四种说法。一是汉文帝庆祝平定吕乱说：汉文帝刘恒本为汉高祖刘邦第四子，汉高祖死后，吕后专权，公元前 180 年刘恒勘平诸吕，入京为帝，为汉文帝，因为扫除诸吕的日子是正月十五，所以每年正月十五晚上刘恒就出宫游玩，以示庆贺，并将这一天定为元宵节。二是汉武帝祭祀太乙神说：汉武帝采纳方士的建议，在甘泉宫修建太乙祠坛，祭祀太乙神，也就是太阳神，即道教所谓的“太乙真君”，正月十五在甘泉宫举行了隆重的祭祀，活动通宵达旦，灯火通明，由此形成了正月十五张灯结彩的习俗，并形成了元宵节。三是汉明帝点灯敬佛说：佛教教义中把火光比作佛之威神，灯一直是佛前的供具。东汉明帝提倡佛教，因听说佛教有正月十五日点灯敬佛之俗，于是下令这一天夜晚在皇宫和寺庙里点灯，老百姓挂灯于宅，相沿成习，形成民间盛大的元宵佳节。四是道教“三元”说：道教称正月十五为上元，七月十五为中元，十月十五为下元，合称“三元”。早期道教尊奉三位天神即天官、地官、水官，以三元配三官，上元天官，中元地官，下元水官。南宋吴自牧在《梦粱录》中说：“正月十五日元夕节，乃上元天官赐福之辰。”故上元节要燃灯。实际上元宵节的形成应该是既与帝王的个人提倡、朝廷的祀神仪礼有关，也与道家的“三元”之说、佛教的法事庆典有关，是综合影响的结果。

“三言二拍”中涉及元宵节的篇目有数十余篇，如《闲云庵阮三偿冤债》（喻，第四卷）、《张舜美灯宵得丽女》（喻，第二十三卷）、《杨思温燕山逢故人》（喻，第二十四卷）、《任孝子烈性为神》（喻，第三十八卷）、《小夫人金钱赠年少》（警，第十六卷）、《蒋淑真刎颈鸳鸯会》（警，第三十八卷）、《唐明皇好道集奇人 武惠妃崇禅斗异法》（初刻，卷七）、《襄敏公元宵失子 十三郎五岁朝天》（二刻，卷五）等。其中多篇小说描绘了元宵节官民庆祝之景，多以诗词表现。

“三言”中写元宵节灯市风俗以《杨思温燕山逢故人》（喻，第二十四卷）为最。小说开篇即引宋晁冲之写元宵盛况的《传言玉女·一夜东风》：

> 一夜东风，不见柳梢残雪。御楼烟暖，对鳌山彩结。箫鼓向晚，凤辇初回宫阙。千门灯火，九衢风月。
>
> 绣阁人人，乍嬉游困又歇。艳妆初试，把珠帘半揭。娇羞向人，手捻玉梅低说。相逢长是，上元时节。[①]

此词为作者晁冲之留居汴京时所写，浓墨重彩，历历如绘，描画出一幅浪漫的元宵灯节节俗风情画。小说然后用回忆的笔触叙写“道君皇帝（即宋徽宗）朝”宣和年间的元宵盛景：

> 每年上元正月十四日，车驾幸五岳观凝祥池。每常驾出，有红纱贴金烛笼二百对，元夕加以琉璃玉柱掌扇，快行客各执红纱珠珞灯笼。至晚还内，驾入灯山。御辇院人员，辇前唱《随竿媚》

---

① 冯梦龙：《三言——喻世明言、警世通言、醒世恒言》，齐鲁书社 1993 年版，第 217-218 页。

来。御辇旋转一遭，倒行观灯山，谓之“鹁鸽旋”，又谓“踏五花儿”，则辇官有赏赐矣。驾登宣德楼，游人奔赴露台下。十五日，驾幸上清宫，至晚还内。上元后一日，进早膳讫，车驾登门卷帘，御座临轩，宣百姓，先到门下者，得瞻天表。小帽红袍独坐，左右近侍，帘外金扇执事之人。须臾下帘，则乐作，纵万姓游赏。华灯宝烛，月色光辉，霏霏融融，照耀远迩。至三鼓，楼上以小红纱灯缘索而至半，都入皆知车驾还内。当时御制《夹钟宫小重山》词，道：……行歌花满路，月随人，纱笼一点御灯明。箫韶远，高宴在蓬瀛。①

从十四日开始，皇帝一连三日与万民同乐，琉璃玉柱，华灯宝烛，箫韶高宴，万姓游赏，奢侈欢乐，盛极一时。主人公杨思温从来只在东京游赏元宵，谁知时移事变，流落到燕山看元宵，燕山元宵又是什么样的景象呢？且看：

虽居北地，也重元宵。未闻鼓乐喧天，只听胡笳聒耳。家家点起，应无陆地金莲；处处安排，那得玉梅雪柳？小番鬓边挑大蒜，岐婆头上带生葱。汉儿谁负一张琴，女们尽敲三棒鼓。②

北地燕山也重元宵，虽则也是一轮明月婵娟照，但是“半是京华流寓人”，元宵节没有喧天鼓乐，没有东京闹市的各色花灯，只有“小番鬓边挑大蒜，岐婆头上带生葱”的滑稽景象，帝京的歌舞繁华被边地的市井烟火取代，无怪同行人感叹：“看了东京的元宵，如何看得此间元宵。”《唐明皇好道集奇人 武惠妃崇禅斗异法》（初刻，第七卷）篇也涉及边远之地的元宵景象，小说借叶法善之术，带唐明皇腾空驾云至西凉府观元宵灯会，但见灯影连绵，车马密集，士女纷杂，欢庆依然，与内地无别。《杨思温燕山逢故人》（喻，第二十四卷）写的则是靖康之难后，杨思温眼中燕山元宵的别样情景，虽同此月夜，依旧一派喧闹，但另样风华，今昔两别，已不似当年，记忆中北宋东京元宵盛景，只能衬托出主人公杨思温流落他乡的伤怀。

① 冯梦龙：《三言——喻世明言、警世通言、醒世恒言》，齐鲁书社 1993 年版，第 218 页。

② 冯梦龙：《三言——喻世明言、警世通言、醒世恒言》，齐鲁书社 1993 年版，第 218 页。

《襄敏公元宵失子 十三郎五岁朝天》（二刻，卷五）是以元宵节为背景发生的故事，讲的是正月十五元宵节，主人公南陔由家人背着观灯，被拐子趁乱劫走，他机智地拦官轿呼救，得以脱险，后由宦官带进内宫，拜见天子，因其提供线索，协助官府连带勘破了宗王之女真珠姬的拐骗案，皇上赐以厚礼，并将南陔送归家中，与家人团聚。作为故事展开的重要背景，小说多处以诗词形式描述了元宵灯会游乐的情景。

元宵是灯节，也是交游的好机会，《张舜美灯宵得丽女》（喻，第二十三卷）则写了灯节恋爱的故事。封建社会的妇女不能参加社交，嫁前养在深闺，婚后严守妇道，但是在元宵节这举世欢乐的大节日，她们不仅可以走出家门，甚至可以幽会佳偶，相约冶游。

生查子·元夕

欧阳修

去年元夜时，花市灯如昼。月到柳梢头，人约黄昏后。

今年元夜时，月与灯依旧。不见去年人，泪湿春衫袖。

这是北宋词人欧阳修的名篇。“去年元夜”与“今年元夜”两幅图景，展现相同节日里的不同情思。去年元夜时，花灯通明，亮如白昼，女主人公与情郎黄昏相约；今年元夜时，灯月依旧，可是人已不在，物是人非，惆怅和忧伤化作行行清泪，浸湿衣衫。封建社会要求女性大门不出，二门不迈，唐代有《女论语》一书，对女子进行训诫说：“内外各处，男女异群，莫窥外壁，莫出外庭，出必掩面，窥必藏形。”女人不仅不能走出庭院，甚至都不能向墙外窥看，词中的女子却能与情郎在月上柳梢头时私自相约，这并非全是词人的杜撰。妇女在元宵节出游是一个自古就有的民俗现象，中国古代虽以种种礼教对妇女进行身心束缚，但在上元月望、下元中秋却可以暂时地解除对妇女的行动限制，允其外出参与娱乐。

《张舜美灯宵得丽女》（喻，第二十三卷）便是一段因元宵佳节相识幽会而起的故事。轻俊标致的才子张舜美赴杭州应考不中，恰逢上元佳节，欣喜游玩。得遇一女子刘素香，娇美怡然，眼眸流转，张舜美心生爱慕，第二天一早又见女子进庙上香礼拜，身随其后，得女子同心方胜一个，其中文字，情意绵绵，说因父母兄嫂赴他地游灯会，约定十六日再相会。十六日再会，游人摩肩接踵，张舜美与女扮男装的刘素香失散，女子流落清雅小庵，男子为情神伤。时光流逝，又一年元宵，张舜美慨然："今年元夜时，月与灯依旧。不见去年人，泪湿春衫袖。"精诚所至，已中进士的张舜美偶然步入松林之庵，与刘素香再见，一往情深的两人断弦再续，缺月重圆，喜不自胜。此中元宵节，不仅为故事的展开提供了契机，且因节俗活动的进行多次推动了情节发展。

此类元宵佳节儿女幽会定情的故事亦出现在《张舜美灯宵得丽女》（喻，第二十三卷）中的入话故事中，张生在"太平时节元宵夜"拾到霍员外妾室的红绡帕子，上书"有情者拾得此帕，不可相忘。请待来年正月十五夜，于相蓝后门一会"，并以"车前有鸳鸯灯是也"为标志。张生第二年元宵赴约，成就姻缘。《闲云庵阮三偿冤债》（喻，第四卷）叙少年才郎阮三恋上邻家美女陈玉兰小姐，故事也发生在元宵佳节："时值正和二年上元令节，国家有旨庆赏元宵。五凤楼前架起鳌山一座，满地华灯，喧天锣鼓"，阮三在庵中一会而死，陈玉兰终身不嫁，抚子成人。《蒋淑真刎颈鸳鸯会》（警，第三十八卷）一篇则写到灯宵之夜，钟情风月、已为人妇的蒋淑真与邻店朱秉中的风情之事。综上可见，妇女在元宵节出游是常见之事。

作为中国人一年中的第一个也是最大的节日，春节一直是文人墨客抒情感怀的对象，是文学艺术创作的源泉。因其源远流长、流传面广、内涵丰富的特点，春节被列入第一批国家级非物质文化遗产名录。

第二节　清　明　节

清明

杜牧

清明时节雨纷纷，路上行人欲断魂。

借问酒家何处有？牧童遥指杏花村。

清明节是我国历法中二十四节气之一，也是我国四大传统节日之一，它既是自然节气点，也是传统节日，兼具自然与人文两大内涵。清明节节期在每年阳历四月五日前后，作为时序的标志，清明节气前后气温回升，雨水丰沛，适宜春耕春种，万物生长，因此有"清明前后，种瓜点豆”的俗谚。作为自然节侯的清明在历史发展中同时也融合了寒食节、上巳节有关习俗，形成扫墓、禁火、郊游踏青、荡秋千、放风筝、踢蹴鞠、斗鸡拔河等一系列民俗活动，有些地区还举办大型庙会、游戏百戏，但总的来说，扫墓祭祖与踏青郊游是清明节的两大礼俗主题。每逢清明日，男女老少、官员百姓皆赶赴郊野扫墓上坟，来往车马、香烟缭绕、纸花纷飞，是中国人悼念先祖、隆宗重嗣传统的体现。在这美好的季节，人们心中也不只有哀思，更有新春的欢愉，踏青赏花、游戏娱乐也是一大节俗。可以说，清明节是我国民间集尊亲敬祖、感触自然为一体的重要节日。

一、扫墓祭祖

扫墓祭祖是清明节的标志性民俗活动。《左传》称“国之大事，在祀与戎”，祭祀自古以来被视为与战争同样重大的国家政治事件。但是国家祭祀的目的并非单纯地纪念祖先，更多的是一种权力、秩序象征的政治仪式，《礼记·王制》中说：“天子七庙……诸侯五庙……大夫三庙……士一庙。庶人祭于寝。”地位越高，宗庙越多，祭祀越是频繁，士以上的阶层才可以在宗庙中祭祖，一般的平民百姓只能在家中祭祖。

传统祭祀分为家祭和墓祭，家祭也就是在家庙内祭祀祖先，宋代陆游《示儿》诗中有“王师北定中原日，家祭无忘告乃翁”之句。所谓墓祭，就是扫墓。上古葬俗是没有坟墓的，《周易·系辞下》里说：“古之葬者，厚衣之以薪，葬之中野，不封不树。”意思是说古代的葬俗，用草柴当衣服包裹尸体，葬在野地里，既不做坟堆，也不做标识。《礼记·檀弓上》也提到孔子说“吾闻之，古不修墓”，又说“吾闻之，古也墓而不坟”。孔子听说“古不修墓”，即使修墓也没有坟堆，所以最早的祭祖仪式一般是在宗庙中进行的。东汉应劭《汉官仪》：“古不墓祭，秦始皇起寝于墓侧，汉因而不改。”宋代《事物纪原》称刘秀曾躬祭于墓地，东汉王充《论衡·四讳》说：“古礼庙祭，今俗墓祀。”墓祭之风大概在汉代才逐渐形成，《唐会要》卷二十三《寒食拜埽》里说：“寒食上墓，礼经无文，近世相传，浸以成俗。士庶有不合庙享，何以用展孝思？宜许上墓……，仍编入礼典，永为常式。”唐代开始，越来越多的人选择在寒食节期间郊游并墓祭。

据统计，“三言二拍”中涉及清明节的篇目近二十篇，大多故事的场景设置关联清明节相关风俗活动。《白娘子永镇雷峰塔》（警，第二十八卷）、《李克让竟达空函 刘元普双生贵子》（初刻，卷二十）、《张员外义抚螟蛉子 包龙图智赚合同文》（初刻，卷三十三）三篇均提到清明扫墓祭祖的活动。《白娘子永镇雷峰塔》（警，第二十八卷）的故事内容为国人所熟悉，其中白娘子与许宣的相遇之日便是细雨蒙蒙的清明节。适时许宣去保叔塔寺“追修祖宗”，而白娘子夫君“亡过了”，因清明节近，带了丫鬟往坟上祭扫，二人归途中遇雨，于渔船之上因船钱、雨伞而有了情丝牵连，浪漫故事得以开始。年方二十二岁的许宣，排行第一，人称小乙，自幼父母双亡，在表叔家的生药铺做主管，只在姐姐家住，小说写道：

> 忽一日，许宣在铺内做买卖，只见一个和尚来到门首，打个问讯道：“贫僧是保叔塔寺内僧，前日已送馒头并卷子在宅上。今清明节近，追修祖宗，望小乙官到寺烧香，勿误。”许宣道：“小子准来。”和尚相别去了。许宣至晚归姐夫家去。原来许宣无有老小，只在姐姐家住。当晚与姐姐说：“今日保叔塔和尚，来请烧箑子，明日要荐祖宗，走一遭了来。”次日早起，买了纸马、蜡烛、经幡、钱垛一应等项，吃了饭，换了新鞋袜衣服，把箑子钱马，使条袱子包了，径到官巷口李将仕家来。李将仕见了，问许宣何处去。许宣道：“我今日要去保叔塔烧箑子，追荐祖宗，乞叔叔容暇一日。”李将仕道：“你去便回。”许宣离了铺中，入寿安坊、花市街，过井亭桥，往清河街后钱塘门，行石函桥过放生碑，径到保叔塔寺。寻见送馒头的和尚，忏悔过疏头、烧了箑子，到佛殿上看众僧念经。吃斋罢，别了和尚，离寺迤逦闲走，过西宁桥、孤山路、四圣观，来看林和靖坟，到六一泉闲走。[①]

许宣没能去墓地祭扫，而是去附近的寺庙“荐祖宗”，这也是一种比较常见的清明祭祖方式。许宣去寺庙祭祖带了“纸马、蜡烛、经幡、钱垛”等祭品，纸马指印有神像，供祭祀时焚化用的纸片，因旧时绘神像图时都画马其上，以供神佛乘骑，故称神像纸为纸马，是一种木

① 冯梦龙：《三言——喻世明言、警世通言、醒世恒言》，齐鲁书社 1993 年版，第 252 页。

刻黑白版画，纸马祭祀完毕随即焚化。祭祀中烧纸马之俗十分普遍，《西游记》第四十八回《魔弄寒风飘大雪 僧思拜佛履层冰》说陈家庄的人到灵感庙“祝罢，烧了纸马，各回本宅不题”；《儒林外史》第二十八回《季苇萧扬州入赘 萧金铉白下选书》说倪大太爷头七，阿三“送这三牲纸马，到坟上烧纸去”，可见纸马和冥币一样，是一种祭祀物品。“经幡”是印有经文的布条之类；“钱垛”是成串的纸钱。许宣在寺庙里找到送馒头的和尚“忏悔过疏头”，“疏头”是指向鬼神祈福的祝文。文中还三次提到烧“篭子”，应该类似民间所谓“烧包袱”，许宣不能亲自到坟上送冥资，只能在保叔塔寺采取“邮寄”的办法——烧“篭子”了。

人们在清明节不忘宗祖，用祭扫的方式寄托哀思，同时也用这种方式祈求先祖福佑。《李克让竟达空函 刘元普双生贵子》（初刻，卷二十）中刘元普广有家财，仗义豪迈，接济四方，但久久不得子息，实在懊恼。于是：

> 时遇清明节届，刘元普分付王文用整备了牲牷酒醴，往坟茔祭扫。与夫人各乘小轿，仆从在后相随。不逾时，到了坟上，浇奠已毕，元普拜伏坟前，口中说着几句道：
>
> 堪怜弘敬年垂迈，不孝有三无后大。七十人称自古稀，残生不久留尘界。今朝夫妇拜坟茔，他年谁向坟茔拜？膝下萧条未足悲，从前血食何容艾！天高听远实难凭，一脉宗亲须悯爱。诉罢中心泪欲枯，先灵英爽知何在！[①]

俗话说，不孝有三，无后为大。刘元普曾任青州刺史，家庭富足，田园、典铺都让内侄王文用管理，自己只是广行善事，仗义疏财，四方无人不闻其名，只是并无子嗣。刘元普日夜忧心，人说七十古来稀，他六十岁上告老还乡，继娶夫人王氏，未满四十，仍可生育，刘元普借清明祭扫之机向祖宗诉说自己的心思，希望得到一脉宗亲的悯爱，体谅他膝下萧条之苦，保佑他得一子嗣以继香火。

《张员外义抚螟蛉子 包龙图智赚合同文》（初刻，卷三十三）也借清明节传达出传统中国重视家庭血亲、宗族延绵的心理。张员外收刘

---

① 凌濛初：《二拍——拍案惊奇、二刻拍案惊奇》，齐鲁书社 1993 年版，第198 页。

安住做义子，辛勤抚育十五年，时遇清明节令，夫妻二人带其认祖归宗，由此而引发了一系列因遗产而反目的故事。清明节上坟祭奠是刘安住返乡的根本缘由，在小说情节中发挥着重要作用。

二、踏青游戏

清明三月，春回大地，生机勃勃，适合踏青郊游，清明节节俗之一便是踏青赏春。南宋后期诗人吴惟信在《苏堤清明即事》中写道：

梨花风起正清明，游子寻春半出城。
日暮笙歌收拾去，万株杨柳属流莺。

清明时节，梨花风起，苏堤春晓，游子出城寻春，日落黄昏，笙歌停歇，游人散尽，但万树流莺，鸣声婉转。“三言二拍”中有许多篇目写到清明踏青的习俗，《金明池吴清逢爱爱》（警，第三十卷）所讲故事就是因清明踏青游玩而起。清明节期，朋友来约小员外吴清到金明池上游玩：

二人道：“即今清明时候，金明池上，士女喧阗，游人如蚁。欲同足下一游，尊意如何？”小员外大喜道：“蒙二兄不弃寒贱，当得奉陪。”小员外便教童儿，挑了酒樽食罍，备三匹马，与两个同去。迤逦早到金明池。陶谷学士有首诗道：

万座笙歌醉后醒，绕池罗幕翠烟生。
云藏宫殿九重碧，日照乾坤五色明。
波面画桥天上落，岸边游客鉴中行。
驾来将幸龙舟宴，花外风传万岁声。

三人绕池游玩，但见：

桃红似锦，柳绿如烟。花间粉蝶双双，枝上黄鹂两两。踏青士女纷纷至，赏玩游人队队来。①

清明节的金明池上士女喧阗，游人如蚁，吴清和朋友出游，三人骑着马，带着美酒佳肴来到金明池畔，颇似现在的春游。作者借宋代诗人郑獬（号云谷，原书误为陶谷）的诗《游金明池》来渲染金明池

---

① 冯梦龙：《三言——喻世明言、警世通言、醒世恒言》，齐鲁书社1993年版，第277页。

的美景：笙歌美酒，罗幕翠烟，九重宫殿，烟波画桥，花外春风，游人笑谈，好不热闹。三人绕池，见到的也是桃红柳绿，粉蝶黄鹂，士女踏青，游人赏玩的游春景象。就是在这次游玩中，吴清在酒家结识了女子卢爱爱。次年清明，三人再访酒家，遇卢爱爱的鬼魂，从而有了吴清和卢爱爱的生死痴恋故事。

《小夫人金钱赠年少》（警，第十六卷）中也写到清明节金明池的游春盛景：

当时清明节候，怎见得？
清明何处不生烟？郊外微风挂纸钱。
人笑人歌芳草地，乍晴乍雨杏花天。
海棠枝上绵蛮语，杨柳堤边醉客眠。
红粉佳人争画板，彩丝摇曳学飞仙。①

清明节踏青，除了美酒饮食，笙歌欢笑，还有许多游戏活动相伴，上文“红粉佳人争画板，彩丝摇曳学飞仙”说的便是放风筝活动。放风筝是清明节民间传统游戏之一，风筝又称风琴、纸鹞、纸鸢。唐末诗人罗隐《寒食日早出城东》诗中便有“不得高飞便，回头望纸鸢”句，说明唐代已经有了寒食日到城外放纸鸢的游艺活动。清明的风很适合放风筝，古人认为放风筝可以放走自己的秽气，于是在清明节放风筝时，将灾病晦气之事都写在纸鸢上，等风筝高高飞起时剪断风筝线，让纸鸢带着疾病、晦气随风飘逝。除了放风筝，古人还举行“蹴鞠”之戏，相当于现在的足球比赛，唐代诗人王维《寒食城东即事》里描写清明节期间，青少年男女游春的习俗盛况，其中就有“蹴鞠屡过飞鸟上”的诗句。

秋千也是清明节的典型意象。据元代《析律志》记载：“辽俗最重清明，上至内苑，下至士庶，俱立秋千架，日以嬉戏为乐。”明代《灯宫遗录》甚至将清明节称为“秋千节”。王维《寒食城东即事》里紧接“蹴鞠屡过飞鸟上”后面的一句是“秋千竞出垂杨里”。唐代诗人曹松于寒食日与同伴郊外闲游，也记录了当时“云间影过秋千女，地上声喧蹴鞠儿”的喧闹景象。杜甫《清明》里也说：“十年蹴鞠将雏远，万

---

① 冯梦龙：《三言——喻世明言、警世通言、醒世恒言》，齐鲁书社 1993 年版，第 135 页。

里秋千习俗同。”可见蹴鞠和秋千，都是当时非常流行的清明节游戏。王建更有《秋千词》，描写“少年儿女重秋千，盘巾结带分两边。身轻裙薄易生力，双手向空如鸟翼”的轻盈身姿。清朝诗人郑板桥则在《怀潍县》中生动描述清明佳节，潍坊打秋千的情景：“纸花如雪满天飞，娇女秋千打四围。五色罗裙风摆动，好将蝴蝶斗春归。”有钱人还举办“秋千会”，《宣徽院仕女秋千会 清安寺夫妇笑啼缘》（初刻，卷九）中宣徽院使每年二月后至清明时节在自己院子举行“秋千会”：

> 宣徽私居后，有花园一所，名曰杏园，取“春色满园关不住，一枝红杏出墙来”之意。那杏园中花卉之奇，亭榭之好，诸贵人家所不能仰望。每年春，宣徽诸妹诸女，邀院判、经历两家宅眷，于园中设秋千之戏，盛陈饮宴，欢笑竟日。各家亦隔一日设宴还答，自二月末至清明后方罢，谓之“秋千会”。①

清明佳节，私家庭院秋千架，亦是许多男女故事的相识场景。《王娇鸾百年长恨》（警，第三十四卷）讲述了一个“只因一幅香罗帕，惹起千秋‘长恨歌’”的故事，故事开始的时间就在清明，地点就在后院秋千架：

> 一日，清明节届，和曹姨及侍儿明霞后园打秋千耍子。正在闹热之际，忽见墙缺处有一美少年，紫衣唐巾，舒头观看，连声喝采。慌得娇鸾满脸通红，推着曹姨的背，急回香房。侍女也进去了。生见园中无人，逾墙而入，秋千架子尚在，余香仿佛。②

王娇鸾与丫鬟于后园打秋千，被紫衣少年周廷章观看喝彩，娇鸾急回香房，少年翻墙而入，拾得王娇鸾遗失的罗帕，二人私订终身，最后薄幸男子周廷章负心结新欢，娇鸾写下三十二首绝命诗和《长恨歌》一篇后自缢而死。

清明节俗活动还有拔河。据唐朝《景龙文馆记》：“清明节，唐中宗命侍臣为拔河之戏，以大麻绳两头系千条小绳，数人执之争挽，以

---

① 凌濛初：《二拍——拍案惊奇、二刻拍案惊奇》，齐鲁书社 1993 年版，第 86 页。

② 冯梦龙：《三言——喻世明言、警世通言、醒世恒言》，齐鲁书社 1993 年版，第 313 页。

力弱者为输。”景龙四年的清明节，唐中宗命令三品以上文武官员举行了一次别开生面的拔河比赛，体衰的老臣纷纷被拽倒在地，惹得后宫佳丽哈哈大笑。

第三节　端　午　节

五月五，是端阳。
门插艾，香满堂。
吃粽子，撒白糖。
龙舟下水喜洋洋。

这是一首中国人耳熟能详的端午节儿歌，唱出了端午节吃粽子、插艾草、赛龙舟的主要习俗。

端午节是我国民间夏季最重要的传统节日之一，节期为农历五月初五。古人用十二地支对应月份，“午”对应五月，端午又称“端五”。根据《周易·系辞上》所说，天数、地数之和都是五的倍数，天数和地数的总和正好二五相逢，所以端午节五月初五日又被称为“天中节”。关于端午节的起源，诸说并存。从其传统节俗活动的内容看，端午节最初与祛邪、除毒、避瘟、止恶等观念密切相关。时值仲夏，天气燠热，毒虫滋生、疫病多发，为抗拒“五毒”侵扰，民间形成了一系列驱疫厌胜习俗：吃粽子，喝菖蒲、雄黄酒；采菖蒲、艾叶插于门旁以禳毒气；剪艾虎钗于头、悬于臂以镇祟辟邪；赛龙舟；兰汤沐浴、采制草药；贴“天师符”“钟馗像”以捉鬼降妖；系五色丝、避兵缯、长命缕以辟灾除病、益寿延年等，沿袭千年，久盛不衰。

一、恶日辟邪

考察端午节的各种民俗，都离不开辟邪之意。古人为什么要在端午节辟邪辟瘟呢？这与古人的阴阳观念密切相关。古人相信阴阳二气的和谐是维持宇宙正常运转的基本保证。因此，像春分、秋分、夏至、冬至这样特别的自然节气应给予格外关注，尤其是夏至、冬至。夏至日阳气最盛，其后阴气逐渐产生，冬至日阴气极盛，其后阳气开始复苏。端午，时在五月，大致与夏至重叠，正是处于阴将起、阳将衰之际，因此古人便视五月为恶月，五日为恶日，所以在端午节要举办各种活动，以求镇压邪气。

在民间，端午节“恶日”的不吉之意还影响到生育观念。《风俗通》佚文中记载有：“俗说五月五日生子，男害父，女害母。”历史上战国四公子之一孟尝君曾因出生于五月初五，为其父田婴所嫌弃，东晋大将王镇恶出生于五月初五，起名“镇恶”。这种五月初五出生的孩子害父害母的观念在“三言二拍”《梁武帝累修成佛》（喻，第三十七卷）中也有提及：

> 衍以五月五日生，齐时俗忌伤克父母，多不肯举。其母密养之，不令其父知之。至是始令见父。父亲说道：“五月儿刑克父母，养之何为?”衍对父亲说道：“若五月儿有损父母，则萧衍已生九岁，九年之间，曾有害于父母么？九岁之间，不曾伤克父母，则九岁之后，岂能刑克父母哉？请父亲勿疑。”其父异其说，其惑稍解。[①]

这段本是表现萧衍少年已有远见卓识，但也体现了“五月五日生子，男害父，女害母”的观念。萧衍母亲因其出生日期为五月初五，背着丈夫偷偷将他养大，后父子相见，其父大为不满，萧衍镇定作答说，如果五月五日生会祸及父亲，那现已九岁，不曾有伤父亲，那再九年后，又怎么会呢？此论表达了对迷信观念的批评。

“三言二拍”中许多篇目写到端午节，如《陈可常端阳仙化》（警，第七卷）情节通过四次端午节层层推进，记述了僧人陈可常“生时重午，为僧重午；得罪重午，死时重午”的人生经历。书生陈义，字可常，五月初五出生，虽然学富五车，然而三次科考都名落孙山，算命先生说他“命有华盖，却无官星”，于是他投奔灵隐寺做了行者，并作了一首诗自艾自叹：“齐国曾生一孟尝，晋朝镇恶又高强；五行偏我遭时蹇，欲向星家问短长!”前两句用的就是孟尝君和王镇恶的典故，意思是二人都是五月初五出生，却成了大人物，自己五月五日午时出生，却落得穷苦的命运。这首哀怨诗赢得郡王赏识，郡王帮助他剃度为僧，就用他表字可常为佛门中法号。第三年五月初五，陈可常被人诬告与

---

① 冯梦龙：《三言——喻世明言、警世通言、醒世恒言》，齐鲁书社 1993 年版，第 331 页。

女人有染，他含垢忍辱，不为自己辩解，最终冤情大白。五月初五午时出生的陈可常也于五月初五端午节圆寂，小说充满前世今生的宿命思想。

古人认为端午“恶日”充斥邪气，别人说坏话也被看作是“邪气”的一种，为防止“赤口白舌”，即防止别人说自己坏话，在民间有贴“午时符”的习俗，即端午节午时用红色写上“五月五日天中节，赤口白舌尽消灭”的符以避口舌，《陈可常端阳仙化》（警，第七卷）中被诬陷的陈可常在辞世前写下《辞世颂》，意图消除邪言邪语：

> “生时重午，为僧重午；得罪重午，死时重午。为前生欠他债负，若不当时承认，又恐他人受苦。今日事已分明，不若抽身回去。”
>
> 五月五日午时书，赤口白舌尽消除。
>
> 五月五日天中节，赤口白舌尽消灭。①

端午为恶日之说在古代广为人知。《况太守断死孩儿》（警，第三十五卷）中，作者便将端午设置成故事罪恶的开始，类似的设置亦出现在《蒋淑真刎颈鸳鸯会》（警，第三十八卷）中，恶果成熟的蒋淑真亡于五月五日，以“恶日”作为最后的告别日，或许隐含着邪气终消散之意。

端午节也是官府及民间都十分重视的节日。小说《贾廉访赝行府牒 商功父阴摄江巡》（二刻，卷二十）中，端午节不仅蕴含贪财作恶的恶日报应之意，还侧面突出了宋朝端午节官方的庆祝之盛。故事讲述宣和年间官员贾廉访，贪财诡诈，为骗取姻亲商家的财物，派人假传官令，说“本府中要排天中节（端午节），是合府富家大户金银器皿、绢段绫罗，尽数关借一用，事毕一一付还”。可见，在古代庆祝端午节是官府长久形成的惯例。不过，除了官府，世家大族及显赫人家等也极其重视端午节，他们互相走访，互赠礼物，祈求平安。《陈可常端阳仙化》（警，第七卷）中，郡王结识陈可常便是端午节于寺庙供奉粽子之际，礼仪满满。

① 冯梦龙：《三言——喻世明言、警世通言、醒世恒言》，齐鲁书社1993年版，第52页。

先有报帖报知，长老引众僧鸣钟擂鼓，接郡王上殿烧香，请至方丈坐下。长老引众僧参拜献茶，分立两傍。郡王说："每年五月重五，入寺斋僧解粽，今日依例布施。"院子抬供食献佛，大盘托出粽子，各房都要散到。[①]

《红楼梦》第二十八回中，借袭人之口吐露了贾府庆祝端午之意。"昨儿贵妃打发夏太监出来，送了一百二十两银子，叫在清虚观初一到初三打三天平安醮，唱戏献供，叫珍大爷领着众位爷们跪香拜佛呢。还有端午儿的节礼也赏了。"这里于端午节前打"平安醮"，是一种并非丧事的道教诵经祛灾祈福活动，祛除恶月灾祸，祈求家族安康。当然，这样的活动定少不了亲友往来、社会交际，他们互赠粽子及其他时令食物，如桑葚、荸荠、五毒饼等，好不热闹。不过，像这种请道士祈福、唱戏献供的庆祝做法，也实非平常百姓人家所能。

二、粽子与雄黄酒

"四时花竞巧，九子粽争新"，这是唐代玄宗皇帝写端午时节花繁粽新景象的诗句：端午佳节到来，"四时"的花儿竞相开放，还有用料多样的"九子粽"让人们尝新。

粽子，又名角黍。在古代，农历五月正为北方黍子成熟之季，吃粽子传达着顺应季节变化的自然饮食之意。晋代周处的《风土记》中最早记录粽子，提到两种做法，其一是于端午节前一天把黏米（糯米或黍子）和枣、栗子混合，用菰叶（即茭白叶）包裹，煮熟成粽。周处推测这种粽子象征阴阳和谐不分。其二是"俎龟黏米"，将乌龟煮烂，去掉骨头，拌上盐、豆豉、蒜、蓼等调味品，与黏米混合包裹。周处认为这属于"阴内阳外之形"，肉为内，乌龟骨为外，象征着端午节阴气初生，阳气在外的想象，体现着顺应自然，四季运转之意。至于粽子的式样，在《陈可常端阳仙化》（警，第七卷）中多有描绘："香粽年年祭屈原，斋僧今日结良缘。""四角尖尖草缚腰，浪荡锅中走一遭。""包中香黍分边角，彩丝剪就交绒索。樽俎泛菖蒲，年年五月

① 冯梦龙：《三言——喻世明言、警世通言、醒世恒言》，齐鲁书社 1993 年版，第 48 页。

初。”由此可见粽子之香、之形、之做法。不过，为什么古人要于此日吃粽子呢？且粽子为什么会“彩丝剪就交绒索”呢？

这与民间吃粽子是纪念屈原的传说有关。相传屈原因不被楚怀王任用，绝望之中于端午日自投汨罗江而死，楚国人用竹筒装米投进河里祭祀屈原，但至东汉光武帝年间，屈原显灵表示过去的竹筒粽子都被蛟龙偷走了，以后献祭要缠五色丝和楝树叶，因为五色丝祈福纳吉，楝树叶气味浓烈，二者均有辟邪之功。

除了粽香四溢，“樽俎泛菖蒲，年年五月初”一句，更是点明了端午节的饮酒习俗——饮菖蒲酒，同时还有喝雄黄酒之俗，二者都有辟除瘟疫之气，驱逐毒虫之用。菖蒲叶丛翠绿，散发香气，防疫驱邪，不仅可作为装饰品于门窗悬挂，其根叶还可用来泡酒，即菖蒲酒，简称蒲酒。明代李时珍《本草纲目》评价菖蒲酒之价值说：“菖蒲酒，治三十六风，一十二痹，通血脉，治骨痿，久服耳目聪明。”看来古人喝蒲酒的确有一定医学意义。《陈可常端阳仙化》（警，第七卷）中，又是一年端午，陈可常因病不能入府拜见郡王，便寄有《菩萨蛮》：“去年共饮菖蒲酒，今年却向僧房守。好事更多磨，教人没奈何。主人恩义重，知我心头痛。待要赏新荷，争知疾愈么?”一词寄托了对郡王知遇之恩的感念。

不过，雄黄酒于端午节较之菖蒲酒更为常见。俗语道：“五月五，雄黄烧酒过端午。”“饮了雄黄酒，百病都远走。”雄黄，一种中药药材，可外用于杀虫解毒。雄黄酒，即把雄黄研碎溶解于酒，古人认为能杀百毒、辟百邪。端午饮雄黄酒的习俗，在宋代之后较为常见。人们除了饮用，还将雄黄酒喷洒于家，或涂于小孩耳、额头、手、足等处，以避蛇虫毒害。文学作品中饮雄黄酒以辟邪的故事当属《白蛇传》最为知名，修炼成精的白娘子端午饮雄黄酒，显现蛇身，吓坏许仙。

三、蒲艾簪门，虎符系臂

端午节日文化中，同样值得注意的还有民俗装饰品，出现于《红楼梦》第三十一回“这日正是端阳佳节，蒲艾簪门，虎符系臂。午间，王夫人治了酒席，请薛家母女等赏午”。此处“蒲”指菖蒲，长于水边，有香气；“艾”指艾蒿，清嫩鲜香。“蒲艾簪门”指的是端午佳节，在门上插满蒲草和艾蒿等香草，以驱赶蚊蝇虫蚁的风俗。

因菖蒲叶子直且尖，似宝剑，民间便认为它能斩妖降魔；艾蒿形状像旗子，二者同悬挂于门上，被人们称为“蒲剑、艾旗”，故有“手执艾旗招百福，门悬蒲剑斩千邪”之说。清人范寅在《越谚》中便记载有一副对联“菖蒲作剑斩八节之妖魔 艾叶为旗招四时之吉庆”。“虎符系臂”是指用绫罗等织物制成小老虎形状的东西，系在儿童手臂上，以避恶消灾。为什么选用老虎？原来，在古人的观念中，猛虎能食百鬼，因此虎符为辟邪护身之物，儿童携带，可祛病消灾。此外，端午之日也可缠五色丝线于胳膊作装饰品，同样取避免鬼怪伤害，除却瘟疫之意。

端午节除了直接将蒲草艾草插在门上，还有分别用菖蒲、艾蒿刻成人形，束于门上，用以辟邪的；还有艾虎，据宋代吕原明所撰的《岁时杂记》记载：“端午以艾为虎形，至有如黑豆大者，或剪彩为小虎，粘艾叶以戴之。”明清时期，这些习俗十分普遍。

古代人们于端午去野外采集菖蒲、艾蒿，由此也派生出了斗百草游戏，为节日增加了欢乐气氛。斗百草，是以各种花草相斗以决胜负的民间传统游戏，最早见于文献《荆楚岁时记》中，即“五月五日，四民并踏百草，又有斗百草之戏”。可见，南北朝时期就已在端午日流行斗草游戏。至宋代，斗草游戏风行，不再限定节日，除端午节外，在春社及清明也可进行。《红楼梦》第六十二回便有一段端午斗百草的故事，小说写道：

> 外面小螺和香菱、芳官、蕊官、藕官、荳官等四五个人，都满园中顽了一回，大家采了些花草来兜着，坐在花草堆中斗草。这一个说：“我有观音柳。”那一个说：“我有罗汉松。”那一个又说：“我有君子竹。”这一个又说：“我有美人蕉……”①

其实古代斗草有两种斗法，分别为“文斗”和“武斗”。“文斗”，主要以所采花草的数量和品种来定胜负，或以采集量多为胜，或以采集到少见的、名贵的、带有吉祥象征意义的花草为胜。玩法类似于对对子，相对文静雅致，较受女性喜爱，最终花草种类多，且对仗水平高的玩家为胜利者。以上《红楼梦》所述之例便为典型的“文斗”。

---

① 曹雪芹著，无名氏续：《红楼梦（下）》，人民文学出版社 2008 年版，第 859-860 页。

“武斗”是指双方各持草茎一端，两草交叉，成十字状，用力往相反方向拉扯，以力量强弱决定输赢，较受男性欢迎。

“三言二拍”中这些“蒲艾簪门，虎符系臂”的习俗描写不多，但作为端午节的重要节俗，一并介绍在这里。

四、龙舟竞渡

提起端午节，最热闹的活动莫过于龙舟竞渡。赛龙舟作为一种节日游艺活动，起源说法不一。一些民俗学家认为龙舟竞渡最初可能源于古人禳灾驱瘟，更为流行的说法则是为了纪念爱国诗人屈原。南朝梁吴均的《续齐谐记》中记载：“楚大夫屈原遭谗不用，是日投汨罗江死，楚人哀之，乃以舟楫拯救。端阳竞渡，乃遗俗也。”明显地将竞渡习俗与屈原相关联。此外龙舟竞渡以祭奠春秋时期吴国大臣伍子胥、纪念孝女曹娥等说法也颇为流行。

端午竞渡在晋代就已出现，南北朝至隋时期，主要流传于南方地区，唐代以后开始传入北方，但历史上这个习俗主要还是存在于河流较多的南方各省，北方比较少见。《陈可常端阳仙化》（警，第七卷）中主人公陈可常便是温州府乐清县人，于临安府灵隐寺做行者，生于端午，涅槃于端午。寺内长老在烧化可常时，口中念道：“留得屈原香粽在，龙舟竞渡尽争先。从今剪断缘丝索，不用来生复结缘。”借香粽、龙舟竞渡等民俗点出了陈可常与端午节的缘分。至于赛龙舟的盛况，历代多有诗词描绘，最突出的便是张建封的古诗《竞渡歌》：

五月五日天晴明，杨花绕江啼晓莺。
使君未出郡斋外，江上早闻齐和声。
使君出时皆有准，马前已被红旗引。
两岸罗衣破晕香，银钗照日如霜刃。
鼓声三下红旗开，两龙跃出浮水来。
棹影斡波飞万剑，鼓声劈浪鸣千雷。
鼓声渐急标将近，两龙望标目如瞬。
坡上人呼霹雳惊，竿头彩挂虹霓晕。
前船抢水已得标，后船失势空挥桡。
疮眉血首争不定，输岸一朋心似烧。

只将输赢分罚赏，两岸十舟五来往。
须臾戏罢各东西，竞脱文身请书上。
吾今细观竞渡儿，何殊当路权相持。
不思得岸各休去，会到摧车折楫时。

全诗句句涉及端午龙舟竞渡，江面繁闹，锣鼓喧天，二龙争渡，比拼激烈。岸上之人，摩肩接踵，加油声呼喊声，气氛热烈，极为传神。

第四节　中　秋　节

水调歌头·明月几时有

苏轼

丙辰中秋，欢饮达旦，大醉，作此篇，兼怀子由。

明月几时有？把酒问青天。不知天上宫阙，今夕是何年。我欲乘风归去，又恐琼楼玉宇，高处不胜寒。起舞弄清影，何似在人间。

转朱阁，低绮户，照无眠。不应有恨，何事长向别时圆？人有悲欢离合，月有阴晴圆缺，此事古难全。但愿人长久，千里共婵娟。

这是苏轼书写中秋的传世名作，“但愿人长久，千里共婵娟”成为最美好的佳节祝愿。

中秋节，又称“仲秋节”“秋节”“月夕”“月节”，节期为农历八月十五。时值中秋，稻谷丰收，圆月高悬，银辉洒地，家家月饼祭月，吟诗作对，是一个寓意美满团圆的中华传统佳节。

中秋节的起源离不开古代秋祀、拜月习俗。先秦时期，帝王遵循礼制，春天祭日，秋天祭月。汉魏以后，人们赏月作诗，加之自汉代以来流传的“嫦娥奔月”“吴刚伐桂”“玉兔捣药”等神话，更是为中秋节涂抹了一层浪漫月晕。到了唐代，中秋拜月、祭月、供月、赏月、玩月蔚然成风，宋代达于极盛，文人雅士们大笔挥毫，留有佳作无数，苏轼的《水调歌头·明月几时有》便是其中翘楚。明清时期，世人更为注重中秋节的人伦价值，赋予中秋节更多的亲情意义。皓月当空，亮如明镜，家家户户设供桌于庭，桌上摆放月饼、西瓜、桂圆、葡萄、苹果以及石榴等，瓜果各色，秋意正浓，合家叙谈，观月赏月，分享月饼，同愿生活美满，共享相思团圆。

一、赏月吟诗

《施润泽滩阙遇友》（醒，卷十八）中施复得了好事：

> 邻里们都将着果酒，来与施复把盏庆贺。施复因掘了藏，愈加快活，分外兴头，就吃得个半醺。正是：人逢喜事精神爽，月到中秋分外明。[①]

“月到中秋分外明”，诚然，中秋佳节，一轮明月皎洁十分，正是这月之光华勾起了古人浓郁的赏月兴味。因为这份自然月色的魅力，才有了神话的反复渲染，有了人们拜月、吃月饼等民间习俗。《俞伯牙摔琴谢知音》（警，第一卷）中，俞伯牙八月十五日中秋夜乘船至汉阳江口，抬头望“风恬浪静，雨止云开，现出一轮明月。那雨后之月，其光倍常”，此月定是又大又圆又亮。

古人赏月并不仅仅是对月兴叹，拜月祈福也是非常重要的内容。拜月是一种信仰，古人认为月亮就是月神，拜月习俗其实早已产生，不过直至明清才广为流行，最终成为一项国家典礼。作为一种向月神祈愿的仪式，不论是王宫贵族还是平民百姓都要在中秋夜进行，《红楼梦》中便写到荣国府的祭月、拜月之俗：

> （贾母）说着，便起身扶着宝玉的肩，带领众人齐往园中来。
>
> 当下园子正门俱已大开，吊着羊角大灯。嘉荫堂前月台上焚着斗香，秉着风烛，陈献着瓜饼及各色果品。邢夫人等一干女客皆在里面久候。真是月明灯彩，人气香烟，晶艳氤氲，不可形状。地下铺着拜毯锦褥。贾母盥手上香拜毕，于是大家皆拜过。[②]

园中月台，焚点斗香，悬挂大灯，摆放供品，瓜果齐全，人人跪拜圆月，这便是清代贵族家庭的拜月之俗。

赏月风行于唐朝，当时社会安定，政治开明，经济繁荣，社会开放自由。人们以月为中心，摆好酒席，亲友围坐，聊天宴饮，趁着酒

---

① 冯梦龙：《三言——喻世明言、警世通言、醒世恒言》，齐鲁书社 1993 年版，第 225-226 页。

② 曹雪芹著，无名氏续：《红楼梦（下）》，人民文学出版社 2008 年版，第 1051 页。

兴对月赋诗，吟咏佳节，畅叙人生，惬意怡然。赏月饮酒，也在此日自然地便成了风俗。

对月寓怀是文人的雅兴。《红楼梦》第一回也写到中秋佳节，甄士隐邀贾雨村于亭中饮酒赏月，二人归座，先是款斟慢饮，谈至兴浓，不觉“飞觥限斝”起来。书中描写道：

> 当时街坊上家家箫管，户户弦歌，当头一轮明月，飞彩凝辉，二人愈添豪兴，酒到杯干。雨村此时已有七八分酒意，狂兴不禁，乃对月寓怀，口号一绝云：“时逢三五便团圆，满把晴光护玉栏。天上一轮才捧出，人间万姓仰头看。”①

贾雨村的一首七绝，借月抒发，将自己怀才不遇的悲叹与功成名就的抱负倾情抒发，咏月亦咏人。当然，题写中秋的词中，大文豪苏轼的“人有悲欢离合，月有阴晴圆缺，此事古难全。但愿人长久，千里共婵娟”，则有不同情致，寓居他乡，感怀家乡故人，同此一轮圆月，月亮负载着慨叹与期望。

二、吃月饼、享团圆

除了赏月拜月、饮酒赋诗，吃月饼、享团圆成为另一重要的中秋节俗。中秋佳节，人们四处走访，联络亲友，互送月饼与瓜果。明代的《明宫史》记载：“自初一日起，即有卖月饼者。加以西瓜、藕，互相馈送……至十五日，家家供月饼瓜果，候月上焚香后，即大肆饮啖，多竟夜始散席者。”清代沈兆禔的《吉林纪事诗》中也写道：“中秋鲜果列晶盘，饼样圆分桂魄寒。聚食合家门不出，要同明月作团圆。”

月饼与瓜果是中秋节俗的代表性食物。其中月饼一词，最早出现于南宋吴自牧的《梦粱录》中，明代以后变得普及，明代沈榜《宛署杂记》中说在市集上，月饼有的以果为馅，样式不一，人们用饼形食物作为月的象形，也负载团圆的美好寓意。至于丰盛的瓜果，则与丰收之秋紧密关联，农历八月，葡萄、石榴、枣、橘子、西瓜、南瓜、

① 曹雪芹著，无名氏续：《红楼梦（上）》，人民文学出版社2008年版，第14页。

甜瓜、栗子、松子等均已成熟上市，理所当然便成为中秋佳节的时令美食。

月饼与瓜果不仅是节日食品，还是中秋节人际交往的礼品。《红楼梦》中，宁国府因为家中有丧事，于八月十四日赏月过节。一早便有人回贾珍“西瓜月饼都全了，只待分派送人”。人们送月饼祝福亲友合家团圆，送瓜则有希望亲友子嗣绵延之意。《中华全国风俗志》卷六记载，在湖南衡城，家中若尚未得子，中秋夜亲友们就要送瓜给他家：亲友们悄悄地盗冬瓜一颗，瓜多籽，取谐音意，后“以采（彩）色绘成面目，衣服裹于其上如人形，举年长命好者抱之，鸣金放炮至其家”。长者口中常念“种瓜得瓜，种豆得豆”，主人家则设宴盛情款待，妇人得瓜后即刻食用，期盼早生贵子。《红楼梦》中，贾母便曾对贾珍说：“你昨日送来的月饼好；西瓜看着倒好，打开却也不怎么样。”贾母是在借瓜喻人，提点贾珍的后代出息不大也未可知。

吃月饼、享团圆是中秋节的重要功能，在《卢太学诗酒傲公侯》（醒，第二十九卷）中，高洁之士卢楠为了还送人情，邀汪知县中秋赏月。汪知县身为一县之主，从初十始便游走于乡绅同僚家宴中，为了赴卢楠中秋节之约，决定于十四日辞了外边酒席，于衙中整备家宴，同夫人庭中玩赏。为了赴他人赏月之约提前一天和家人共度中秋，虽十四月尚缺，但依旧是阖家团圆，夫妻对酌，醉倚南楼而归。

中秋节的主要意象是“圆”：月亮圆、瓜果圆、月饼圆、桌椅圆，以形寓意，内敛美好，但事实却是，团圆并不容易。“三言二拍”中，《顾阿秀喜舍檀那物 崔俊臣巧会芙蓉屏》（初刻，卷二十七）和《俞伯牙摔琴谢知音》（警，第一卷）均是围绕中秋月圆，团圆美满之意写就的故事。前者讲述了官人崔俊臣与妻子王氏才子佳人，却路遇不测被迫分离，妻子趁中秋月夜船家与众人酩酊大醉之时逃至尼姑庵藏身，法号慧圆——于中秋夜艰难逃难，取名“慧圆”，隐隐透露出与官人再次团圆相聚之盼。后者取材俞伯牙钟子期“高山流水”的经典故事，中秋月夜，伯牙抚琴，子期听琴，二人相遇。两人因古琴之学相识相交，入席饮酒，高贤结契，离别之际，共约明年八月十五、十六江边再会，奈何世事无常，来年中秋月圆时，二人不仅未能相聚，更是生离死别。团圆月夜生发悲情，在《红楼梦》第七十六回的回目“凸碧堂品笛感凄清 凹晶馆联诗悲寂寞”中便可见一二。笛声悲音冷调，诗句“寒塘渡鹤影，冷月葬诗魂”更是一抹凄凉，也难怪贾母数次念叨“今年中秋不比往年热闹”了吧。看来，即使是豪门家宴的团圆座席，也难敌世事兴衰、生老病死，正因为如此，团圆才显珍贵。

三、蟾蜍与桂树

中秋节定离不开月，“嫦娥奔月”“吴刚伐桂”“玉兔捣药”的故事广泛流传于民间，成为跟月亮有关的经典故事。古书中嫦娥奔月的版本有很多，较早记录的有战国时期的《归藏》，大致都讲述了后羿射日有功，从西王母处讨得一颗长生不老药，后羿的妻子嫦娥偷服了此药，飘升至月宫，变成蟾蜍，成了月精的故事。当然，该故事的变体版本还有很多，但均没有脱离“昔嫦娥以西王母不死之药服之，遂奔月为月精”的设定。将蟾蜍等同于嫦娥也就是月精的神话设置，可能源自中国古代神话中常见的人兽一体或人兽互变情节。为什么会是“蟾蜍”呢？这一方面可能与女娲有关，在古代神话中，女娲曾有造人的伟绩，“娲”与“蛙”同音，有人推测女娲即是把青蛙加以人格化想象出的女神，因此说月精是蟾蜍也存有一定道理。另一方面，则是由于蟾蜍强盛的生殖力，作为一个母性动物神，其与中国文化中属阴特质的月亮正好相合，因此月精是蟾蜍，月亮也有“蟾宫”之称。在《红楼梦》中，甄士隐中秋月夜邀贾雨村举杯共度，正值圆月当空，贾雨村似乎因月精嫦娥联想到了甄家丫鬟，便作了一首律诗：

未卜三生愿，频添一段愁，
闷来时敛额，行去几回头。
自顾风前影，谁堪月下俦？
蟾光如有意，先上玉人楼。[①]

这里“蟾”指“蟾蜍”，“蟾光”指月光，贾雨村以诗表愿，借月光联想至佳人，委婉表述着自己的情思。

除了蟾蜍，桂树亦是月亮神话中的重要元素，也成为民间风俗的重要构成。西汉时期的《淮南子》中说“月中有桂树”，月中影重重，

---

① 曹雪芹著，无名氏续：《红楼梦（上）》，人民文学出版社2008年版，第13页。

人们为什么会联想到桂树呢？在古人的观念里，桂树因为寿命长、香味美好承载着吉祥的寓意，加上“桂”与“贵”同音，更多了富贵华雅之意，因此楚国人用桂酒、桂枝来祭祀神灵，古人庭院中也常常植种两棵桂树，取“双桂留芳”的美意。“三言二拍”中，《唐明皇好道集奇人 武惠妃崇禅斗异法》（初刻，卷七）中便记述有唐明皇（唐玄宗）借叶法善之术，畅游月宫之场景。中秋之夜，万里一碧，唐玄宗于宫中赏月，心生一愿，想赴月宫游赏，请来了叶法善术士作法，果然片刻即至“广寒清虚之府”，庭前一株大桂树，扶疏遮阴，桂树下，有白衣仙女飘飘作舞，有仙女执器奏乐。玄宗默记此曲，后为《霓裳羽衣曲》。夜游广寒宫，桂树下赏仙女舞蹈，可谓游乐中秋的一段奇幻之旅。此外，食用桂花也成为许多地方中秋节的习俗，南京人在中秋节吃“桂花鸭”，桂林人悬挂桂花香包，人们还食桂花糕、饮桂花酒，节日韵味十足。

本讲通过“三言二拍”中的作品梳理了节日风习，以期大家对传统节日有更多了解。节日风俗也是随着时代变迁而变化的，那些顺应时代潮流，具有活力的习俗会被继续传承，有些习俗则只能沉睡在历史长河里了。

思考与探究

1. 你还知道哪些传统节日？请列举出来并了解它们的发展演变。
2. 你怎么看待诸如圣诞节这样的“洋节”？

参考文献

[1] 钟敬文．民俗学概论［M］．北京：高等教育出版社，2010.
[2] 钟敬文．钟敬文集［M］．广州：广东人民出版社，2018.
[3] 乌丙安．民俗学原理［M］．沈阳：辽宁教育出版社，2001.
[4] 乌丙安．中国民俗学［M］．沈阳：辽宁大学出版社，1999.
[5] 苑利，顾军．中国民俗学教程［M］．北京：光明日报出版社，2003.
[6] 仲富兰．中国民俗文化学导论［M］．杭州：浙江人民出版社，1998.
[7] 王娟．民俗学概论［M］．北京：北京大学出版社，2002.
[8] 邢莉．民俗学概论新编［M］．北京：北京师范大学出版社，2018.
[9] 赵杏根，陆湘怀．实用中国民俗学［M］．南京：东南大学出版社，2005.
[10] 赵杏根，陆湘怀．中国民俗学通识［M］．南京：东南大学出版社，2011.
[11] 张希玲．中国民俗文化专论［M］．哈尔滨：哈尔滨地图出版社，2006.
[12] 李稚田．古代小说与民俗［M］．太原：山西人民出版社，2005.
[13] 鲁迅．中国小说史略［M］．沈阳：春风文艺出版社，2020.
[14] 王平等．明清小说与民俗文化研究［M］．济南：山东教育出版社，2016.
[15] 露丝·本尼迪克．文化模式［M］．何锡章，黄欢，译．北京：华夏出版社，1987.
[16] 罗贯中．三国演义［M］．北京：人民文学出版社，1973.
[17] 吴承恩．西游记［M］．北京：人民文学出版社，1980.
[18] 施耐庵，罗贯中．水浒传［M］．北京：人民文学出版社，1997.
[19] 曹雪芹，无名氏．红楼梦［M］．北京：人民文学出版社，2008.

[20] 冯梦龙．三言——喻世明言、警世通言、醒世恒言 [M]．济南：齐鲁书社，1993.
[21] 凌濛初．二拍——拍案惊奇、二刻拍案惊奇 [M]．济南：齐鲁书社，1993.
[22] 董仲舒．春秋繁露 [M]．上海：上海古籍出版社，1989.
[23] 班固．汉书 [M]．郑州：中州古籍出版社，1991.
[24] 陈寿．三国志 [M]．郑州：中州古籍出版社，1996.
[25] 萧相恺．宋元小说史 [M]．杭州：浙江古籍出版社，1997.
[26] 李时人，张兵，刘廷乾．西游记鉴赏辞典 [M]．上海：上海辞书出版社，2013.
[27] 孙逊，孙菊园．红楼梦鉴赏辞典 [M]．上海：上海辞书出版社，2011.
[28] 李桂奎，冀运鲁．聊斋志异鉴赏辞典 [M]．上海：上海辞书出版社，2015.
[29] 张培芝，白芳．《三国演义》诗词赏析 [M]．济南：济南出版社，2019.
[30] 郑铁生．《三国演义》诗词鉴赏 [M]．北京：新华出版社，2013.
[31] 黄永忠，李艳芳．《西游记》诗词赏析 [M]．济南：济南出版社，2019.
[32] 杜沛彤，杜桂林．《红楼梦》诗词译注 [M]．银川：阳光出版社，2019.
[33] 鲁小俊．汗青浊酒：《三国演义》与民俗文化 [M]．哈尔滨：黑龙江人民出版社，2003.
[34] 陈文新，阎东平．佛门俗影：《西游记》与民俗文化 [M]．哈尔滨：黑龙江人民出版社，2003.
[35] 王同舟．地煞天罡：《水浒传》与民俗文化 [M]．哈尔滨：黑龙江人民出版社，2003.
[36] 王齐洲，余兰兰，李晓晖．绛珠还泪：《红楼梦》与民俗文化 [M]．哈尔滨：黑龙江人民出版社，2003.
[37] 汪玢玲，陶路．俚韵惊尘："三言"与民俗文化 [M]．哈尔滨：黑龙江人民出版社，2003.

[38] 刘良明，刘方．市井民风：“二拍”与民俗文化［M］．哈尔滨：黑龙江人民出版社，2003.
[39] 柴继光，柴虹．武圣关羽［M］．太原：山西古籍出版社，1996.
[40] 刘锡诚．关公的民间传说［M］．石家庄：花山文艺出版社，1995.
[41] 马昌仪．关公传说［M］．北京：中国社会出版社，2008.
[42] 马书田，马书侠．全像关公［M］．南昌：江西美术出版社，2008.
[43] 马书田．中国佛神［M］．北京：团结出版社，2006.
[44] 马书田．中国佛教诸神［M］．北京：团结出版社，1994.
[45] 文可仁．中国民间传统文化宝典［M］．延边：延边人民出版社，2000.
[46] 晓章．绰号［M］．沈阳：辽宁人民出版社，1990.
[47] 邓石冶．水浒人物绰号印谱［M］．杭州：西泠印社出版社，2018.
[48] 李少林．中华民俗文化：中华饮食［M］．呼和浩特：内蒙古人民出版社，2006.
[49] 向春阶，张耀南，陈金芳．酒文化［M］．北京：中国经济出版社，1995.
[50] 黄玉将．酒文化［M］．北京：中国经济出版社，2013.
[51] 潘雁飞，刘婧．饮食民俗［M］．长沙：湖南大学出版社，2020.
[52] 蒯大申，祁红．中国民俗［M］．合肥：安徽教育出版社，2002.
[53] 吴存浩．中国婚俗［M］．济南：山东人民出版社，1986.
[54] 徐吉军，贺云翱．中国丧葬礼俗［M］．杭州：浙江人民出版社，1991.
[55] 李瑞华，李正斌，曾庆均等．中国商业文化［M］．北京：知识出版社，1995.
[56] 田兆元，田亮．中国商贾史［M］．上海：上海文艺出版社，1997.
[57] 陈大康．明代商贾与世风［M］．上海：上海文艺出版社，1996.
[58] 张明富．明清商人文化研究［M］．重庆：西南师范大学出版社，1998.

[59] 邱少雄．中国商贾小说史 [M]. 北京：北京大学出版社，2004.
[60] 邵毅平．文学与商人——传统中国商人的文学呈现 [M]. 上海：上海古籍出版社，2010.
[61] 鸿宇．婚嫁 [M]. 北京：宗教文化出版社，2004.
[62] 高天星．中国节日民俗文化 [M]. 郑州：中原农民出版社，2008.
[63] 刘魁立．中国节典：四大传统节日 [M]. 合肥：安徽教育出版社，2008.
[64] 萧放，许明堂．春节 [M]. 北京：中国社会出版社，2008.
[65] 姜彬．中国民间文学大辞典 [M]. 上海：上海文艺出版社，1992.
[66] 钱玉林，黄丽丽．中华传统文化辞典 [M]. 上海：上海大学出版社，2009.
[67] 叶大兵，乌丙安．中国风俗辞典 [M]. 上海：上海辞书出版社，1990.
[68] 许嘉璐．中国古代礼俗辞典 [M]. 北京：中国友谊出版公司，1991.
[69] 何锡章．幻象世界中的文化与人生——《西游记》[M]. 昆明：云南人民出版社，1999.
[70] 马瑞芳．马瑞芳话《西游记》[M]. 济南：山东教育出版社，2019.
[71] 王学泰．中国游民 [M]. 上海：上海远东出版社，2012.
[72] 邵子华．《水浒传》人学研究 [M]. 济南：齐鲁书社，2013.
[73] 王学泰．水浒·江湖：理解中国社会的另一条线索 [M]. 西安：陕西人民出版社，2011.
[74] 李泉．施耐庵与水浒传 [M]. 沈阳：辽宁教育出版社，1992.
[75] 马瑞芳．马瑞芳话《水浒传》[M]. 济南：山东教育出版社，2019.
[76] 黄永玉．水浒人物及其他 [M]. 北京：文化艺术出版社，2018.
[77] 鲍鹏山．新说水浒 [M]. 北京：中国青年出版社，2019.
[78] 罗立群．红楼梦导论 [M]. 厦门：厦门大学出版社，2017.

后 记

"在我的后园，可以看见墙外有两株树，一株是枣树，还有一株也是枣树。"这是鲁迅先生《秋夜》中的名句。

仿照先生的名句，我写作本书的缘由便是：在我的心里，常有两个朋友，一个是文学，还有一个是民俗。虽然与先生的句式不同，境界相异，但因喜欢先生秋夜两株枣树意象的意味深长，所以不顾而强行模仿。同是秋夜，我拉来了这两位心底的朋友，座谈、畅聊、言欢。

得缘于之前的学业积累与教学实践，我听着她们在前言里的相互问候，在正文中的侃侃而谈，一番探讨，亲切有趣。文学展示了《三国演义》《西游记》《水浒传》《红楼梦》及"三言二拍"等经典风华，似乎其中人物都推开了门，走了出来，亮了相。他们圈层有别，身份各异，行为不同，生活异趣，广涉军政谋略、贵族家事，尽写市井细民、江湖好汉、仙佛世界与狐鬼妖仙，思维多变，纵横人间。民俗探触到了广阔如海生活中的层层潜流，将共通的物质生活追求、人生仪礼、民间信仰、娱乐游艺等方面的细节呈现出来，落回现实，回置于长年沉潜的民间日常，这些生活的段落与瞬间使文学有了直辣辣的豪爽、热烈烈的喜庆、恍惚惚的神秘与毛茸茸的清新，真为她们各自的魅力而惊叹。

不过，她们其实远不止此，就像魔方，尚还有未曾旋转的多面。文学还不曾讲述诗歌、散文、戏剧以及少数民族文学中的经典作品，民俗也还留有众多未曾提起的支流，这没有说尽的遗憾，期待着大家与文学与民俗的相遇结识。

感谢此次会谈的机缘，成全了一份心底的渴愿，真切地领略了文学与民俗的交汇，发现了平常停留于文学角隅的民俗遗珠，她活泼泼地敲开了文学世界里的另一层惊奇，欣喜逢临，如是如常。

本书是我与贾璐女士合作的结果。本人多年来一直致力于民族、民间、民俗文化的研究，对民俗文化有着深厚的兴趣，从 2013 年开始开设“民俗文化”选修课程，并在此基础上形成了“民俗文化”讲义。原来的课程设计包括两部分，上半部分“民俗文化 DNA 的视觉传承”，即生活中看得见的民俗；下半部分“民俗文化 DNA 的文学表现”，即经典中读得到的民俗。上半部分共四讲，分别介绍中国民俗的总体特征、民间信仰中的民俗、人生礼仪中的民俗以及居住与用具中的民俗等；下半部分的四讲分别介绍《三国演义》中的巫术、预兆与关公，《西游记》中的仙、佛、妖、鬼，《水浒传》中的江湖、梁山、花绣、绰号与黑店，《红楼梦》中的一个幻境、两个神话、三个高人、十三庵庙、三十二梦，以及婚、丧、游戏民俗。课程力求将民俗文化的教学落实到情境中：“民俗文化 DNA 的视觉传承”部分展示了大量保存于国内外各大博物馆的民俗艺术图片，通过解读这些民俗艺术品了解其背后的文化深意；“民俗文化 DNA 的文学表现”部分则带领学生从民俗的角度解读经典，让民俗文化不是枯燥的说教而是有趣的故事。后来在出版的时候进行了重新调整，去掉了“民俗文化 DNA 的视觉传承”，集中探讨民俗文化的文学表现，于是就成了本书现在的样子。

本书一共十讲，本人主要负责前八讲，贾璐女士负责后两讲，虽则大体这样分工，其实每个部分都是你中有我、我中有你。贾璐女士才情纵横，热情洋溢，本人年岁中自带一份老成持重，虽然尽力协调，但是文风难免有不一致的地方，望读者见谅。

本书旨在帮助学生通过文学了解民俗，从民俗的角度解读文学，所列十讲内容从不同侧面、不同角度，以不同方式介绍民俗文化的方方面面，虽有交叉，但各有侧重，还避免了一般教材试图包罗万象、面面俱到而产生的缺点。

本书关注文学中的民俗现象的同时，也探究现象背后的本质，力求让学生知其然，也知其所以然，弄清来龙去脉，了解文化心理，对民俗文化进行深入了解。但本书不玩弄术语概念，使非民俗专业背景人士也能够接受。

本书的适用范围为非民俗专业的本科学生，旨在从民俗的视角解读传统文化，把大学生的人文素质教育落实到经典文本阅读中。设定的学习目标是让学生通过经典阅读，学会关注、了解、探究生活中的民俗文化，从而加深对传统文化的了解，提高自身修养，做有文化根基的人。本书也同样适合对文学经典和民俗文化感兴趣的各类读者。

本书的出版，要感谢中南民族大学教务处提供经费支持；要感谢华中科技大学出版社编辑庹北麟老师的指导和把关；还要感谢中南民族大学文学与新闻传播学院民俗学专业硕士研究生曹仲达同学帮助核对书中引文。

作　者

2023 年 3 月于南湖